12운성의 새로운 해석

나
잇
스 난강망 해
설
서

欄江網

국립중앙도서관 출판예정도서목록(CIP)

(나이스) 난강망 해설서 : 12운성의 새로운 해석 : 명리고전
난강망 / 저자미상 ; 해설: 맹기옥. ─ 서울 : 상원문화사,
2017
    p. ;   cm

원표제: 欄江網
원표제: 窮通實鑑
중국어 원작을 한국어로 번역
ISBN 979-11-85179-22-3 03180 : ₩35000

명리학 [命理學]

188.5-KDO6
133.3-DDC23   CIP2017000793

12운성의 새로운 해석

나잇스 난강망 해설서

欄江網

저자미상 / 맹기옥(孟起玉) 解說

祥元文化社

명리학命理學을 배우는 큰 목적은 개인간의 차이를 알아내어 대인관계를 원만히 하고, 타고난 적성이나 소질을 미리 파악하여 진학이나 전공 또는 직업 등에 활용하는 것이다. 그럼에도 불구하고 사람들은 명리학命理學을 대개 "점을 치는 도구" 정도로 생각하는 경향이 있다. 명리학命理學을 공부하는 사람들조차 그런 경향이 있으니 하물며 일반인들은 말할 것도 없다. 숲을 보지 못하고 나무만 보고 있는 것이다.

나이스 사주명리 시리즈《이론편》과《응용편》그리고《고전편》이 출간된 이후 많은 분들이 사주풀이에 도움이 되는《실전편》에 관해 문의하셨다. 그러나 사주를 풀어가는 방법이 다양하고, 또 개인적으로 실전 사주풀이에 대한 경험이 부족하여 엄두가 나지 않았다. 그리고 사주풀이에 대한 감각은 본인이 직접 경험하면서 얻어지는 것이지 책이나 수업으로 전해줄 수 있을까라는 의문도 들었다. 그럼에도 불구하고 사주풀이에 대한 나만의 기준을 찾아보기 위해 명리학命理學에 관한 고전古典들을 다시 정리하면서 사주 상담 경험을 늘려보기로 하였다.

이러한 노력의 결과로 『자평진전 해설서』가 출간되었고 이번에 『12운성과 난강망 해설서』를 출간하게 되었다. 그리고 기왕에 시작했으니 앞으로 『적천수 해설서』도 정리하여 출간해 보려 한다.

난강망欄江網은 자평진전子平眞詮, 적천수滴天髓와 함께 명리의 3대 보서寶書로 생각할 만큼 좋은 책이다. 자평진전子平眞詮이 십신을 사길신四吉神과 사흉신四凶神으로 나눈 후, 성격成格과 파격破格을 통해 사주를 분석하고 있다면, 난강망欄江網은 각 월月을 기준으로 일간에게 필요한 천간 지지의 글자들을 정리해 놓았다. 그 경우의 수數가 너무나 많으니 난강망欄江網 저자는 그중 일부만 고위직에 있는 사람들의 팔자를 중심으로 설명해 놓았다.

명리학命理學은 변하지 않는 자연의 법칙을 사람의 팔자에 적용하여 운명을 예측해 보는 학문이므로 어쩌면 난강망欄江網의 팔자 분석방법이 가장 자연의 법칙에 가까운 방법일 수도 있다. 난강망欄江網은 음양이나 오행 그리고 천간과 지지 등에 관한 상호관계를 다른 어떤 책보다 더 체계적으로 설명해 놓았기 때문이다.

난강망欄江網은 각 월月과 일간 중심으로 팔자를 분석한다는 점에서 12운성과 비슷하다. 그래서 이 책의 앞부분에 12운성에 대한 정리를 해놓았다. 기존의 12운성 표가 음간에도 양간의 용어를 사용함으로써 음간의 12운성을 이해하기 어렵게 되어 있어서 이 책에서는 음간의 용어 배열을 다르게 하였다. 새로운 12운성 표로 수업을 해본 결과 수업을 듣는 분들이 12운성에 대해 훨씬 쉽게 이해하였고 12운성의 중요성도 인식하는 것을 알 수 있었다. 유튜브 등에서 '새로운 12운성'을 검색하면 동영상을 통해 설명을 들을 수 있다.

명리命理의 고전古典들은 주로 명리학命理學의 건물, 즉 체體의 영역을 다루고 있다. 그래서 자평진전子平眞詮이나 난강망欄江網, 적천수滴天髓 등 명리 고전古典에는 용用의 영역인 12운성이나 신살 또는 형충파해 등의 용어는 거의 등장하지 않는다. 실제 사주풀이에 관한 설명도 거의 한두 줄로 짧게 되어 있는 경우가 허다하다. 그래서 명리命理 고전古典들이 사주풀이를 하는데 별로 도움이 되지 않는다고 무시하기도 한다. 그러나 체體가 없이 용用이 있을 수는 없다. 온고이지신溫故而知新이라는 말도 그런 의미와 상통한다.

학문의 견해는 사람마다 다양하다. 특히 정답이 없는 인문학 분야는 더욱 그렇다. 다른 사람의 의견을 듣고 책을 읽으면서 사고의 폭을 넓혀가는 것이 중요하다. 남의 의견을 비판만 할 것이 아니라 그 시간에 자기의 주장을 다듬는다면 명리학 분야도 더욱 학문적 발전이 있을 것이라고 생각한다.

끝으로 이 책이 출간될 수 있도록 기다리고 애써 주신 상원문화사 문해성 대표님과 직원 여러분들께 감사를 드린다. 또 온라인과 오프라인에서 교정을 봐주신 나이스 사주명리 카페 회원님들, 특히 김인호님, 박미순님, 박상명님, 봉일스님, 이금선님, 이우형님, 지승엽님께 진심으로 감사를 드린다.

그리고 명리학命理學에 대한 더 체계적인 자료는 Daum에서 '나이스사주명리'를 검색하면 찾아볼 수 있다.

아무쪼록 이 책이 명리 동호인들에게 명리학命理學이라는 건물을 튼튼하게 짓는 데 도움이 되었으면 하는 바람이다.

2016년 겨울에
빛고을 광주에서
나이스 맹기옥 드림

일러두기

◦ 이 책에 나오는 사주팔자 실명은 원문의 해설을 따르지 않고, 지자의 방식으로 설명하였습니다. 그리고 예시된 팔자 중에서 『난강망(궁통보감)』에 나오지 않는 팔자들은 『자평진전 평주』에 나오는 사주들과 개인적으로 알고 있는 사주를 추가하였습니다. 이 책을 쓰는데 명문당의 『궁통보감정해(최봉수, 권백철 강술)』, 장서원의 『난강망마스터리(이수 저)』를 참고하였습니다.

부록 **궁통보감 원문**

제1부
12운성이란
무엇인가?

欄江網

천간(天干)은 우주의 운동을 표시한 것이고, 지지(地支)는 지구의 운동을 표시한 것이다. 우주는 오행운동을 하고 지구는 지축의 기울기 때문에 사계절 운동을 하니, 천간과 지지를 서로 다른 글자로 표시하였다.

『주역』은 지구의 운동에만 초점이 맞추어져 있다. 주역은 음양-사상-팔괘-육십사괘 등으로 지구의 사계절 운동 중심으로 되어 있다.

명리학의 우수성은 지구에서 일어나는 변화뿐만 아니라 우주의 변화 원리에 대해서도 설명하고 있다는 점이다. 명리학에서는 사람의 마음이나 생각을 천간으로 표시하고, 살아가는 현실 환경을 지지로 표시하고 있다. 그래서 태어날 때 부여받은 팔자만 잘 연구하면 그 사람이 가지고 있는 생각과 처해 있는 현실을 파악할 수 있다.

명리학을 공부할 때는 보통 천간은 천간끼리 그리고 지지는 지지끼리의 관계로 공부해 나간다. 그 후로 천간과 지지와의 관계를 공부하게 되는데, 이를 정리해 놓은 것이 12운성이다. 즉, 12운성은 열 개의 천간과 열두 개의 지지 사이에 일어나는 관계를 정리해 놓은 것이다.

명리 고전 중의 하나인 『난강망』은 천간과 지지와의 관계를 다루고 있다는 점에서 12운성과 비슷하다. 다시 말해서 『난강망』은 각 월(月)별로 일간에 필요한 천간을 정리하면서 팔자를 분석하고 있다. 그래서 『난강망』의 해설에 12운성을 덧붙이면 더 풍부한 설명이 될 것 같아 이 책의 앞 부분에 12운성을 덧붙인다.

12운성의 새로운 해석

⊙ 음(陰)과 양(陽)은 반대로 운동한다.

⊙ 음(陰)이 강해지면 양(陽)이 약해지고, 양(陽)이 강해지면 음(陰)이 약해진다.

⊙ 낮과 밤이 바뀌는 것과 같다.

12운성의 서로 반대편에 있는 글자는 다음과 같다.

장생(長生)	병(病)	병(病)	장생(長生)
목욕(沐浴)	사(死)	사(死)	목욕(沐浴)
관대(冠帶)	묘(墓)	묘(墓)	관대(冠帶)
건록(建祿)	절(絶)	절(絶)	건록(建祿)
제왕(帝旺)	태(胎)	태(胎)	제왕(帝旺)
쇠(衰)	양(養)	양(養)	쇠(衰)

양(陽)이 시작하고 음(陰)이 마무리를 하므로 木운동은 甲木이 시작하고 乙木이 마무리를 한다. 같은 木이라도 팔자에서 甲木을 쓰는 사람과 乙木을 쓰는 사람은 다른 것이다.

대부분 십신 중심으로 사주풀이를 하는데 십신이 중요한 것이 아니다. 십신보다 먼저 음양과 오행 그리고 천간과 지지를 잘 정리해 두어야 한다.

먼저 木운동에 관한 내용을 살펴보자.

⊙ 木운동은 酉에서 시작하여 卯에서 최고에 도달한다.
⊙ 木운동은 卯에서 마무리를 시작하여 酉에서 마무리를 끝낸다.
⊙ 甲木은 酉에서부터 卯까지 활동을 한다.
⊙ 乙木은 卯에서부터 酉까지 활동을 한다.
⊙ 酉와 卯에서는 甲木과 乙木의 배턴 터치가 일어난다.

명리 고전뿐 아니라 현대의 명리서들조차 12운성에 대한 이론(異論)이 많다. 양간의 12운성은 받아들이고 음간의 12운성은 받아들이지 않는다는 사람들도 있다. 명리학은 개인의 의견을 제시하는 학문이 아니다. 하늘과 땅의 변화를 천간과 지지라는 글자로 표시해 놓고 연구하는 학문이다. 공부하다가 서로 다른 의견이 있으면 다시 하늘과 땅의 변화를 생각하면 될 것이다.

자연의 운동 법칙 중 가장 기본적인 음양운동을 정리해 본다.
음양운동은 낮과 밤의 변화에서 보듯이 음(陰)이 커지면 양(陽)은

작아지고 양(陽)이 커지면 음(陰)이 작아진다. 음(陰)과 양(陽)이 둘 다 동시에 커지거나 작아질 수는 없다. 너무나도 당연하고 쉬운 이 음양 운동의 이치를 다시 강조하는 이유는, 이것을 알아야 12운성을 쉽게 이해할 수 있기 때문이다.

양(陽)이 시작하고 음(陰)이 마무리를 한다.

양(陽)이 활동하면 부피는 커지고 밀도는 낮아진다. 그래서 지출이 발생하고 많은 에너지 소모가 일어난다. 성장하는 어린이나 청소년과 같다. 음(陰)이 활동하면 부피는 작아지고 밀도는 높아진다. 그래서 활동량이 줄어들고 에너지 소모도 적어진다. 육체적 활동보다는 정신적 활동을 많이 하는 중년이나 노년의 시기와 같다.

木은 봄철인 寅卯에서는 밖에서 활동하고, 가을철인 申酉에서는 안에서 활동한다.

火는 여름철인 巳午에서는 밖에서 활동하고, 겨울철인 亥子에서는 안에서 활동한다.

金은 가을철인 申酉에서는 밖에서 활동하고, 봄철인 寅卯에서는 안에서 활동한다.

水는 겨울철인 亥子에서는 밖에서 활동하고, 여름철인 巳午에서는 안에서 활동한다.

土는 火土동법으로 火와 같이 적용하니 巳午에서 밖에서 활동하고, 亥子에서는 안에서 활동한다.

12운성과 지장간

　지지와 지장간의 관계를 이해하지 못하는 경우가 있다. 각 지지에는 지지 속의 지장간만 작용을 하는 것으로 아는 경우가 있다. 즉, 子월에는 壬癸만 영향력을 행사하는 것으로 알고 있는 것이다. 그러나 子월에도 천간의 모든 글자가 영향력을 행사하고 있다.

　子월에 각 천간은 어떤 모습으로 영향력을 행사하는지 적어 놓은 것이 12운성이다.

　지장간의 초기·중기·말기는 바로 앞 지지의 지장간 말기와 해당 지지의 삼합 오행 그리고 지지의 오행을 음양으로 나누어 써놓은 것이다.

ⓞ 지장간 초기 : 앞 지지의 지장간 말기

ⓞ 지장간 중기 : 삼합 오행을 음양으로 구분

ⓞ 지장간 말기 : 해당 지지의 오행을 음양으로 구분

⬤ 천간의 음양운동

木운동 甲木이 커지면 乙木은 작아지고, 乙木이 커지면 甲木은 작아
진다.

火운동 丙火가 커지면 丁火는 작아지고, 丁火가 커지면 丙火는 작아
진다.

金운동 庚金이 커지면 辛金은 작아지고, 辛金이 커지면 庚金은 작아
진다.

水운동 壬水가 커지면 癸水는 작아지고, 癸水가 커지면 壬水는 작아
진다.

土운동은 지구에서는 火土동법을 적용한다

◉ 木운동

●甲木은 申酉에서 절태(絶胎)를 지나
寅卯에서 록왕(祿旺)에 이른다.

●乙木은 寅卯에서 절태(絶胎)를 지나
申酉에서 록왕(祿旺)에 이른다.

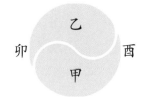

◉ 火운동

- 丙火는 亥子에서 절태(絶胎)를 지나 巳午에서 록왕(祿旺)에 이른다.
- 丁火는 巳午에서 절태(絶胎)를 지나 亥子에서 록왕(祿旺)에 이른다.

土는 火土동법을 적용한다

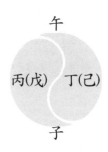

◉ 金운동

- 庚金은 寅卯에서 절태(絶胎)를 지나 申酉에서 록왕(祿旺)에 이른다.
- 辛金은 申酉에서 절태(絶胎)를 지나 寅卯에서 록왕(祿旺)에 이른다.

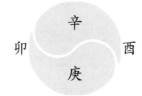

◉ 水운동

- 壬水는 巳午에서 절태(絶胎)를 지나 亥子에서 록왕(祿旺)에 이른다.
- 癸水는 亥子에서 절태(絶胎)를 지나 巳午에서 록왕(祿旺)에 이른다.

새로운 12운성 표

기존의 12운성 표는 양간에 사용하는 용어를 그대로 음간에도 적용하여 음간의 12운성을 이해하는데 모호하게 만들었다. 그래서 음간과 양간을 똑같은 기준을 적용하여 이해하기 쉽도록 다시 12운성 표를 다음과 같이 만들었다.

음양(陰陽)의 관점에서 보았을 때 음간이나 양간이나 반대편에는 같은 12운성이 와야 한다. 즉 음간이나 양간이나 관계없이 장생(長生)의 반대편에는 병(病)이 있고, 목욕(沐浴)의 반대편에는 사(死)가 있다. 관대(冠帶)의 반대편에는 묘(墓)가 있고, 건록(建祿)의 반대편에는 절(絶)이 있다. 제왕(帝旺)의 반대편에는 태(胎)가 있고, 쇠(衰)의 반대편에는 양(養)이 있다. 병(病)의 반대편에는 장생(長生)이 있고, 사(死)의 반대편에는 목욕(沐浴)이 있다. 묘(墓)의 반대편에는 관대(冠帶)가 있고, 절(絶)의 반대편에는 건록(建祿)이 있다. 태(胎)의 반대편에는 제왕(帝旺)이 있고, 양(養)의 반대편에는 쇠(衰)가 있다.

지지별 십간의 12운성

천간\지지	甲	乙	丙	丁	戊	己	庚	辛	壬	癸
寅	건록(建祿)	절(絶)	장생(長生)	병(病)	장생(長生)	병(病)	절(絶)	건록(建祿)	병(病)	장생(長生)
卯	제왕(帝旺)	태(胎)	목욕(沐浴)	사(死)	목욕(沐浴)	사(死)	태(胎)	제왕(帝旺)	사(死)	목욕(沐浴)
辰	쇠(衰)	양(養)	관대(冠帶)	묘(墓)	관대(冠帶)	묘(墓)	양(養)	쇠(衰)	묘(墓)	관대(冠帶)
巳	병(病)	장생(長生)	건록(建祿)	절(絶)	건록(建祿)	절(絶)	장생(長生)	병(病)	절(絶)	건록(建祿)
午	사(死)	목욕(沐浴)	제왕(帝旺)	태(胎)	제왕(帝旺)	태(胎)	목욕(沐浴)	사(死)	태(胎)	제왕(帝旺)
未	묘(墓)	관대(冠帶)	쇠(衰)	양(養)	쇠(衰)	양(養)	관대(冠帶)	묘(墓)	양(養)	쇠(衰)
申	절(絶)	건록(建祿)	병(病)	장생(長生)	병(病)	장생(長生)	건록(建祿)	절(絶)	장생(長生)	병(病)
酉	태(胎)	제왕(帝旺)	사(死)	목욕(沐浴)	사(死)	목욕(沐浴)	제왕(帝旺)	태(胎)	목욕(沐浴)	사(死)
戌	양(養)	쇠(衰)	묘(墓)	관대(冠帶)	묘(墓)	관대(冠帶)	쇠(衰)	양(養)	관대(冠帶)	묘(墓)
亥	장생(長生)	병(病)	절(絶)	건록(建祿)	절(絶)	건록(建祿)	병(病)	장생(長生)	건록(建祿)	절(絶)
子	목욕(沐浴)	사(死)	태(胎)	제왕(帝旺)	태(胎)	제왕(帝旺)	사(死)	목욕(沐浴)	제왕(帝旺)	태(胎)
丑	관대(冠帶)	묘(墓)	양(養)	쇠(衰)	양(養)	쇠(衰)	묘(墓)	관대(冠帶)	쇠(衰)	양(養)

계절별로 살펴보면 양간의 오행과 같은 계절에는 록왕쇠(祿旺衰)가 된다. 양간의 오행과 반대편 계절에는 절태양(絶胎養)이 있고, 양간의 오행이 나타내는 계절의 바로 앞 계절에는 생욕대(生浴帶)가 있다. 그

리고 양간의 오행이 나타내는 계절의 다음 계절에는 병사묘(病死墓)가 된다.

다음으로 음간을 살펴보면 음간의 오행과 같은 계절에는 12운성으로 절태양(絶胎養)이 위치한다. 양간이 록왕쇠(祿旺衰)로 활동하는 시기이니 음간은 절태양(絶胎養)이 된다. 음간의 오행과 반대편 계절에는 록왕쇠(祿旺衰)가 되는데 양간이 휴식하고 음간이 활동하는 시기이다. 음간의 오행이 나타내는 계절의 앞 계절에서는 12운성 병사묘(病死墓)가 위치한다. 이 시기는 양간이 생욕대(生浴帶)로 성장하는 시기이니 음간은 휴식을 취하고 있다. 그리고 음간의 오행이 나타내는 계절의 다음 계절에는 12운성으로 생욕대(生浴帶)가 된다. 음간이 활동을 늘려가는 이 시기에 양간은 병사묘(病死墓)로 활동을 줄여가고 있다.

계절 음양	같은 계절	반대편 계절	앞 계절	다음 계절
양간	록왕쇠(祿旺衰)	절태양(絶胎養)	생욕대(生浴帶)	병사묘(病死墓)
음간	절태양(絶胎養)	록왕쇠(祿旺衰)	병사묘(病死墓)	생욕대(生浴帶)

이것을 다시 천간별로 계절을 대입하여 본다.

계절 천간	봄(寅卯辰)	여름(巳午未)	가을(申酉戌)	겨울(亥子丑)
甲木	록왕쇠(祿旺衰)	병사묘(病死墓)	절태양(絶胎養)	생욕대(生浴帶)
乙木	절태양(絶胎養)	생욕대(生浴帶)	록왕쇠(祿旺衰)	병사묘(病死墓)
丙火	생욕대(生浴帶)	록왕쇠(祿旺衰)	병사묘(病死墓)	절태양(絶胎養)
丁火	병사묘(病死墓)	절태양(絶胎養)	생욕대(生浴帶)	록왕쇠(祿旺衰)
戊土	생욕대(生浴帶)	록왕쇠(祿旺衰)	병사묘(病死墓)	절태양(絶胎養)
己土	병사묘(病死墓)	절태양(絶胎養)	생욕대(生浴帶)	록왕쇠(祿旺衰)
庚金	절태양(絶胎養)	생욕대(生浴帶)	록왕쇠(祿旺衰)	병사묘(病死墓)
辛金	록왕쇠(祿旺衰)	병사묘(病死墓)	절태양(絶胎養)	생욕대(生浴帶)
壬水	병사묘(病死墓)	절태양(絶胎養)	생욕대(生浴帶)	록왕쇠(祿旺衰)
癸水	생욕대(生浴帶)	록왕쇠(祿旺衰)	병사묘(病死墓)	절태양(絶胎養)

오행과 12운성

木운동과 12운성

⊙ 木운동에는 甲木과 乙木이 있다.

⊙ 木운동은 甲木이 시작하고 乙木이 마무리한다.

⊙ 甲木은 酉에서 태(胎)가 되어 乙木으로부터 배턴을 받는다.

⊙ 그리고 戌에서 양(養), 亥에서 장생(長生), 子에서 목욕(沐浴) 등으로
커간다.

⊙ 양(陽)의 木인 甲木이 酉에서부터 커가니 乙木은 酉에서부터 줄어들
게 된다.

⊙ 乙木은 酉에서 제왕(帝旺)을 지나 戌에서 쇠(衰), 亥에서 병(病) 등으
로 간다.

지지 천간	寅	卯	辰	巳	午	未	申	酉	戌	亥	子	丑
甲木	건록 (建祿)	제왕 (帝旺)	쇠 (衰)	병 (病)	사 (死)	묘 (墓)	절 (絶)	태 (胎)	양 (養)	장생 (長生)	목욕 (沐浴)	관대 (冠帶)
乙木	절 (絶)	태 (胎)	양 (養)	장생 (長生)	목욕 (沐浴)	관대 (冠帶)	건록 (建祿)	제왕 (帝旺)	쇠 (衰)	병 (病)	사 (死)	묘 (墓)

27

火운동과 12운성

⊙ 火운동에는 丙火와 丁火가 있다.

⊙ 火운동은 丙火가 시작하고 丁火가 마무리한다.

⊙ 丙火는 子에서 태(胎)가 되어 丁火로부터 배턴을 받는다.

⊙ 그리고 丙火는 丑에서 양(養), 寅에서 장생(長生), 卯에서 목욕(沐浴) 등으로 커간다.

⊙ 양(陽)의 火인 丙火가 子에서부터 커가니 음(陰)의 火인 丁火는 子에 서부터 줄어들게 된다.

⊙ 丁火는 子에서 제왕(帝旺)을 지나 丑에서 쇠(衰), 寅에서 병(病) 등으 로 약해진다.

지지 천간	寅	卯	辰	巳	午	未	申	酉	戌	亥	子	丑
丙火	장생 (長生)	목욕 (沐浴)	관대 (冠帶)	건록 (建祿)	제왕 (帝旺)	쇠 (衰)	병 (病)	사 (死)	묘 (墓)	절 (絶)	태 (胎)	양 (養)
丁火	병 (病)	사 (死)	묘 (墓)	절 (絶)	태 (胎)	양 (養)	장생 (長生)	목욕 (沐浴)	관대 (冠帶)	건록 (建祿)	제왕 (帝旺)	쇠 (衰)

土운동과 12운성

⊙ 土운동에는 戊土와 己土가 있다.

⊙ 土운동은 戊土가 시작하고 己土가 마무리한다.

⊙ 土운동은 火土동법에 의하여 火와 같은 12운성을 적용한다.

⊙ 엄밀히 말하면 火와 土는 다르지만 천간과 지지의 차이 때문에 火土를 같이 적용한다.

⊙ 戊土는 子에서 태(胎)가 되어 己土로부터 배턴을 받는다.

⊙ 그리고 戊土는 丑에서 양(養), 寅에서 장생(長生), 卯에서 목욕(沐浴) 등으로 커간다.

⊙ 양(陽)의 土인 戊土가 子에서부터 커가니 음(陰)의 土인 己土는 子에서부터 줄어들게 된다.

⊙ 己土는 子에서 제왕(帝旺)을 지나 丑에서 쇠(衰), 寅에서 병(病) 등으로 약해진다.

지지 천간	寅	卯	辰	巳	午	未	申	酉	戌	亥	子	丑
戊土	장생 (長生)	목욕 (沐浴)	관대 (冠帶)	건록 (建祿)	제왕 (帝旺)	쇠 (衰)	병 (病)	사 (死)	묘 (墓)	절 (絶)	태 (胎)	양 (養)
己土	병 (病)	사 (死)	묘 (墓)	절 (絶)	태 (胎)	양 (養)	장생 (長生)	목욕 (沐浴)	관대 (冠帶)	건록 (建祿)	제왕 (帝旺)	쇠 (衰)

오행과 12운성

金운동과 12운성

⊙ 金운동에는 庚金과 辛金이 있다.

⊙ 金운동은 庚金이 시작하고 辛金이 마무리한다.

⊙ 庚金은 卯에서 태(胎)가 되어 辛金으로부터 배턴을 받는다.

⊙ 그리고 庚金은 辰에서 양(養), 巳에서 장생(長生), 午에서 목욕(沐浴) 등으로 커간다.

⊙ 양(陽)의 金인 庚金이 卯에서부터 커가니 음(陰)의 金인 辛金은 卯에서부터 줄어들게 된다.

⊙ 辛金은 卯에서 제왕(帝旺)을 지나 辰에서 쇠(衰), 巳에서 병(病) 등으로 약해진다.

지지\천간	寅	卯	辰	巳	午	未	申	酉	戌	亥	子	丑
庚金	절(絶)	태(胎)	양(養)	장생(長生)	목욕(沐浴)	관대(冠帶)	건록(建祿)	제왕(帝旺)	쇠(衰)	병(病)	사(死)	묘(墓)
辛金	건록(建祿)	제왕(帝旺)	쇠(衰)	병(病)	사(死)	묘(墓)	절(絶)	태(胎)	양(養)	장생(長生)	목욕(沐浴)	관대(冠帶)

水운동과 12운성

⊙ 水운동에는 壬水와 癸水가 있다.

⊙ 水운동은 壬水가 시작하고 癸水가 마무리한다.

⊙ 壬水는 午에서 태(胎)가 되어 癸水로부터 배턴을 받는다.

⊙ 그리고 壬水는 未에서 양(養), 申에서 장생(長生), 酉에서 목욕(沐浴) 등으로 커간다.

⊙ 양(陽)의 水인 壬水가 午에서부터 커가니 음(陰)의 水인 癸水는 午에서부터 줄어들게 된다.

⊙ 癸水는 午에서 제왕(帝旺)을 지나 未에서 쇠(衰), 申에서 병(病) 등으로 약해진다.

지지 천간	寅	卯	辰	巳	午	未	申	酉	戌	亥	子	丑
壬水	병 (病)	사 (死)	묘 (墓)	절 (絶)	태 (胎)	양 (養)	장생 (長生)	목욕 (沐浴)	관대 (冠帶)	건록 (建祿)	제왕 (帝旺)	쇠 (衰)
癸水	장생 (長生)	목욕 (沐浴)	관대 (冠帶)	건록 (建祿)	제왕 (帝旺)	쇠 (衰)	병 (病)	사 (死)	묘 (墓)	절 (絶)	태 (胎)	양 (養)

31

寅에서 12운성

천간 지지	甲	乙	丙	丁	戊	己	庚	辛	壬	癸
寅	건록 (建祿)	절 (絶)	장생 (長生)	병 (病)	장생 (長生)	병 (病)	절 (絶)	건록 (建祿)	병 (病)	장생 (長生)

甲木은 寅에서 12운성으로 건록(建祿)이 된다. 양간은 힘을 받으면 크게 확장된다. 양간인 甲木은 卯에서 제왕(帝旺)이 되어 가장 큰 힘을 발휘한다.

乙木은 寅에서 12운성으로 절(絶)이 된다. 봄철의 木이 왜 절(絶)이 되느냐고 의아하게 생각할 수 있다. 甲木이 활약하면 乙木은 휴식하고, 乙木이 활약하면 甲木이 휴식한다. 그래서 乙木은 寅에서 절(絶)이 되고, 다음 卯에서 태(胎), 그리고 辰에서 양(養)이 된다.

丙火는 寅에서 장생(長生)이 되고 丁火는 병(病)이 된다. 양(陽)이 시작하고 음(陰)이 마무리를 하는데 양(陽)과 음(陰)은 반대로 운동한다. 음양(陰陽)이 함께 성장하거나 함께 쇠퇴할 수는 없다. 장생(長生)은 태어나서 출생신고를 하는 것과 같다. 태(胎)에서 잉태하고 양(養)에서 길러져서 장생(長生)에서 태어난다.

丁火는 寅에서 병(病)이 된다. 병(病)중일 때는 활발하게 움직일 수 없으니 실내에서 머물게 된다. 육체적 활동이 약해지면 정신적 활동이 강화된다. 쇠병사묘절(衰病死墓絕) 등은 육체적으로 그런 상태에 이르렀다는 의미이니 실내에서 학문이나 종교, 교육 등 정신적인 활동을 하면 좋다.

戊土는 寅에서 장생(長生)이 된다. 火土동법에 의해 丙火와 戊土 그리고 丁火와 己土는 12운성을 같이 적용한다. 엄밀히 말하면 丙火와 戊土, 그리고 丁火와 己土가 같을 리가 없다. 그러나 천간의 오행운동과 지지의 사계절운동의 차이 때문에 천간과 지지의 관계를 볼 때는 火와 土를 묶어서 같이 사용한다. 천간과 지지의 관계에서 발생하는 여러 가지 신살(神殺)에서도 火土동법을 쓰는 경우가 많다.

寅월에 태어난 己土는 병(病)이 된다. 병(病)은 병원에 입원한 것과 같아 육체적으로 움직이는 것이 힘드니 실내에서 정신적으로 쓰면 좋다. 火土동법으로 己土는 丁火와 12운성을 같이 적용한다.

庚金은 寅에서 절(絕)이 된다. 寅월에는 庚金이 최대로 움츠러들어 있다. 잠을 자는 것처럼 움직임이 거의 없다. 육체를 움직일 수 없을 때는 정신적으로 쓰면 좋은데 정신적인 것에는 실내에서 할 수 있는

33

교육, 철학, 종교 등이 있다.

辛金은 寅에서 庚金과는 반대로 건록(建祿)이 된다. 음(陰)인 辛金이 건록(建祿)으로 강해지니 외형은 극도로 줄어든다. 양간이 강해질 때는 음간이 휴식을 취하고, 음간이 강해질 때는 양간이 휴식을 취한다. 양(陽)이 강해지면 밖으로 나가고, 음(陰)이 강해지면 안으로 들어온다.

壬水가 寅을 만나면 병(病)이 된다. 병(病)은 병(病)들었다는 의미가 있으니 움직임이 더디다. 실내에서 정신적으로 써야 한다.

癸水는 寅에서 壬水와 반대로 장생(長生)이 된다. 장생은 새로 태어난 것이니 활동하기 시작한다. 음간이 활동하기 시작하니 외형은 줄어들면서 내실은 탄탄해지기 시작한다.

卯에서 12운성

천간 지지	甲	乙	丙	丁	戊	己	庚	辛	壬	癸
卯	제왕 (帝旺)	태 (胎)	목욕 (沐浴)	사 (死)	목욕 (沐浴)	사 (死)	태 (胎)	제왕 (帝旺)	사 (死)	목욕 (沐浴)

卯월은 봄이 절정에 도달할 때이다.

甲木은 卯월에 제왕(帝旺)이 된다. 더 이상의 상승은 없으니 앞으로는 은퇴하고 실내로 들어와 휴식에 들어가야 한다.

乙木은 甲木과 음양(陰陽)이 다르니 卯에서 가장 낮은 위치인 태(胎)가 된다. 음간이 활동하지 않는다는 것은 양간의 활동이 활발하다는 의미이다. 양간이 활동할 때는 음간은 쉬어야 한다. 팔자에서 乙木을 쓰는 사람은 卯에서 활동을 줄이고 충전의 시간을 가져야 한다. 이제 바닥을 쳤으니 오를 일만 남았다. 참고 기다려야 한다.

丙火는 卯에서 목욕(沐浴)이 된다. 목욕(沐浴)은 성인이 되기 위해 어린아이의 티를 벗는 시기이다. 정신적, 신체적으로 성장하기 위해 투자가 필요한 시기이다. 卯월의 丙火를 재(財)로 쓴다면 들어갈 돈이 많아지게 된다. 목욕(沐浴)에서는 수입보다는 생산적인 지출이 있게 된다.

丁火는 卯에서 사(死)가 된다. 사(死)는 죽은 것과 같다. 밖에서 하는 일이나 육체적 활동을 하기는 힘드니, 안에서 하는 정신적 활동이 좋다.

戊土는 卯에서 丙火처럼 목욕(沐浴)이 된다. 목욕(沐浴)에서는 수입보다는 지출이 있게 된다. 생산적인 지출이다. 卯월의 戊土가 팔자에서 인성이든 관성이든 재성이든 식상이든 비겁이든 모두 그렇다.

己土는 卯에서 丁火와 같이 12운성 사(死)가 된다. 己土가 재성인 사람은 재(財)를 교육 등 정신적으로 써야 한다. 사업을 시작하는 등 외부활동으로 쓰면 어려움에 처한다.

庚金은 卯에서 태(胎)가 된다. 태(胎)는 막 잉태한 것으로 이제 출발

선에 섰다. 먼 미래를 내다보며 장기적인 계획을 세워야 한다. **庚金**에 해당하는 육친은 서서히 활동하기 시작할 것이다. 서두르면 안 된다.

辛金은 卯에서 제왕(帝旺)이 된다. 음간이 힘을 받아 제왕(帝旺)이 되면 외형은 가장 작아지고 단단하게 된다. 대신 그 안에 온갖 실속 있는 것들로 가득 채워진다. 씨앗 속에는 온갖 유전자가 모두 포함되어 있다. 辛金을 卯에서 쓰는 사람은 글자가 어떤 육친에 해당하든지 팔자에 주어진 모습대로 살면 성공할 수 있다.

壬水는 卯에서 사(死)가 된다. 사(死)는 죽은 것과 같아 움직일 수 없으니 실내에서 하는 정신적인 일을 하면 좋다. 정신적인 일은 육체보다 두뇌를 활용한 일들이다. 낮과 밤처럼 일할 때와 쉴 때를 구분하면 효율적인 삶을 살 수 있다.

癸水는 卯에서 목욕(沐浴)이 된다. 음(陰)이 활동하기 시작하면 양(陽)에서 시작한 일들이 마무리된다. 그래서 실내로 들어와 정신적으로 쓰면 좋다. 운동선수를 마치고 코치나 감독을 하는 것과 같다.

팔자에는 좋고 나쁨이 없다. 팔자대로 살면 좋고, 반대로 살면 힘들다. 낮에 일하고 밤에 쉬어야지, 밤에 일하고 낮에 쉬면 힘들고 건강도 해치게 된다. 자신의 팔자대로 살아야지 팔자가 다른 사람을 모방한다고 절대로 똑같이 되지는 않는다. 남에게 좋은 보약이 나에게도 맞으라는 법은 없다.

천간\지지	甲	乙	丙	丁	戊	己	庚	辛	壬	癸
辰	쇠(衰)	양(養)	관대(冠帶)	묘(墓)	관대(冠帶)	묘(墓)	양(養)	쇠(衰)	묘(墓)	관대(冠帶)

甲木은 辰에서 쇠(衰)가 된다. 卯에서 乙木에게 배턴을 넘기고 은퇴하게 된다. 은퇴한 후에도 새롭게 할 일은 있다. 정리와 반성과 새로운 계획 등이다.

乙木은 辰에서 양(養)이 되니 뱃속에서 자라기 시작하는 때이다. 양간인 甲木이 은퇴하면 그 자리를 매울 乙木이 뱃속에서 자라기 시작한다. 木운동 입장에서 보면 어차피 같다. 음간인 乙木이 활동하면 木운동은 위축되고 휴식에 들어가기 때문이다. 辰戌丑未에는 12운성 양(養), 관대(冠帶), 쇠(衰), 묘(墓)가 배정된다. 변화가 일어나는 때이므로 미리 준비하면 좋다.

丙火는 辰에서 관대(冠帶)가 된다. 모든 준비를 마치고 혼자 독립하는 때이다. 이제 막 취업하고 입학하고 입대했으니 새로운 환경에 적응하는 고충이 따른다.

丁火는 辰에서 묘(墓)가 된다. 양간인 丙火가 독립하여 세상에 나가니 음간인 丁火는 휴식을 취하면서 새로운 설계를 해야 한다. 양간이 활동하면 음간은 쉬게 된다. 주로 실내에서 하는 일들이 좋다.

37

戊土는 辰에서 丙火와 같이 관대(冠帶)가 된다. 양간이 관대(冠帶)를 만나면 새 출발을 한다. 의욕이 넘친다. 적극적인 자세가 필요하다.

己土는 辰에서 묘(墓)가 된다. 팔자에서 己土를 쓰는 사람은 辰에서 己土에 해당하는 십신을 정신적으로 쓰면 좋다. 크게 실외와 실내로 나눌 때 실내에서 활동하는 직업을 고르면 좋다.

庚金은 辰에서 양(養)이 된다. 양(養)은 잉태한 후 뱃속에서 자라고 있는 시기이다. 아직 세상 물정을 모르고 앞으로 어떤 일이 일어날지도 모르는 막막한 상태이다. 기도하는 마음으로 때를 기다려야 한다.

辛金은 辰에서 쇠(衰)가 된다. 쇠(衰)는 현업에서 물러나 막 은퇴한 시기이다. 내부적으로 쇠퇴해가니 육체적인 활동보다는 정신적인 활동을 준비하면 좋다.

壬水는 辰에서 묘(墓)가 된다. 묘(墓)는 묘지에 들어간 것과 같으니 활동할 공간이 없다. 수도하는 마음으로 정신적인 일에 몰두해야 한다. 몸을 움직일 수 없을 때는 정신이 발달한다.

癸水는 辰에서 관대(冠帶)가 된다. 관대(冠帶)는 새로운 출발이다. 주변에는 선배나 고참뿐이니 새로운 환경에 잘 적응하도록 노력해야 한다.

천간 지지	甲	乙	丙	丁	戊	己	庚	辛	壬	癸
巳	병 (病)	장생 (長生)	건록 (建祿)	절 (絶)	건록 (建祿)	절 (絶)	장생 (長生)	병 (病)	절 (絶)	건록 (建祿)

甲木은 巳에서 병(病)이 된다. 병(病)은 병(病)이 든 상태여서 육체적 활동은 힘드니 정신적 활동이 적합하다. 양간이 힘을 잃으면 음간이 힘을 얻게 된다. 잎이 나고 새싹이 돋고 꽃이 피는 것은 양(陽)의 시기이고, 열매를 맺고 수확을 하고 낙엽이 지는 때는 음(陰)의 시기이다.

乙木은 巳에서 장생(長生)이니 점차 수확을 하는 때이다. 음간이 활동하기 시작하면 마무리를 하게 된다. 이제 木운동은 마무리에 들어갔다는 의미이다. 양간이 위축되는 때는 음간이 힘을 얻게 되니 오행의 측면에서는 같은 현상으로 나타난다.

丙火는 巳에서 건록(建祿)이다. 양간인 丙火가 활동하니 음간은 쉬게 된다. 丙火가 일하고 丁火가 쉴 때는 火의 활동이 활발할 때이다.

丁火는 巳에서 절(絶)이 된다. 절(絶)의 시기에는 단절되어 보이지 않는 곳에 존재한다. 丙火가 건록(建祿)이니 丁火는 숨어서 때를 기다리는 것이다.

戊土는 丙火와 같이 巳에서 건록(建祿)이니 힘이 있다. 반대로 己土는 巳에서 절(絕)이 된다. 그래서 같은 오행이라도 戊土와 己土는 큰 차이가 있다. 음양(陰陽)의 차이를 알아야 12운성을 잘 이해할 수 있다. 12운성을 이해하지 못한다는 것은 음양(陰陽)의 차이를 모르고 있다는 말과도 같다. 양(陽)이 활동하면 커지고, 음(陰)이 활동하면 작아진다.

庚金은 巳에서 장생(長生)이다. 이제 막 태어난 것과 같으니 무리한 욕심은 금물이다. 앞으로 긴 시간 동안 더 많은 투자를 하고 일을 해야 한다. 양간이 활동을 시작하면 음간은 휴식에 들어간다. 팔자에서 庚金과 辛金을 쓰는 사람의 차이가 있는 것이다.

辛金은 巳에서 병(病)이 되니 아픈 사람처럼 실내에서 쉬어야 한다. 병(病)에 해당하는 십신의 일을 할 때는 실내에서 정신적으로 두뇌를 사용해야 한다. 정신적 활동을 해야 할 팔자라면 미리 두뇌를 활용한 공부를 하면 좋다.

壬水는 巳에서 절(絕)이 된다. 절(絕)이란 단절된 것으로 흔적도 없는 것이다. 보이지 않는 곳에 숨어서 많은 생각을 하며 때를 기다려야 한다. 팔자나 운(運)의 음(陰)의 시기에는 외부적인 활동을 줄이는 것이 좋다.

癸水는 巳에서 건록(建祿)이 된다. 음간이 활동하니 부피가 작아지며 작은 공간에 많은 것을 저장하게 된다.

태어날 때 정해지는 팔자에 따라 가야 할 방향이 정해지고 또 운(運)에 의해서 변화가 일어난다. 어느 시기에 무슨 일이 일어날지 미리 예측하여 일할 때와 쉴 때를 구분한다면 좀 더 효율적인 삶을 살 수 있을 것이다.

午에서 12운성

천간 지지	甲	乙	丙	丁	戊	己	庚	辛	壬	癸
午	사 (死)	목욕 (沐浴)	제왕 (帝旺)	태 (胎)	제왕 (帝旺)	태 (胎)	목욕 (沐浴)	사 (死)	태 (胎)	제왕 (帝旺)

甲木은 午에서 사(死)가 된다. 甲木은 寅卯辰에서 록왕쇠(祿旺衰)로 활동하고 巳에서 병(病), 午에서 사(死)가 된다. 사(死)는 죽은 것과 같아 움직일 수 없으니 외부에서 하는 육체적 활동은 힘들다. 실내에서 정신적 활동을 하면 좋다. 사(死)의 반대편에는 목욕(沐浴)이 있다.

乙木은 午에서 목욕(沐浴)이 된다. 양간인 甲木이 午에서 사(死)가 되니 음간인 乙木은 목욕(沐浴)이 된다. 음간인 乙木이 활동을 하니 외형은 줄어들지만 실속은 있다. 甲木이 활동하면 木은 팽창하고, 乙木이 활동하면 木은 응축된다. 팔자를 볼 때는 甲木이나 乙木에 해당하는 십신을 대입하여 설명하면 된다.

丙火는 午에서 제왕(帝旺)이 된다. 활동력이 가장 왕성할 때이다.

더 이상의 성장은 없으니 내려올 준비를 해야 한다. 양간이 정상에 있을 때 음간은 바닥에서 올라올 준비를 한다. 음간이 활동을 시작하면 해당 오행은 실내로 들어가 휴식을 취하며 정신적인 활동에 종사해야 한다.

丁火는 午에서 태(胎)가 된다. 음간이 이제 막 활동을 시작하려고 하니 火운동은 위축될 것이다. 양(陽)이 시작하고 음(陰)이 마무리를 하기 때문이다. 음간이 활동할 때는 정리하고 휴식에 들어가야 한다. 저녁에 일을 마무리하고 퇴근을 준비하는 것과 같다.

戊土는 午에서 제왕(帝旺)이 되니 왕성한 활동을 보인다. 이제 더 이상의 투자를 하면 안 되고 줄이면서 결실을 거두어야 한다. 지금까지 잘해 왔으니 앞으로도 더 잘 될 것이라고 착각해서는 안 된다. 자연의 법칙에 순응해야 한다.

己土는 丁火처럼 午에서 태(胎)가 된다. 태(胎)는 이제 잉태한 것이다. 실제로 보이는 것은 없다. 구상단계이다. 무조건 기다려야 한다. 丁火가 午를 만나면 어떤 육친이든지 그렇게 대입해야 한다.

庚金은 午에서 목욕(沐浴)이 된다. 양간의 목욕(沐浴)은 더 성장하기 위해 투자하는 때이다. 수입보다는 지출이 많아진다. 치장이나 교육을 위해 투자하는 시기이니 아직 수입은 생기지 않는다.

辛金은 午에서 사(死)가 된다. 목욕(沐浴)의 반대편이 사(死)이다. 음간이 쇠병사묘(衰病死墓)로 휴식을 취하고 있을 때는 양간이 활동하는 시기이다. 양(陽)이 활동할 때는 외형이 커지고 교육이나 장식을 위한 지출이 발생한다.

壬水는 午에서 태(胎)가 된다. 태(胎)는 이제 바닥을 치고 새롭게 잉태한 때이다. 양간이 태(胎)에 도달하면 해당 오행은 이제 밖으로 나갈 준비를 한다. 태(胎)의 반대편에는 제왕(帝旺)이 있다.

癸水는 午에서 제왕(帝旺)이 되니 왕성하게 활동하는 때이다. 음간이 활동하면 작아지고 단단해지니 癸水는 午에서 가장 작은 공간에 가장 많은 것을 담고 있는 작은 씨앗과 같다. 水는 앞으로 더 이상 작아질 수 없다.

투수가 던진 공을 타자는 정확한 타임에 휘둘러야 한다. 무조건 열심히 휘두른다고 되는 것이 아니다. 때를 기다려야 한다. 기회를 노려야 한다. 명리학은 시(時)의 학문이다.

未에서 12운성

천간 지지	甲	乙	丙	丁	戊	己	庚	辛	壬	癸
未	묘 (墓)	관대 (冠帶)	쇠 (衰)	양 (養)	쇠 (衰)	양 (養)	관대 (冠帶)	묘 (墓)	양 (養)	쇠 (衰)

甲木은 未에서 묘(墓)가 된다. 묘(墓)는 묘지에 들어간 것과 같으니 활동할 공간이 없다. 작은 공간에서 정신적인 활동을 해야 한다.

43

乙木은 未에서 관대(冠帶)가 된다. 관대(冠帶)는 이제 독자적으로 활동할 힘이 생기는 때이다. 음간이 활동하면 외형은 작아지고 단단해지니 未은 내부로 들어가서 정신적 활동을 하게 된다.

丙火는 未에서 쇠(衰)가 된다. 쇠(衰)는 정상에서 물러나 은퇴를 한 시기이다. 일에서 벗어나 홀가분한 시기이지만 약해지고 있다. 그래서 육체적 활동보다는 정신적 활동을 준비해야 한다.

丁火는 未에서 양(養)이 된다. 양(陽)이 은퇴를 하면 음(陰)이 활동을 시작한다. 음(陰)이 활동하는 시기에는 확장보다는 축소하면서 실속을 차려야 한다. 규모를 줄이면서 반성을 하고 새로운 계획을 세우면 좋다.

戊土는 未에서 丙火처럼 쇠(衰)가 된다. 팔자에서 戊土를 쓰는 사람이 未를 만나면 하던 일을 정리하고 새로운 정신적인 삶을 준비해야 한다. 선수 생활을 마치고 지도자의 길을 준비하면 좋다.

己土는 未에서 양(養)이 되니 점차 세(勢)를 얻어갈 것이다. 이제 밖에서의 활동을 줄이고 안으로 들어와서 정신적인 일을 해야 한다.

庚金은 未에서 관대(冠帶)가 된다. 관대(冠帶)는 세상에 나아갈 모든 준비를 마치고 독립하는 시기이다. 양간이 관대에 속하면 현재 하는 일에 박차를 가해야 한다. 관대(冠帶)의 반대는 묘(墓)이다.

辛金은 未에서 묘(墓)가 된다. 음간이 힘을 잃으면 양간이 힘을 얻게 되는 것이 자연의 이치이다. 낮과 밤이 동시에 올 수는 없다.

壬水는 未에서 양(養)이 된다. 양(養)은 뱃속의 아이와 같다. 아직 성장하여 독립하려면 많은 시간이 필요하니 서두르면 안 된다.

癸水는 未에서 쇠(衰)가 된다. 음간이 힘이 약해지면 양간이 활동을 시작한다. 해당 오행은 휴식을 끝내고 밖으로 일하러 갈 때가 온 것이다. 변화에 미리 대비해야 한다.

아침이나 낮에 일하고 저녁이나 밤에는 쉬어야 한다. 바닥을 헤매며 힘들 때는 희망을 잃지 말아야 하고, 정상에 오르면 겸손해야 한다. 12운성은 이러한 자연의 이치를 가장 잘 나타내 주고 있다.

申에서 12운성

천간 지지	甲	乙	丙	丁	戊	己	庚	辛	壬	癸
申	절 (絶)	건록 (建祿)	병 (病)	장생 (長生)	병 (病)	장생 (長生)	건록 (建祿)	절 (絶)	장생 (長生)	병 (病)

甲木은 申에서 절(絶)이 된다. 절(絶)은 단절되었다는 의미로, 양(陽)에서 일을 시작하여 음(陰)에서 마무리한 후 잠시 집을 떠난 상태와 같다. 절(絶)의 반대쪽에는 건록(建祿)이 있다.

乙木은 申에서 건록(建祿)이 된다. 음간인 乙木이 왕성하게 활동하는 때이니 木은 작아진다. 작아지면 단단해지고 밀도가 높아지는 것이 자연의 이치이다. 甲木의 절(絶)이나 乙木의 건록(建祿)이나 木의 입장에서는 같은 상태가 된다.

丙火는 申에서 병(病)이다. 병(病)은 병(病)들었다는 것이니 움직임이 자유롭지 못하다. 움직일 수 없을 때에는 실내에서 정신적인 활동을 할 수 밖에 없다.

丁火는 申에서 장생(長生)이다. 12운성 장생(長生)의 반대편에는 병(病)이 있다. 음간인 丁火가 활동을 시작하면 火운동은 축소되고 마무리에 들어간다.

戊土는 申에서 병(病)이다. 양간이 12운성 병(病)에 해당하면 육체적으로는 사용하지 못한다. 육체적 활동을 한다면 성과를 낼 수가 없다. 아프고 병(病)들었을 때는 실내에 머물러야 한다.

己土는 丁火처럼 申에서 장생(長生)이다. 己土에 해당하는 십신에 12운성을 대입하여 통변을 해주면 된다. 음간이 활동하면 외형은 줄어들고 마무리에 들어간다.

庚金은 申에서 건록(建祿)이다. 양간이 건록(建祿)이면 가장 많은 활동을 할 시기이다. 기회를 놓치지 말아야 한다. 키울 것은 키우면서 가지고 있는 능력을 최대한으로 발휘해야 한다.

辛金은 申에서 절(絕)이 된다. 양간인 庚金이 왕성하게 활동할 때이니 음간인 辛金은 보이지 않는 곳에서 휴식을 취하고 있다. 양(陽)이 활동할 때는 음(陰)은 쉬고 있다.

壬水는 申에서 장생(長生)이다. 장생(長生)은 이제 태어나 호적신고를 한 것이다. 큰 기대는 할 수 없지만 새로운 탄생의 의미가 있다. 많은 사람이 개업식이나 출생했을 때 방문을 하여 축하해 주는 것과 같다. 양간이 장생(長生)이면 외형이 확장되기 시작한다.

癸水는 申에서 병(病)이 된다. 병(病)들면 활동력이 저하되니 밖에서 활동하기보다는 실내에서 정신적 활동을 하면 좋다. 정신적 활동이란 교육, 종교, 철학 등 실내에서 머리를 쓰며 이루어지는 활동이다. 음간이 실내에 있을 때는 양간이 밖에서 활동한다.

酉에서 12운성

천간 지지	甲	乙	丙	丁	戊	己	庚	辛	壬	癸
酉	태 (胎)	제왕 (帝旺)	사 (死)	목욕 (沐浴)	사 (死)	목욕 (沐浴)	제왕 (帝旺)	태 (胎)	목욕 (沐浴)	사 (死)

甲木은 酉에서 태(胎)가 된다. 양간인 甲木이 갓 잉태된 것이다. 양간이 태(胎)가 되면 휴식을 끝내고 새로운 출발을 준비한다. 태(胎)의 반대쪽에는 제왕(帝旺)이 있다.

乙木은 酉에서 제왕(帝旺)이 된다. 음간이 제왕(帝旺)이면 외형은 가장 작아진다. 음운동이 극(極)에 이르니 더 이상 줄어들지는 않는다. 木의 입장에서는 가장 작고 단단하게 응집되는 시기이다.

47

丙火는 酉에서 사(死)가 된다. 양간이 사(死)에 해당하면 죽은 것과 같으니 밖에서 활동할 수 없다. 실내에 머물면서 정신적인 일을 해야 한다.

丁火는 酉에서 목욕(沐浴)이 된다. 음간이 활동하면 양간은 휴식을 취한다. 음간이 활동하니 외부활동보다는 내부에서 정리하고 마무리 해야 한다. 丁火가 목욕이니 火운동은 휴식에 들어간다.

戊土는 酉에서 丙火처럼 사(死)가 된다. 戊土에 해당하는 십신을 정신적으로 사용하면 좋다.

己土는 丁火처럼 酉에서 목욕(沐浴)이 된다. 양간의 목욕(沐浴)은 외형이 확산되지만 음간의 목욕(沐浴)은 외형이 축소된다.

庚金은 酉에서 제왕(帝旺)이 된다. 양간이 제왕(帝旺)에 이르면 해당 오행은 가장 왕성한 활동을 할 때이다. 더 이상의 상승이나 확장은 없다. 정상에서 물러나는 것이 자연의 법칙이다. 제왕(帝旺)의 반대쪽에는 태(胎)가 있다.

辛金은 酉에서 태(胎)가 된다. 음간이 활동을 준비하는 때이니 앞으로는 외형을 줄이면서 내실을 기해야 할 것이다. 양간이 제왕(帝旺)이면 음간은 태(胎)가 된다. 다른 오행도 모두 마찬가지이다.

壬水는 酉에서 목욕(沐浴)이 된다. 양간의 목욕(沐浴)은 성장을 위한 투자 기간이다. 아직 수입은 발생하지 않는다. 목욕(沐浴)의 반대쪽에는 사(死)가 있다.

癸水는 酉에서 사(死)가 된다. 음간이 12운성 사(死)를 만나면 양간은 목욕(沐浴)이니 외형이 확장되고 지출이 늘어난다. 양(陽)의 시기에 활동하고 음(陰)의 시기에 휴식하는 것이 자연의 순리이다.

戌에서 12운성

천간 지지	甲	乙	丙	丁	戊	己	庚	辛	壬	癸
戌	양 (養)	쇠 (衰)	묘 (墓)	관대 (冠帶)	묘 (墓)	관대 (冠帶)	쇠 (衰)	양 (養)	관대 (冠帶)	묘(墓)

甲木은 戌에서 양(養)이 된다. 酉에서 잉태된 甲木은 戌에서는 뱃속에서 성장한다. 팔자에 적용할 때는 해당 십신을 그런 상태라고 설명하면 된다. 양(養)의 반대쪽에는 쇠(衰)가 있다.

乙木은 戌에서 쇠(衰)가 된다. 음간이 쇠(衰)가 되면 양간이 활약을 시작했다는 의미이다. 辰戌丑未에서는 변화가 일어나니 새로운 환경에 미리 대비하고 준비하면 좋다.

丙火는 戌에서 묘(墓)가 된다. 묘(墓)는 묘지에 들어갔다는 의미이니 외부활동으로는 쓰지 못한다. 실내에서 정신적으로 쓰면 좋다. 묘(墓)의 반대편에는 관대(冠帶)가 있다.

丁火는 戌에서 관대(冠帶)가 되니 힘이 있다. 음간이 힘을 받으면 외형은 작아지고 응집력은 높아진다. 단단히 익은 과일의 모습이다.

戊土는 火土동법에 의하여 丙火와 같이 戌에서 묘(墓)가 된다. 팔자나 운(運)에서 戊土를 쓰는 사람은 戌을 만나면 밖에서의 활동은 자제하면 좋다. 사업의 확대는 더욱 안된다. 무덤에 갇혀있는 모습이기 때문이다.

己土는 12운성을 丁火와 같이 사용한다. 戌에서 관대(冠帶)가 된다. 음간이 힘을 받으니 마무리를 하면서 정리에 들어간다. 음간이 힘을 받으면 해당 오행의 외부활동은 위축되니 현재의 일은 마무리하고 새로운 구상에 들어가야 한다.

庚金은 戌에서 쇠(衰)가 된다. 쇠(衰)는 쇠약해졌다는 의미이다. 육체적 활동보다는 정신적 활동으로 전환해야 할 때이다. 만물은 두 번 태어난다. 육체적으로 한 번 태어나고 정신적으로 다시 한 번 태어난다. 그리고 하나의 생(生)을 마친다. 쇠(衰)의 반대쪽에는 양(陽)이 있다.

辛金은 戌에서 양(養)이 된다. 음간이 양(陽)이 되니 양간은 쇠(衰)가 되어 외부 활동이 줄어들기 시작한다. 자연의 순리에 따르는 것이 좋다. 자연의 법칙보다 더 상위의 법칙은 없다.

壬水는 戌에서 관대(冠帶)가 된다. 모든 준비를 마치고 새로운 출발을 하니 또 다른 어려움이 기다리고 있다. 戌에서 壬水를 쓰는 사람은 자신감을 가지고 새로운 환경에 뛰어들어야 한다. 壬水가 재성이든 관성이든 식상이든 모두 해당된다.

癸水는 戌에서 묘(墓)가 된다. 묘(墓)는 묘지와 같으니 작은 공간에서 실속 있게 써야 한다. 음간이 힘을 잃을 때는 양간이 활동할 때이다. 양간이 외연 확장을 하고 있는 시기인 것이다. 음간은 실내에서 휴식을 취하면 좋다.

亥에서 12운성

천간 지지	甲	乙	丙	丁	戊	己	庚	辛	壬	癸
亥	장생 (長生)	병(病)	절(絶)	건록 (建祿)	절(絶)	건록 (建祿)	병(病)	장생 (長生)	건록 (建祿)	절(絶)

甲木은 亥에서 장생(長生)이다. 양간은 바로 앞 계절 지지의 첫 자가 장생(長生)이 된다. 丙火는 寅에서, 庚金은 巳에서, 그리고 壬水는 申에서 장생(長生)이 된다. 장생(長生)은 세상에 태어나서 출생신고를 하는 것과 같다. 장생(長生)의 반대쪽에는 병(病)이 있다.

乙木은 亥에서 병(病)이 된다. 병(病)은 실내에서 정신적으로 사용하면 좋다. 12운성의 특정 글자가 좋거나 나쁘다고 할 수는 없다. 어린이나 청년, 중년 그리고 노년의 시기가 좋거나 나쁘지는 않다. 어느 것이든 시기에 맞게 순리대로 잘 쓰면 좋은 것이다. 낮에 일하고 밤에 자면 좋다.

丙火는 亥에서 절(絶)이 된다. 절(絶)이란 흔적도 없는 것이다. 밤에는 태양이 보이지 않는다. 보이지 않는다고 없는 것이 아니다. 절(絶)의 반대편에는 건록(建祿)이 있다.

丁火는 亥에서 건록(建祿)이다. 건록(建祿)은 활기차게 활동하는 시기이다. 음간이 건록(建祿)이면 응집되고 축소된다. 양(陽)이 활동하면 확산되고, 음(陰)이 활동하면 응축된다.

戊土는 亥에서 절(絶)이 된다. 戊土를 팔자나 운(運)에서 쓰는 사람은 적극적인 활동은 자제하고 멀리 떨어져서 관망하는 것이 좋다. 절(絶)의 반대쪽에는 건록(建祿)이 있다.

己土는 丁火와 같이 亥에서 건록(建祿)이 된다. 음간이 힘을 받으면 축소되므로 己土를 어떤 십신으로 사용하든지 亥의 시기에는 외형을 줄이고 휴식을 취하면 좋다. 봄에는 꽃이 피고 가을에는 낙엽이 지는 것이 자연의 이치이다.

庚金은 亥에서 병(病)이다. 병(病)은 은퇴 후 아픈 때이니 외부활동을 줄여야 한다. 실내에서 할 수 있는 정신적인 일을 찾아야 한다. 병(病)의 반대쪽에는 장생(長生)이 있다.

辛金은 亥에서 장생(長生)이 된다. 음간인 辛金이 활동하면 축소되고 단단해지면서 실속이 있게 된다. 확장을 금지하고 마무리를 시작하는 것이 좋다. 저녁에는 일을 마무리하고 밤에는 자는 것이 자연의 법칙이다.

壬水는 亥에서 건록(建祿)이 된다. 건록(建祿)은 가장 왕성하게 활동할 때이다. 양간이 힘 있게 활동하면 외형이 확장되지만 실속은 적다. 계속 투자가 일어나기 때문이다. 건록(建祿)의 반대편에는 절(絶)

이 있다.

癸水는 亥에서 절(絕)이 된다. 절(絕)은 단절되었다는 의미이니 멀리 보이지 않는 곳에 있으면 좋다. 음간이 절태(絕胎)에 이를 때는 해당 오행의 양간이 활동할 시기이다. 양간이 활동할 때는 음간은 쉬어야 한다.

子에서 12운성

천간 지지	甲	乙	丙	丁	戊	己	庚	辛	壬	癸
子	목욕 (沐浴)	사 (死)	태 (胎)	제왕 (帝旺))	태 (胎)	제왕 (帝旺)	사 (死)	목욕 (沐浴)	제왕 (帝旺)	태 (胎)

甲木은 子에서 목욕(沐浴)이 된다. 子월에 甲木은 땅 속에서 독립할 준비를 하고 있다. 목욕(沐浴)의 반대쪽에는 사(死)가 있다.

乙木은 子에서 사(死)가 된다. 사(死)는 죽은 것과 다름없으니 밖에서 활동하면 안 된다. 팔자에서 乙木을 쓰는 사람은 子에서 실내에서 정신적으로 쓰면 좋다. 휴식을 하거나 잠을 자면서 생각하고 꿈꾸는 것이 정신적인 활동이다.

丙火는 子에서 태(胎)가 된다. 태(胎)는 바닥을 치고 새로운 출발을 시작하는 때이다. 서두르면 안 된다. 태(胎)의 반대쪽에는 제왕(帝旺)이 있다.

丁火는 子에서 제왕(帝旺)이다. 음간이 제왕(帝旺)이면 해당 오행은 작아질 대로 작아졌다. 팔자에서 丁火를 쓰는 사람은 이제 더 이상 올라갈 곳이 없으니 내려올 준비를 해야 한다. 욕심을 버려야 한다.

戊土는 丙火와 12운성을 같이 쓰니 子에서 태(胎)가 된다. 양간은 절태(絕胎)에서 미래를 위해 기다려야 한다. 수입은 생각하지 말고 일단 열심히 일해야 한다. 씨 뿌리고 가꾸는 시간이 필요하다.

己土는 子에서 제왕(帝旺)이다. 12운성을 적용하면 팔자나 운(運)의 흐름에 맞춰 일할 때와 쉴 때를 알 수 있다. 자연의 순리에 따라야 한다.

庚金은 子에서 사(死)가 된다. 가을의 庚金은 겨울에는 쉬어야 한다. 쉬면서 정신적인 활동을 하면 좋다. 사(死)의 반대쪽에는 목욕(沐浴)이 있다.

辛金은 子에서 목욕(沐浴)이 된다. 목욕(沐浴)은 독립하기 위해 노력하는 시기이다. 도화(桃花)의 시기라고도 한다. 辛金이 활동을 시작하면 외형은 줄어들고 실속을 챙길 수 있다.

壬水는 子에서 제왕(帝旺)이 된다. 양간은 자기 계절의 음(陰)의 지지에서 제왕(帝旺)이 된다. 甲木은 卯에서, 丙火는 午에서, 庚金은 酉에서 제왕(帝旺)이 된다. 양인(陽刃)에 해당된다.

癸水는 子에서 태(胎)가 된다. 음간이 휴식할 때는 양간이 활동할 때이다. 팔자에서 癸水를 쓰는 사람은 子에서 바닥을 찍고 이제 상승할 준비를 해야 한다. 서두르면 안 된다.

천간 지지	甲	乙	丙	丁	戊	己	庚	辛	壬	癸
丑	관대 (冠帶)	묘 (墓)	양 (養)	쇠 (衰)	양 (養)	쇠 (衰)	묘(墓)	관대 (冠帶)	쇠 (衰)	양 (養)

甲木은 丑에서 관대(冠帶)이다. 관대는 교육을 마치고 독립하여 세상으로 나갈 때이다. 새 옷을 입고 새로운 출발을 해야 할 시기가 바로 관대(冠帶)이다. 관대(冠帶)의 반대쪽에는 묘(墓)가 있다.

乙木은 丑에서 묘(墓)가 된다. 묘(墓)는 묘지에 있는 것과 같아 움직이기 힘드니 실내에서 하는 정신적인 활동이 좋다. 음간이 휴식을 취할 때는 양간이 활동할 때이다.

丙火는 丑에서 양(養)이 된다. 양(養)은 잉태 후 이제 뱃속에서 성장하는 단계로 아직 드러난 것은 아니다. 미래가 불확실하니 하늘에 기도하는 마음으로 임하면 좋다.

丁火는 丑에서 쇠(衰)가 된다. 쇠(衰)는 은퇴한 시기이다. 정상에서 막 물러났으니 일상이 편안한 상태이다. 음간이 휴식에 들어가면 해당 오행의 양간이 활동을 시작한다.

戊土는 丑에서 丙火와 같이 양(養)이 된다. 戊土를 재성이든 관성이든 어느 십신으로 쓰든지 丑에서는 차분하게 기다려야 한다. 서두른다고 배 속의 아이가 빨리 나오는 것이 아니다.

己土 또한 丑에서 丁火처럼 쇠(衰)가 된다. 외부적으로는 건장하게 보여도 내부적으로는 쇠약해져간다. 음간이 약해지면 양간이 활동하니 외형이 커지면서 지출이 일어난다.

庚金은 丑에서 묘(墓)가 된다. 묘(墓)는 정신적인 활동도 마무리를 하는 때이다. 묘지로 들어가니 하나의 생(生)이 끝나고 있다.

辛金은 丑에서 관대(冠帶)가 되니 활발하다. 음간이 활동하면 해당 오행운동이 마무리가 된다. 음간이 관대(冠帶), 건록(建祿), 제왕(帝旺)으로 힘을 얻을수록 해당 오행은 작아지고 단단해진다.

壬水는 丑에서 쇠(衰)가 된다. 쇠(衰)는 정상에서 막 물러난 때이다. 힘든 일에서 해방되는 편안함도 있고 퇴직금 등 금전도 있어 편하고 넉넉한 시기이다.

癸水는 丑에서 양(養)이 된다. 아직 배 속에 있어서 정해진 것은 없으니 기도하며 기다려야 한다. 음(陰)이 커지면 양(陽)은 작아진다. 새로운 변화가 일어날 때이다.

60갑자와 12운성

甲子

목욕(沐浴)이다.

甲木은 酉에서 태(胎)를 지나 戌에서 양(養)이 된다. 그리고 亥에서 장생(長生)을 지나 목욕(沐浴)인 子에 이른다. 목욕(沐浴)은 어린애의 티를 벗고 성인으로 가는 길목이다. 관대(冠帶)에서 독립한다. 甲木은 봄의 솟구침이고 새로운 시작이다. 甲木은 酉에서 잉태하여 戌에서 양(養), 그리고 亥子丑에서 생욕대(生浴帶)를 거친다. 甲木은 직선적이고 저돌적이어서 金水의 강한 음기운을 뚫고 솟아난다. 목욕(沐浴)은 학교에서 공부하는 중고등학교 학생과 같다. 아직은 성장하고 있는 중이니 독립은 힘들다. 물에 뜬 나무 모양이니 거주지를 자주 옮긴다.

乙丑

묘(墓)이다.

甲木은 丑에서 관대(冠帶)이다. 관대(冠帶)와 반대쪽에 묘(墓)가 있으니 乙木은 丑에서 묘(墓)가 된다. 양간과 음간은 반대로 움직인다. 양(陽)이 커지면 음(陰)은 줄어들고 음(陰)이 커지면 양(陽)이 줄어든다. 쇠병사묘(衰病死墓)는 음(陰)의 영역이니 실내에서 교육이나 종교 등 정신적으로 사용하면 된다. 낮에 일하고 밤에 휴식하는 것이 음양(陰陽)의 법칙이다. 낮에 잠자고 밤에 일하는 것은 자연의 흐름에 역행하는 것이다. 丑에서는 甲木이 밖에서 활동하니 乙木은 안에서 쉬어야 한다. 실내에서 쉬면서 정리, 반성, 계획 등 정신적인 활동을 하면 좋다. 진흙에서 자라는 풀과 같으니 인내심이 있다.

丙寅

장생(長生)이다.

丙火는 子에서 태(胎)가 된다. 丙火는 丑에서 양(養)이 되고 寅에서 장생(長生)이 된다. 12운성으로 같은 장생(長生)이라도 간지에 따라 다른 성향을 나타낸다. 丙寅은 모두 양(陽)으로 활동력이 왕성하다. 丙火가 寅에서 장생(長生)하니 丁火는 寅에서 병(病)이 된다. 장생(長生)과 병(病)은 서로 반대쪽에 위치하기 때문이다. 장생(長生)은 새로 태어나 출생신고를 한 것과 같고, 병(病)은 은퇴 후 새로운 일을 찾는 것과 같다. 장생(長生)은 갓 태어난 아이처럼 주변 환경을 바꿀 정도로 힘이 있다. 봄철의 태양으로 양의 기운이 가득하다.

丁卯

사(死)이다.

卯에서는 丙火가 활동하는 때이니 丁火는 쉬어야 한다. 丙火는 子에서 午까지 활동한다. 丁火는 午에서 子까지 활동한다. 양간이 활동하면 외형이 부풀어지고, 음간이 활동하면 줄어든다. 음양(陰陽)의 차이이다. 丁火가 卯에서 사(死)이면 丙火는 卯에서 목욕(沐浴)이 된다. 12운성 쇠병사묘(衰病死墓)는 외부활동보다는 실내에서 정신적으로 사용하는 일이면 더 좋다. 운동선수가 아니라 코치나 감독을 해야 하는 것이다. 운동장에서 뛰는 선수들은 육체적인 양(陽)의 활동을 하고, 코치나 감독 등은 내부에서 하는 정신적인 음(陰)의 활동을 한다. 달빛 속의 풀이다.

戊辰

관대(冠帶)이다.

戊辰과 丙辰은 똑같이 12운성 관대(冠帶)가 된다. 火土동법을 적용하기 때문이다. 천간은 오행운동을 하고, 지지는 사계절운동을 한다. 그래서 천간과 지지를 결합시킬 때는 火土동법을 쓴다. 戊辰은 비견이다. 戊戌도 비견이다. 辰과 戌은 정반대의 기운인데 똑같이 비견이라고 한다. 육친 이전에 간지(干支)가 중요함을 알 수 있다. 관대(冠帶)는 교육을 통해 아이의 티를 벗고 새 옷을 입고 독립하는 시기이나. 새로운 환경에 다시 적응해야 하니 힘든 일을 겪이야 한다. 쉬운 일이 아니다. 사막 옆의 논밭이다.

己巳

절(絶)이다.

己巳가 절(絶)이면 丁巳도 절(絶)이다. 火土동법 때문이다. 己土는 음운동의 시작점이다. 甲木부터 戊土까지가 양운동이고, 己土부터 癸水까지가 음운동이다. 양운동의 시작인 甲木과 음운동의 시작인 己土는 합(合)이 된다. 유유상종, 끼리끼리 합이다. 己土가 활약하는 시기는 丁火처럼 午에서 태(胎)가 된다. 다음에 未에서 양(養), 申에서 장생(長生), 酉에서 목욕(沐浴)으로 힘이 강해진다. 음(陰)이 강해지면 부피는 작아지면서 안으로 들어가서 휴식한다. 실내에서 쉬면서도 할 일이 있다. 정신적인 활동이다. 밭에 있는 뱀이다.

庚午

목욕(沐浴)이다.

庚金의 시작은 卯이다. 卯에서 잉태를 한다. 辰에서 양(養)이 되고 巳에서 장생(長生) 그리고 午에서 목욕(沐浴)이 된다. 목욕(沐浴)은 태어나서 교육을 받으며 성장하는 때이다. 가장 아름다운 청소년기이다. 도화(桃花)의 의미도 있다. 午는 하루로는 정오로 일음(一陰)이 시작되는 때이다. 정상에 서면 내려가야 한다. 욕심을 버리라는 의미도 있다. 주역괘의 천풍구(☴)이다. 다섯 개의 양(陽)의 괘 밑에서 하나의 음(陰)의 괘가 있다. 보이는 것만이 전부가 아니다. 午의 반대쪽에는 子, 즉 지뢰복(地雷復)이 있다. 다듬어지고 있는 철이다.

묘(墓)이다.

辛金은 가을이다. 가을의 반대는 봄이다. 辛金은 음간이니 봄의 양간인 甲木의 12운성과 같다. 甲木이 未에서 묘(墓)이고, 辛金도 未에서 묘(墓)이다. 역사는 양(陽)을 기준으로 설명되어 왔다. 인간의 생활도 남자 중심으로 설명되어 왔다. 동양철학의 용어도 마찬가지이다. 그러나 낮이 좋고 밤이 나쁜 것이 아니다. 음양(陰陽)이 균형을 이룰 때 가장 완벽한 생명 활동을 하게 된다. 양(陽)이 좋고 음(陰)이 나쁘다는 것은 말이 안 된다. 음(陰)이든 양(陽)이든 잘 쓰면 모두 자연스럽다. 비포장도로에 있는 자갈이다.

壬申

장생(長生)이다.

壬水는 午에서 잉태된다. 그리고 未에서 양(養)이 되고 申에서 장생(長生)이 된다. 壬水의 반대편에 있는 음간인 丁火의 12운성도 같다. 丁火도 申에서 장생인 것이다. 申의 지장간에는 戊壬庚이 있다. 申金은 지장간 말기를 표현해 놓은 것이다. 십신을 정할 때는 천간과 지지로 정하지 말고 천간끼리 또는 천간과 지장간으로 정해야 한다. 지장간 중기는 진로나 적성, 직업 등 하는 일을 나타내니 특히 중요하다. 지장간 중기는 삼합과 관련이 있다. 즉, 申子辰의 지장간 중기는 모두 水이다. 물 속에 있는 바위이다.

사(死)이다.

癸水는 겨울이고 반대편 계절은 여름이니 火의 양간인 丙火는 癸
水와 12운성이 같다. 丙火도 酉에서 사(死)가 되는 것이다. 양(陽)은
밖에서 활동을 하고, 음(陰)은 안에서 활동을 한다. 팔자의 음양(陰陽)
의 구분을 통해 직업이나 전공 등 해야 할 일을 파악할 수 있다. 밖에
서 하는 일과 안에서 하는 일을 구분할 수 있다. 실내의 작은 음(陰)의
공간에서는 정신적인 활동을 해야 한다. 정신적인 활동에는 육체가
아닌 두뇌를 활용하는 종교나 철학 그리고 교육 등이 있다. 비를 맞
는 닭이다.

양(養)이다.

甲木은 酉에서 태(胎), 戌에서 양(養)이 된다. 甲木의 반대편 계절의
음간인 辛金도 戌에서 양(養)이 된다. 辛金이 가을철인 申酉戌에서
강할 것처럼 보이지만 가을은 庚金이 활약하는 때이다. 양(陽)이 활
동하면 음(陰)은 쉬어야 한다. 음간인 辛金이 활동하면 金은 안에서
휴식을 취하며 정신적인 활동을 한다. 辛金은 金의 반대편 계절인 寅
卯辰에서 록왕쇠(祿旺衰)가 된다. 음양(陰陽)의 차이를 잘 구분해야
한다. 甲木은 양간이니 가을철 申酉戌에서 절태양(絶胎養)을 지난다.
석양의 소나무이다.

乙亥

병(病)이다.

甲木은 亥에서 장생(長生)이다. 장생(長生)의 반대편은 병(病)이다. 그래서 乙木은 亥에서 병(病)이 된다. 乙木의 특징은 甲木처럼 앞으로만 나아가는 성질은 같지만 유연하여 장애물이 있으면 돌아서 나간다. 담쟁이와 같다. 그래서 사교성과 친화력이 좋다. 양(陽)이 시작하고 음(陰)이 마무리를 한다. 그리고 다시 양(陽)이 태어나고 음(陰)이 마무리를 한다. 태양생욕대록(胎養生浴帶祿)은 양(陽)이고, 왕쇠병사묘절(旺衰病死墓絶)은 음(陰)이다. 乙木이 병(病)이니 木은 성장하기 시작한다. 물 위의 수초(水草)이다.

丙子

태(胎)이다.

丙火는 반대편 계절인 亥子丑에서 12운성 절태양(絶胎養)을 지난다. 왜냐하면 이때는 丁火가 활동할 때이기 때문이다. 丁火는 亥子丑에서 록왕쇠(祿旺衰)가 된다. 양(養)이 활동하면 외형은 커지면서 밀도는 낮아진다. 음(陰)이 활동할 때는 외형은 작아지며 밀도는 높아진다. 丙火는 반대편 계절의 음간인 癸水와 12운성을 같이 쓴다. 양운동은 甲木에서 시작하여 戊土에서 끝난다. 그래서 丙火보다 丁火와 戊土가 더 많은 양(陽)의 기운을 가지고 있다. 戊土는 사막처럼 뜨거운 土이다. 태(胎)는 잉태이다. 바다 위의 태양이다.

丁丑

쇠(衰)이다.

丁火는 火의 음간이다. 명리는 계절로 비유해서 생각하면 이해하기 쉽다. 자연의 변화를 연구하는 학문이기 때문이다. 하루의 변화를 대입해도 좋지만 계절의 변화만큼 실감나지는 않는다. 여름과 겨울에 나타나는 음양의 차이만큼 낮과 밤의 차이는 음양(陰陽)의 구분이 잘 안 되는 것이다. 丁火는 水의 양간인 壬水와 12운성을 같이 쓴다. 즉, 壬水도 丑에서 쇠(衰)인 것이다. 丁丑과 丁未는 같은 식신이라고 하지만 너무나 차이가 많다. 십신의 한계이다. 간지 중심으로 통변하도록 해야 한다. 쇠(衰)는 은퇴한 시기이다. 아직 녹지 않은 땅 위의 장작불이다.

戊寅

장생(長生)이다.

戊寅과 丙寅은 火土동법에 의해 12운성이 같다. 그러나 戊土와 丙火가 같을 리가 없다. 같은 장생(長生)이라도 글자에 따라 모두 다르니 간지 중심의 공부가 우선이다. 戊土는 사막과 같아 양(陽)의 기운이 가득하다. 그래서 水를 좋아한다. 土는 급출발과 급제동을 억제한다. 土는 커브길처럼 하나의 기운을 다른 기운으로 변화시킨다. 환절기와 같다. 그래서 중재, 조절, 상담 등에 적합하다. 그러나 戊己土와 辰戌丑未는 모두 차이가 있으니 잘 구분해야 한다. 산에 있는 호랑이이다.

사(死)이다.

己卯와 丁卯는 12운성이 같다. 己土와 丁火가 같을 리가 없지만 천간은 오행을 적용하고 지지는 사계절을 적용하다 보니 간지를 함께 적용할 때는 火와 土를 함께 쓴다. 팔자는 열 개의 천간과 열두 개의 지지로 되어 있으므로 실제 사주풀이는 천간 지지 중심으로 해야 한다. 오행으로 팔자풀이를 하면 음양(陰陽)의 차이가 구분이 안 되니 틀린 것은 아니지만 구체적이지는 않다. 두리뭉실하게 적용되니 세밀한 맛이 없는 것이다. 己土는 천간에서 음운동의 시작점이다. 사(死)는 죽은 것과 같아 움직일 수 없으니 정신적으로 쓴다. 들판의 토끼이다.

庚辰

양(養)이다.

庚金은 반대편 계절이면서 음간인 乙木과 12운성을 같이 쓴다. 乙木도 辰에서 양(養)이다. 양(養)의 반대쪽에는 쇠(衰)가 있으니 음간인 辛金은 辰에서 쇠(衰)가 된다. 음(陰)은 힘을 받으면 응축되어 열매가 되고 씨가 된다. 乙木은 申酉戌에서 록왕쇠(祿旺衰)가 되고, 丁火는 亥子丑에서 록왕쇠(祿旺衰)가 된다. 癸水는 巳午未에서 록왕쇠(祿旺衰)가 되고, 辛金은 寅卯辰에서 록왕쇠(祿旺衰)가 된다. 즉, 음간은 반대편 계절에서 록왕쇠(祿旺衰)가 되는 것이다. 음양(陰陽)의 차이를 구분하지 못하는 경우가 많다. 흙 속의 바위이다.

병(病)이다.

辛金은 계절이 가을이니 봄의 양간인 甲木과 12운성을 같이 쓴다. 양(陽)은 실외에서 육체적 활동을 하고, 음(陰)은 실내에서 하는 정신적인 활동을 한다. 木火가 양(陽)이고, 金水가 음(陰)이다. 태양생욕대록(胎養生浴帶祿)이 양(陽)이고, 왕쇠병사묘절(旺衰病死墓絕)이 음(陰)이다. 제왕(帝旺)은 양에서 음으로 바뀌는 때이고, 태(胎)는 음(陰)에서 양(陽)으로 바뀌는 때이다. 병(病)은 병원에 있는 것과 같으니 실외에서 육체적 활동보다는 실내에서 하는 정신적인 활동을 하면 좋다. 햇빛에 반짝이는 보석이다.

태(胎)이다.

壬水는 丁火와 12운성을 같이 쓴다. 반대편 계절의 음양(陰陽)이 다른 천간끼리는 12운성이 같다. 壬水는 고인 물이고, 癸水는 흐르는 물이다. 壬水는 바다처럼 겉모습은 잔잔하지만 속에서는 해류가 흐르는 것처럼 생각이 많다. 그래서 정신적으로 쓰면 좋다. 金이 소음(少陰)이고, 水가 태음(太陰)이니 水가 음(陰)의 기운이 더 강하다. 癸水는 甲木으로 넘어가니 양(陽)의 기운을 내포하고 있다. 태(胎)는 바닥을 친 것이니 올라갈 일만 남았다. 기다려야 한다. 호숫가의 말이다.

쇠(衰)이다.

壬水는 양간이고 癸水는 음간이다. 음양(陰陽)은 태극 모양에서 보듯이 반대로 움직인다. 시소의 양쪽이 동시에 올라가거나 동시에 내려갈 수 없듯이 음양(陰陽)도 그렇다. 癸水가 未에서 쇠(衰)이면 壬水는 未에서 양(養)이다. 반대편 12운성을 외워두면 좋다. 양(養) - 쇠(衰), 장생(長生) - 병(病), 목욕(沐浴) - 사(死), 관대(冠帶) - 묘(墓), 건록(建祿) - 절(絶), 제왕(帝旺) - 태(胎)가 서로 반대편이다. 쇠(衰)는 은퇴한 시기로 새로운 환경에 적응해야 한다. 음간이 약해지면 양간이 활동하니 水운동은 커지게 된다. 메마른 땅에 비가 내린다.

甲申

절(絶)이다.

甲木은 申에서 절(絶)이다. 절(絶)이나 태(胎)를 부정적으로 보면 안 된다. 절태(絶胎)는 정신적으로 발달한 때이다. 밖에서 활동하면 안 되고 실내에서 하는 일을 해야 한다. 甲木의 앞장서려는 성향을 학문이나 종교, 철학 등으로 정신적으로 쓰면 된다. 양간은 반대편 계절의 첫 지지에서 절(絶)이다. 절(絶)은 다음 일을 위해 보이지 않는 곳에서 잠을 자는 것과 같다. 일할 때와 휴식할 때를 잘 구분해야 한다. 일할 때가 양(陽)이고, 휴식을 취할 때가 음(陰)이다. 음양운동은 숨 쉬는 것과 같다. 甲申은 돌 위의 소나무 분재이다.

乙酉

제왕(帝旺)이다.

乙木이 酉에서 제왕(帝旺)이라고 하면 놀랄 사람이 있을 것이다. 丁火는 子에서 제왕(帝旺)이고, 辛金은 卯에서 제왕(帝旺)이고, 癸水는 午에서 제왕(帝旺)이 된다. 음간은 반대편 계절의 지지에서 록왕(祿旺)을 맞는다. 음(陰)이 록왕(祿旺)이 되면 해당 오행은 가장 작아지고 단단해진다. 감옥과도 같은 좁은 공간에서 휴식을 취하면서 정신적 활동을 하게 된다. 외형은 줄어들어 작게 보이지만 씨앗처럼 모든 유전자를 담고 있어 알차다. 바위 위의 담쟁이이다.

丙戌

묘(墓)이다.

丙火가 戌에서 입묘하니 丙火와 반대편 계절의 음간인 癸水도 戌에서 입묘한다. 火土동법에 의해 戊土도 戌에서 입묘한다. 12운성은 삼합과 관련이 있다. 寅午戌에서 寅은 丙火의 장생(長生)이고, 午는 丙火의 제왕(帝旺)이고, 戌은 丙火의 묘(墓)가 된다. "우리 학파는 지장간은 보지 않는다."고 하면서 삼합은 적용하는 것을 본 적 있다. 삼합이 지장간 중기와 관련이 있다는 것을 모르는 것이다. 지장간 중기는 체용(體用)에서 용(用)의 영역을 나타낸다. 건물이 체(體)이고, 건물의 용도가 용(用)이다. 황혼의 떨어지는 태양이다.

丁亥

건록(建祿)이다.

丁火가 亥에서 건록(建祿)이면 壬水도 亥에서 건록(建祿)이다. 丁火
와 壬水는 반대편 계절이고 음양(陰陽)이 다르기 때문이다. 亥는 주역
의 괘에서도 여섯 개의 효(爻)가 모두 음(陰)으로만 되어 있다. 중지곤
(重地坤)이다. 반대편에 있는 巳火는 중천건(重天乾)으로 모든 효(爻)
가 양(陽)으로만 되어 있다. 음간인 丁火가 건록(建祿)으로 강할 때는
외형은 수축되고 응집된다. 오행으로만 생각해서 丁火는 火이고 亥水
는 水이니 丁火가 亥에서 약하다고 생각하면 안 된다. 어둠을 밝히는
달빛이다.

戊子

태(胎)이다.

戊子와 丙子는 火土동법에 의해 12운성 태(胎)가 된다. 子는『주역』
의 지뢰복(地雷復)이다. 한 겨울에 일양(一陽)이 시작되는 때이다. 바
닥을 친 것이니 기다리면 된다. 공중에 떠돌던 음양(陰陽)의 기운이
만나 잉태를 한 것이다. 새로운 시작이다. 戊土는 子에서 태(胎), 丑에
서 양(養), 그리고 寅에서 장생(長生)이 되니 희망을 가지고 나아가면
된다. 丙火도 마찬가지이다. 반면 己土는 亥子丑에서 록왕쇠(祿旺衰)
가 된다. 음간이 강해지면 부피는 작아진다. 사막의 오아시스이다.

己丑

쇠(衰)이다.

己丑과 丁丑은 12운성 쇠(衰)가 된다. 己土와 丁火는 亥에서 건록(建祿), 子에서 제왕(帝旺) 그리고 丑에서 쇠(衰)가 된다. 기존의 12운성에서는 음간에 대한 정의가 잘못되어 음간의 12운성에 대해 논란이 많았다. 심지어 12운성은 양간만 사용해야 한다는 사람도 있었다. 음양(陰陽)의 차이를 이해하지 못한 데서 오는 것이었다. 과거에는 甲乙木은 寅卯에서 록왕(祿旺), 丙丁火는 巳午에서 록왕, 庚辛金은 申酉에서 록왕, 壬癸水는 亥子에서 록왕이라고 하였다. 천간으로 구분하지 않고 오행으로만 생각한 것이다. 논을 가는 소이다.

庚寅

절(絕)이다.

양간의 12운성에 대해서는 이론(異論)이 없다. 甲木은 申酉에서 절태(絕胎), 丙火는 亥子에서 절태(絕胎), 庚金은 寅卯에서 절태(絕胎), 壬水는 巳午에서 절태(絕胎)가 된다. 절태(絕胎)는 정신적으로 쓰면 되고, 록왕(祿旺)은 육체적으로 쓰면 된다. 실내에서 정신적으로 할 일이 있고, 실외에서 육체적으로 할 일이 있다. 팔자와 운(運)의 흐름대로 살면 나쁜 팔자가 없다. 송충이는 솔잎을 먹어야 한다. 남의 눈치 보지 않고 자기 팔자대로 마음이 시키는대로 살아가면 자연스러운 삶이 된다. 바위에 깔린 나무이다.

제왕(帝旺)이다.

辛金은 金운동을 마무리한다. 庚金과는 반대로 행동한다. 辛金이 활동하면 金운동은 줄어든다. 음(陰)이 활동하면 응축 축소된다. 음(陰)은 작은 공간에 많은 것을 모으니 수표나 통장처럼 실속이 있다. 봄의 寅卯에서 金의 활동은 위축된다. 음간인 辛金의 활약 때문이다. 卯에서 庚金은 辛金으로부터 배턴을 받아 다시 金을 확장시켜 나간다. 음간은 반대편 계절의 지지에서 록왕쇠(祿旺衰)가 되고, 양간은 반대편 계절의 지지에서 절태양(絕胎養)이 된다. 음양(陰陽)의 차이를 잘 구분해야 한다. 면도날 밑의 초목이다.

묘(墓)이다.

壬水는 반대편 계절의 음간인 丁火와 12운성을 같이 쓴다. 그래서 丁火도 辰에서 묘(墓)가 된다. 火土동법에 의해 己土도 辰에서 묘(墓)가 된다. 묘(墓)는 부정적으로 보이지만 팔자에 좋고 나쁨은 없다. 묘(墓)는 묘지에 있는 것과 같으니 좁은 공간에서 정신적인 일을 하며 살면 좋다. 팔자를 분석해 보면 밖에서 활동해야 할 사람과 안에서 활동해야 할 사람이 있다. 주어진 팔자대로 주어진 곳에서 주어진 일을 하며 살면 행복하다. 남이 뭐라고 할 것이 아니다. 주변의 시선이나 평가는 참고만 해야 한다. 물이 저장된 땅이다.

癸巳

건록(建祿)이다.

癸水는 巳에서 힘이 있다. 건록(建祿)이다. 水가 여름에 건록(建祿)이라고 하면 기존의 12운성을 공부한 사람은 의아해할 수 있다. 오행으로 음양을 구분하지 않고 공부한 사람들이다. 壬水와 癸水는 다르다. 음간인 癸水가 세력을 얻으면 水는 줄어들고 작아진다. 반대로 양간인 壬水가 세력을 얻으면 水는 늘어나고 커진다. 巳午에서는 水가 작아지고 亥子에서는 水가 커진다. 음(陰)과 양(陽)은 동시에 상승이나 하강을 할 수 없고 서로 반대로 움직인다. 한여름에 오는 비다.

甲午

사(死)이다.

양간은 같은 계절의 지지에서 록왕쇠(祿旺衰)를 지나고 반대편 계절의 지지에서 절태양(絕胎養)을 지난다. 그리고 양간이 나타내는 계절의 다음 계절에서 병사묘(病死墓)가 되고, 앞 계절에서는 생욕대(生浴帶)가 된다. 예를 들면 甲木은 같은 계절인 寅卯辰에서 록왕쇠(祿旺衰)가 되고, 반대편 계절인 申酉戌에서 절태양(絕胎養)이 된다. 그리고 다음 계절인 巳午未에서 병사묘(病死墓)가 되고, 그 전 계절인 亥子丑에서 생욕대(生浴帶)가 된다. 사(死)는 죽은 것과 다름없으니 육체적 활동은 거의 없다. 여름철의 소나무이다.

乙未

관대(冠帶)이다.

음간은 같은 계절의 오행인 지지에서 절태양(絕胎養)을 지나고, 반대편 계절의 지지에서 록왕쇠(祿旺衰)를 지난다. 그리고 음간이 나타내는 계절의 다음 계절에서 생욕대(生浴帶)가 되고, 앞 계절에서 병사묘(病死墓)가 된다. 예를 들면 乙木은 같은 계절인 寅卯辰에서 절태양(絕胎養)이 되고, 반대편 계절인 申酉戌에서 록왕쇠(祿旺衰)가 된다. 그리고 다음 계절인 巳午未에서 생욕대(生浴帶)가 되고, 그 전 계절인 亥子丑에서 병사묘(病死墓)가 된다. 같은 음간인 丁火(己土), 辛金, 癸水도 모두 그렇다. 늦여름의 억새이다.

丙申

병(病)이다.

丙火는 물상으로 태양이다. 사시사철 태양은 필요하다. 丙火는 寅卯辰에서 생욕대(生浴帶)를 지나고, 巳午未에서 록왕쇠(祿旺衰)를 지난다. 丙火는 申酉戌에서 병사묘(病死墓)가 되고, 亥子丑에서는 절태양(絕胎養)이 된다. 그래서 丙火는 木에서 시작하여 火에서 활동하고, 金에서 마무리를 하고, 水에서 휴식을 취한다. 밤에 사람이 보이지 않는다고 사라진 것이 아니다. 음(陰)의 기간에는 휴식을 취하며 정신적인 충전을 한다. 보이는 것만 믿어서는 안 된다. 병(病)은 병원에 입원한 사람과 같다. 바위를 비추는 태양이다.

73

丁酉

목욕(沐浴)이다.

음간은 해당 천간 오행의 다음 계절에서는 생욕대(生浴帶)를 지난다. 丁火는 火이니 다음 계절인 가을의 申에서 장생(長生), 酉에서 목욕(沐浴), 戌에서 관대(冠帶)를 지닌다. 음간이 활동하면 외형은 축소되고 밀도는 높아진다. 한마디로 작은 공간에 많은 것을 압축시켜 보관하니 실속이 있다. 현금이 아닌 통장이나 수표와 같다. 火는 가을이나 겨울에는 내부로 들어가서 휴식을 취한다. 양(陽)이 활동하면 확산 팽창되고, 음(陰)이 활동하면 축소 응집된다. 바위 뒤에 서 있는 등대이다.

戊戌

묘(墓)이다.

丙火가 戌에서 묘(墓)이니 火土동법에 의해 戊土도 戌에서 묘(墓)이다. 묘(墓)는 무덤에 들어간다는 부정적인 의미로 생각할 수도 있으나 묘지로 들어가서 휴식을 취한다고 보면 된다. 쇠병사묘절(衰病死墓絶) 등 음(陰)의 영역은 정신적으로 쓰면 좋다. 양(陽)에서 시작하여 음(陰)에서 마무리를 하니 음(陰)의 기간에는 음(陰)의 일을 해야 한다. 음(陰)은 어둠이니 밖에서 활동할 공간이 줄어든다. 실내에서 반성과 새로운 계획을 세우면 좋다. 각자의 시기에 해야 할 적당한 일을 하면 자연스러운 삶이 된다. 석양의 식은 땅이다.

己亥

건록(建祿)이다.

己亥와 丁亥는 건록(建祿)이다. 火土동법을 쓰기 때문이다. 건록(建祿)은 힘이 있다. 음간이 활동하면 외형은 작아지고 단단해진다. 열매가 되고 씨가 되는 것이다. 亥에서는 己土가 건록(建祿)이니 戊土는 절(絶)이 되어 휴식을 하며 충전을 한다. 음지식물은 음지에서 살아야 하고, 양지식물은 양지에서 살아야 한다. 음지식물이 양지에 있거나 양지식물이 음지에 있으면 살아가기 힘들다. 주어진 팔자를 거역하면 건강을 해치고 삶이 피곤하다. 물이 고인 논이다.

庚子

사(死)이다.

庚金이 子에서 사(死)이니 辛金은 子에서 목욕(沐浴)이 된다. 庚金은 卯에서부터 酉까지 활동하고, 辛金은 酉에서부터 卯까지 활동한다. 낮과 밤의 변화와 같다. 庚金은 子에서 사(死)하니 이 시기에 휴식을 취하고 충전의 시기를 갖게 된다. 쉬어야 할 때 일하면 힘들고 일의 효율도 오르지 않는다. 양(陽)에서 일하고 음(陰)에서 쉬어야 한다. 음(陰)의 시기에 일하고 양(陽)의 시기에 쉬면 장기적으로는 건강에 손상이 온다. 팔자의 흐름에 순응하면 좋다. 물 속의 철이다.

관대(冠帶)이다.

묘(墓)의 반대편에는 관대(冠帶)가 있다. 음간이 관대(冠帶)라면 같은 지지에서 양간은 묘(墓)가 된다. 음양(陰陽)의 차이에 따라 반대편에 위치한 12운성을 외워두면 좋다. 장생(長生)−병(病), 목욕(沐浴)−사(死), 관대(冠帶)−묘(墓), 건록(建祿)−절(絕), 제왕(帝旺)−태(胎), 쇠(衰)−양(養)의 관계이다. 辛金은 酉에서 태(胎), 戌에서 양(養), 亥에서 장생(長生), 子에서 목욕(沐浴) 그리고 丑에서 관대(冠帶)가 된다. 辛金은 음간이니 음간이 힘을 얻으면 金운동은 휴식에 들어간다. 흙이 묻은 보석이다.

병(病)이다.

壬水가 寅에서 병(病)이라면 壬水와 반대편 계절의 음간인 丁火도 寅에서 병(病)이다. 양간이 약할 때는 음간이 강해진다. 음간이 강할 때는 음지식물처럼 실내에서 생활하면 좋고, 양간이 강할 때는 양지식물처럼 밖에서 살아가면 좋다. 나아갈 때와 물러설 때를 잘 알면 언제든지 잘 살 수 있다. 항상 전진만 할 수는 없다. 항상 일만 하고 있을 수는 없다. 휴식은 낭비가 아니라 내일을 위해 충전하는 시간이다. 항상 일만 하고 전진만 하고자 하는 것은 욕심이다. 소나기를 맞는 소나무이다.

癸卯

목욕(沐浴)이다.

癸水는 寅에서 장생(長生)이다. 丙火나 戊土의 12운성과 같다. 癸水는 寅에서 장생(長生), 卯에서 목욕(沐浴) 그리고 辰에서 관대(冠帶)가 된다. 음간인 癸水가 힘을 얻으니 水의 외형은 줄어든다. 응축되고 줄어들면 밀도는 높아지니 실속이 있다. 그러나 양(陽)이 힘을 얻으면 솜사탕처럼 외형은 크지만 실속이 없다. 목욕(沐浴)은 어린 아이의 티를 벗고 성인이 되기 위해 준비하는 과정이다. 눈에 보이는 이익은 없고 생산적인 투자만 있는 때가 목욕(沐浴)이다. 미래를 위한 투자이다. 초목이 비를 맞는다.

甲辰

쇠(衰)이다.

辰의 시기는 봄에서 여름으로 바뀌는 때이다. 木에서 火로 간다. 甲木은 辰에서 비겁에서 식상으로 기운이 바뀐다. 土는 변화의 시기이므로 처음과 끝의 기운이 다르다. 甲木은 辰에서 쇠(衰)이다. 쇠(衰)와 묘(墓), 양(養)과 관대(冠帶)는 辰戌丑未에 해당하는데 변화가 일어나는 시기이다. 쇠(衰)는 은퇴의 시기와 같다. 甲木은 寅에서 건록(建祿), 卯에서 제왕(帝旺)이고, 辰에서 쇠(衰)가 된다. 은퇴하면 퇴직금과 같은 수입이 있고, 많은 일에서 벗어나니 일시적으로 편안함을 느낀다. 축축한 땅에서 자라는 소나무이다.

乙巳

장생(長生)이다.

乙木은 卯에서 태(胎)를 지나 辰에서 양(養) 그리고 巳에서 장생(長生)이 된다. 음간인 乙木이 활약하면 木은 줄어들고 단단해진다. 木이 가장 작아지는 시기인 申이나 酉에서 乙木은 록왕에 도달하여 왕성하게 활동한다. 乙木은 酉에서 甲木에게 배턴을 넘기는데 甲木이 활동하기 시작하면 木은 다시 성장한다. 甲木은 酉에서 태(胎), 戌에서 양(養) 그리고 亥에서 장생(長生)이 된다. 巳火는 주역의 괘에서 중천건(重天乾)이 된다. 여섯 개의 효가 온통 양(陽)으로만 되어 있다. 풀밭 속의 뱀이다.

丙午

제왕(帝旺)이다.

丙火는 子에서부터 午까지 활동한다. 丙火는 午에서 丁火에게 배턴을 넘긴다. 丁火는 午에서부터 子까지 활동한다. 양간은 밖에서 성장하고, 음간은 안에서 휴식한다. 실내는 육체적 활동을 할 수 없는 좁은 공간이기 때문에 주로 정신적 활동을 한다. 생각, 사고, 교육, 종교, 철학 등 머리를 써서 하는 모든 행동은 음(陰)의 영역인 실내에서 이루어진다. 낮과 밤의 변화와 같은 음양(陰陽)의 파도타기를 잘하면 모두가 편안한 삶을 살게 된다. 한여름의 열기이다.

丁未

양(養)이다.

丁火는 午에서 丙火로부터 배턴을 받아 火의 외형을 줄여가게 된다. 丁火는 午에서 태(胎), 未에서 양(養), 申에서 장생(長生)이 된다. 丁火의 12운성은 壬水와 같다. 辰戌丑未는 각 계절을 바꾸는 환절기이다. 土는 전환기에 해당하니 자기 개성이 뚜렷하지 않다. 辰戌丑未가 오행으로 土라고 하지만 성질은 모두 다르다. 사계절의 변화를 그린 지지표를 놓고 辰戌丑未를 이해하면 좋다. 양(養)은 잉태하여 배 속에서 길러지는 시기이다. 아직 정해진 것은 없고 오랜 기간 기다려야 한다. 늦여름의 뜨거운 대지이다.

戊申

병(病)이다.

戊申과 丙申의 12운성은 같다. 火土동법을 쓰기 때문이다. 戊土는 산의 정상으로 올라가는 쪽이다. 己土는 산의 정상에서 내려오는 쪽이다. 戊土는 산의 정상에 도달하는 때와 같으므로 양(陽)의 기운이 가득하다. 戊土는 사막과 같아서 水가 필요하다. 戊土는 午에서 제왕(帝旺)이고, 未에서 쇠(衰)가 된다. 그리고 申에서 병(病)이 된다. 병(病)은 병원과 같으니 활동할 영역은 좁다. 움직일 수 없는 공간에서는 정신적인 활동을 해야 한다. 병(病)의 반대쪽에는 장생이 있으니 己土는 申에서 장생(長生)이다. 바위로 된 산이다.

己酉

목욕(沐浴)이다.

己土는 午에서부터 子까지 활동한다. 己土는 음간이기에 己土가 활동하면 土의 활동은 줄어들고 위축된다. 12운성을 이해하려면 음양을 잘 이해해야 한다. 음양은 밤낮과 같다. 음(陰)이 활동하면 밖에서의 일을 마치고 휴식에 들어간다. 퇴근하여 휴식을 취하며 계획하고 반성하고 내일을 준비하게 된다. 음(陰)이나 양(陽)이 좋고 나쁜 것이 아니다. 인간이 밤낮의 변화처럼 자연스럽게 음양운동을 할 수만 있다면 더 좋은 건강을 유지하며 편안한 삶을 살 수 있을 것이다. 자연에 순응하는 것이 좋다. 논밭에 돌이다.

庚戌

쇠(衰)이다.

庚金은 卯에서부터 酉까지 활동한다. 그리고 酉에서 辛金에게 배턴을 넘긴다. 庚金은 申에서 건록(建祿), 酉에서 제왕(帝旺)을 지나 戌에서 쇠(衰)가 된다. 그리고 亥子丑에서 병사묘(病死墓)를 지난다. 보통 12운성은 양간에 대해서는 특별한 이견(異見)이 없다. 일반적인 자연현상을 그대로 적용하면 이해하기 쉽기 때문이다. 그러나 음간에서 오해가 생기는 것은 음간도 힘을 받으면 확장되고 강해질 것이라고 생각하기 때문이다. 음간은 힘을 받으면 작아지고 축소된다. 실내로 들어가서 휴식을 취하고 잠을 자야 한다. 식어가는 산 속의 바위이다.

辛亥

장생(長生)이다.

辛金은 반대편 계절의 양간인 甲木과 12운성을 같이 쓴다. 酉에서 庚金으로부터 바턴을 받은 辛金은 酉에서 태(胎), 戌에서 양(養), 그리고 亥에서 장생(長生)이 된다. 음간인 辛金이 활약하면 金은 줄어들고 위축된다. 그리고 木의 계절인 봄에 金은 가장 줄어들고 약해진다. 외부에서 볼 때 봄에는 金이 약하게 보이지만 없는 것이 아니다. 실내로 들어가서 휴식을 취하며 자기 할 일을 하고 있다. 봄에 金은 안에서 뼈를 튼튼히 하거나 나무의 줄기를 단단하게 하는 일을 한다. 물 속에 있는 보석이다.

壬子

제왕(帝旺)이다.

壬水는 午에서 태(胎)로 시작하여 子에서 제왕(帝旺)이 된다. 水는 음(陰) 중의 음(陰)이다. 밤이고 어둠이다. 움직임이 거의 없다. 水운동은 응축이다. 壬子는 水운동이 가장 왕성하니 가장 작은 모습을 하고 있다. 壬子는 가장 작은 공간에 가장 많은 것을 담고 있는 시기이다. 壬子의 반대편에는 丙午나 戊午가 있다. 모두 12운성 제왕(帝旺)이지만 간지의 글자에 따라 모양은 완전히 다르다. 십신이나 12운성 용어보다 먼저 음양과 오행 그리고 천간 지지를 공부해야 하는 이유이다. 천지가 물과 어둠이다.

81

양(養)이다.

癸水는 子에서 壬水로부터 바통을 받아 활동하기 시작한다. 배턴을 받을 때는 태(胎)가 되고, 丑에서 양(養) 그리고 寅卯辰에서 생욕대(生浴帶)를 지난다. 丑은 겨울에서 봄으로 가는 때이다. 丑土는 辰戌丑未 중에서 土의 역할이 가장 약하다. 이때 土란 천간의 土를 말한다. 천간의 土는 양(陽)에서 음(陰)으로 넘어가는 곳에 있다. 지지에서는 未土가 천간의 土와 가장 가깝다. 팔자를 분석할 때는 오행으로 하지 말고 반드시 천간과 지지로 풀이해야 한다. 같은 土라도 모두 다르기 때문이다. 덜 녹은 땅이다.

甲寅

건록(建祿)이다.

甲木은 寅에서 건록(建祿), 卯에서 제왕(帝旺)이 된다. 양간인 甲木은 寅卯에서 록왕(祿旺)이 된다. 반대로 음간인 乙木은 寅卯에서 절태(絶胎)가 된다. 음양(陰陽)의 기본적인 차이를 알면 쉽게 이해할 수 있다. 음양은 반대로 운동하기 때문이다. 지장간은 지지에 12운성을 대입하여 보면 어떤 모습인지 알 수 있다. 寅 중의 戊土는 장생(長生)이고, 申 중의 戊土는 병(病)이 된다. 巳 중의 戊土는 건록(建祿)이고, 亥 중의 戊土는 절(絶)이다. 지장간 속의 똑같은 戊土도 모두 다른 모습인 것이다. 잘 자라는 소나무이다.

태(胎)이다.

乙卯는 木의 기운이 매우 강하다. 음간인 乙木이 태(胎)이면 양간이 제왕(帝旺)이 된다. 양간이 제왕(帝旺)으로 활동이 강해지면 木은 대외적 활동이 왕성하다. 음간이 강해지면 木은 움츠리며 응축된다. 음간이 강해지면 해당 오행은 약해지니 실내로 들어가 쉬어야 한다. 양간이 록왕(祿旺)일 때 음간은 절태(絕胎)가 된다. 乙木이 寅卯에서 절태(絕胎)가 되는 것처럼 丁火는 巳午에서 절태(絕胎)가 된다. 辛金은 申酉에서 절태(絕胎)가 되고, 癸水는 亥子에서 절태(絕胎)가 된다. 음양(陰陽)은 서로 반대로 움직인다. 사방이 초목이다.

관대(冠帶)이다.

丙火는 火土동법에 의하여 戊土와 12운성을 같이 쓴다. 丙辰과 戊辰은 모두 관대(冠帶)이다. 관대(冠帶)는 어린아이의 때를 벗고 이제 성인으로 새로운 출발을 하는 때이다. 새로운 시작이 좋을 수만은 없다. 새로운 환경에 적응하는 것은 어려움이 따른다. 관대(冠帶)는 辰戌丑未의 글자에 해당하는 변화의 시기이다. 관대(冠帶)만이 아니라 쇠(衰), 묘(墓) 그리고 양(養)도 변화의 시기이니 辰戌丑未에 해당한다. 辰戌丑未에서는 속도를 늦추고 새로운 변화에 조심스럽게 적응해야 한다. 들판에 태양이 비춘다.

丁巳

절(絕)이다.

巳午未는 火의 시기이다. 丙火는 巳午未에서 록왕쇠(祿旺衰)가 된다. 그러나 丁火는 음간이기에 巳午未에서 절태양(絕胎養)이 된다. 양간이 활약할 때는 음간이 휴식하고, 음간이 활약할 때는 양간이 휴식을 취한다. 휴식의 기간에는 책 등을 읽으며 정신적인 일을 하면 좋다. 실내에서 하는 모든 일이 음(陰)의 일이다. 오행이나 천간 지지를 알기 전에 음양(陰陽)에 대한 이해가 우선이다. 음양(陰陽)의 구분을 너무나 당연하게 여겨 중요성을 잊고 있을 때가 많다. 초여름의 뜨거운 볕이다.

戊午

제왕(帝旺)이다.

丙午와 戊午가 똑같이 제왕(帝旺)이지만 戊午가 양(陽)의 기운이 더 강하다. 戊土가 양운동의 마지막이기 때문이다. 戊土는 巳午未에서 록왕쇠(祿旺衰)를 지난다. 반대로 己土는 반대편 계절인 亥子丑에서 록왕쇠(祿旺衰)를 지난다. 제왕(帝旺)은 최고에 이르렀기에 이제 내려갈 일만 남았다. 더 이상의 상승은 없다. 더 이상 욕심을 부리지 말아야 하다. 반대로 절태양(絕胎養)에서는 희망을 잃지 말아야 한다. 시간이 지남에 따라 상승하는 일만 남았기 때문이다. 밤이 지나면 새벽이 오게 되어 있다. 뜨거운 사막이다.

己未

양(養)이다.

己土는 午에서 戊土로부터 배턴을 받아 활동을 시작한다. 午에서 태(胎)가 되고, 未에서 양(養)이 된다. 음간인 己土가 힘을 얻어감에 따라 土는 외형이 줄어든다. 외형이 줄어들면 밀도는 강해지고 실속이 있다. 음양운동은 안과 밖의 순환운동이다. 밖에서 일하고 안에서 쉬는 일의 반복이다. 계속 일만 할 수는 없다. 계속 놀고만 있을 수도 없다. 주어진 팔자의 그릇이 있다고 할지라도, 규칙적인 음양운동을 한다면 더 건강해지고 수명도 연장할 수 있다. 메마른 땅이다.

庚申

건록(建祿)이다.

양간은 같은 계절에 록왕쇠(祿旺衰)를 지난다. 庚金은 申에서 건록 (建祿), 酉에서 제왕(帝旺) 그리고 戌에서 쇠(衰)가 된다. 양간의 록왕쇠(祿旺衰)에 해당하는 지지에서 음간은 절태양(絶胎養)이 된다. 金은 가을의 기운이다. 가을에는 木火土水가 金을 따라 하강한다. 甲寅과 庚申은 같은 건록(建祿)이지만 甲寅은 힘 있게 상승하고, 庚申은 힘 있게 하강한다. 같은 12운성이라도 글자에 따라 다르게 운동한다. 각 계절마다 주도하는 오행이 있다. 봄에는 木, 여름에는 火, 가을에는 金, 겨울에는 水이다. 온통 바위뿐이다.

태(胎)이다.

酉에서 庚金은 辛金에게 배턴을 넘긴다. 庚金으로부터 바통을 받은 辛金은 酉에서 태(胎)가 된다. 辛金은 戌에서 양(養), 亥에서 장생(長生) 등으로 점차 강해질 것이다. 음간인 辛金이 강해지면 金의 활동은 내부로 들어가 휴식을 취한다. 卯에서 庚金이 辛金으로부터 바통을 받아 활동하면 다시 金의 외형은 커지게 된다. 12운성은 별것이 아니다. 지지마다 각 천간들이 어떤 운동을 하고 있는지 보여주는 것이다. 계절의 변화에 따라 각 천간들은 안과 밖, 즉 일과 휴식을 반복하고 있는 것이다. 온통 자갈뿐이다.

壬戌

관대(冠帶)이다.

壬水는 午에서 태(胎)가 되어 활동하기 시작한다. 그리고 未에서 양(養), 가을철인 申酉戌에서 생욕대(生浴帶)를 지난다. 양간은 자기 계절에서 록왕쇠(祿旺衰)가 되고, 음간은 자기 계절에서 절태양(絕胎養)이 된다. 戌土는 가을에서 겨울로 가는 환절기이다. 반대로 辰土는 봄에서 여름으로 가는 환절기이다. 육친으로는 똑같이 편관이라고 하지만 壬戌과 壬辰은 큰 차이가 있는 것이다. 壬戌이 관대(冠帶)라면 壬辰은 묘(墓)가 되므로 12운성을 적용하면 그 차이를 쉽게 알 수 있다. 호수 옆에 있는 축축한 땅이다.

절(絶)이다.

癸水가 겨울철인 亥에서 절(絶)이라고 하면 이해를 못할 수 있다. 水가 水를 만났는데 왜 절(絶)이냐는 것이다. 음양(陰陽)의 차이 때문이다. 양간인 壬水가 亥에서 건록(建祿)이면 음간인 癸水는 亥에서 절(絶)이 된다. 반대로 癸水가 巳에서 건록(建祿)일 때 壬水는 巳에서 절(絶)이 된다. 음간이 활약하면 해당 오행은 작아져서 내부로 들어간다. 癸亥에서는 양간인 壬水가 건록(建祿)으로 활약하니 水의 운동이 극대화된다. 水운동이 활발하면 외형은 작아진다. 반대로 火운동이 활발하면 외형은 커진다. 종일 비가 온다.

제 2부
난강망
해설

欄
江
網

『난강망(欄江網)』의 저작연대는 명대(明代)로 추측만 할 뿐이다. 저자도 알 수 없고 원본도 전해 내려오지 않는다. 청대 여춘태(余春台)가 난강망을 "궁통보감(窮通寶鑑)"이라는 이름으로 편집하였다. 그리고 1937년 서락오(徐樂吾)가 『궁통보감(窮通寶鑑)』이라는 이름으로 재출판하였고, 1941년 서락오(徐樂吾)가 "조화원약(造化元鑰)"이라는 『궁통보감 해설서』를 출간하였다.

우리나라에서는 조선왕조실록(朝鮮王朝實錄)에 『궁통보감(窮通寶鑑)』이라는 책명이 기록되어 전해져 내려오고 있다.

난강망 해설

오행(五行)

    오행이란 우주의 운동법칙을 다섯 단계로 나눈 것이다. 사람들에게 는 우주의 오행운동보다 지구에서 일어나는 사계절의 변화에 더 민감 할 것이다.

    명리(命理)에서는 우주의 변화는 천간으로 나타내고, 지구의 변화는 지지로 나타낸다. 어쨌든 천간의 오행운동은 지지의 사계절 운동보다 는 큰 개념이다. 그래서 팔자분석에서는 지지보다는 천간을 먼저 살펴 보는 것이 올바른 방법이다. 숲을 보고 난 후 숲 속의 나무를 보는 것 이다.

    오행운동은 木火土金水 순서로 일어난다.

⊙ 木은 소양(少陽)으로, 상승하는 기운을 말한다.

⊙ 火는 태양(太陽)으로, 가장 높은 곳에 머무는 기운을 말한다.

⊙ 土는 양운동을 음운동으로 바꾸는 역할을 한다.

⊙ 金은 소음(少陰)으로, 내려가는 기운을 말한다.

⊙ 水는 태음(太陰)으로, 가장 낮은 곳에 머무는 기운을 말한다.

木은 동쪽에서 해가 떠오르며 풍(風)을 만들고, 火는 남쪽에서 열(熱)을 만든다. 土는 음양(陰陽)이 교차하는 곳에서 습(濕)을 만들고, 金은 서쪽이 건조하니 조(燥)를 생(生)한다. 水는 북쪽으로 음(陰)이 극(極)에 달하여 한(寒)이 된다. 즉, 木火土金水는 풍열습조한(風熱濕燥寒)과 관련이 있다.

오행의 상생상극이 잘 이루어지려면 적당한 자리에 적당한 기운이 있어야 하고, 태과(太過)나 불급(不及)이 있으면 안 된다. 그러나 지구는 지축의 기울기로 인하여 제대로 된 오행운동이 어려우니 이상적인 오행의 상생상극은 불가능하다.

만물은 종족 번식의 본능이 있고, 인간도 예외는 아니다. 종족 번식을 위해서는 음양운동이 필요하다. 팔자나 운(運)에는 각 개인의 삶의 변화 흐름이 나타나 있다. 팔자나 운(運)에 나타나는 음양(陰陽)이 어떻게 균형을 이루고 있는지에 따라 삶도 달라진다. 음양(陰陽)이 균형을 이루면 활력이 생기고 생명력이 강해지지만, 반대로 음양(陰陽)이 균형을 이루지 못하고 편중되면 삶의 활력이 사라진다. 크게 보면 팔자를 본다는 것은 음양(陰陽)이 균형을 이루었는지를 보는 것과 같다. 양(陽)에는 木火가 있고, 음(陰)에는 金水가 있다. 土는 양(陽)과 음(陰)의 중간에 있다.

오행

음양이 균형을 이루어야 생명력과 활력이 생기므로 음양을 인위적으로 조절하여 정신이나 육체의 불균형을 해소하려고 하기도 한다. 예를 들면 거주지나 먹는 음식 또는 이름이나 색깔을 통해 음양(陰陽)의 균형을 맞춰 보려는 시도가 그것이다.

천간의 土와 지지의 土는 다르다. 또 戊土와 己土가 다르며 지지의 辰戌丑未가 다르다. 천간의 土는 양운동을 음운동으로 바꾸는 역할을 하니 양운동의 끝에 戊土가 있고, 음운동의 시작에 己土가 있다. 그러나 지지에서는 계절을 바꾸는 환절기에 土가 위치하고 있다. 봄이 여름으로 가는 길에 辰土가 위치하고, 여름이 가을로 갈 때 未土가 위치한다. 가을에서 겨울로 갈 때 戌土가 위치하고, 겨울에서 봄으로 가는 곳에 丑土가 위치한다.

지지의 土

지지의 土	辰	未	戌	丑
하루	아침에서 낮으로	낮에서 저녁으로	저녁에서 밤으로	밤에서 아침으로
일 년	봄에서 여름으로	여름에서 가을로	가을에서 겨울로	겨울에서 봄으로
오행	木에서 火로	火에서 金으로	金에서 水로	水에서 木으로

木은 土에 뿌리를 내리고, 火는 土로 조절이 된다. 金은 土가 있어야 생성되고, 水는 土를 제방삼아 고이게 되니 오행은 모두 土에 기대게 된다. 土를 기준으로 좌우에 음양(陰陽)이 배치된다. 한쪽에는 木火가 다른 한쪽에는 金水가 있다. 그래서 土에 이상이 생기면 다른 오행의

기능이 상실된다. 그러므로 土는 너무 실(實)해서도 안 되고 너무 허(虛)해서도 안 된다. 또 土는 너무 주도적으로 나서서도 안 되며 木火金水의 보조적인 역할에 그치면 좋다. 土가 木火金水보다 너무 강하면 주객이 전도되어 답답하게 된다.

오행의 색(色)을 보면 木은 청색이고, 火는 적색, 土는 황색, 金은 백색, 水는 흑색이다. 해당 오행이 12운성으로 생왕(生旺)하면 정색(正色)을 띠고 사절(死絕)되면 모색(母色)을 띠게 된다. 즉, 木이 생왕하면 청색이고 사절(死絕)되면 검정색이 된다. 木이 사절(死絕)되면 간이 약하고 얼굴이 검다. 火가 사절(死絕)이면 심장이 좋지 않고 입술이 푸르다. 土가 사절(死絕)이면 얼굴이 붉고, 金이 사절(死絕)이면 폐에 문제가 생기고 얼굴이 누렇게 뜬다. 水가 사절(死絕)이면 신장에 문제가 있고 얼굴이 창백하다.

오행의 성질을 살펴보면 木은 인(仁), 火는 예(禮), 土는 신(信), 金은 의(義), 그리고 水는 지(智)를 나타낸다.

오행의 숫자는 水는 1, 火는 2, 木은 3, 金은 4, 土는 5인데 생왕(生旺)하면 배(倍)가 되고 사절(死絕)되면 반(半)으로 감소한다.

만물에는 음양(陰陽)이 존재한다. 음양(陰陽)의 균형이 깨지면 도(道)에 어긋나게 되니, 하는 일에 문제가 생기고 건강에도 이상이 있을 수 있다. 음(陰)과 양(陽)이 절충되어야 귀(貴)가 있으니 음양(陰陽)이 균형

오행

을 이루면 도(道)를 이룬 것이다. 즉, 도(道)란 우주의 별들처럼 서로 간에 인력(引力)만 유지한 채 자기의 갈 길을 가는 것을 말한다.

음양(陰陽) 중에서 하나가 태과(太過)하거나 불급(不及)하여 균형을 잃으면 도(道)와는 거리가 멀어진다. 재관인식(財官印食)이나 살상효인(殺傷梟刃) 어느 것도 지나치거나 부족하면 좋지 않다. 행운(行運)에서 팔자의 태과(太過)나 불급(不及)이 조절되면 좋고, 그 반대가 되면 나쁘다. 음양(陰陽)의 균형을 잡는 세밀한 의미를 알면 명리(命理)의 절반은 넘어서게 된다. 팔자를 본다는 것은 음양(陰陽)의 균형을 파악하는 것이다.

	왕(旺)	휴(休)	수(囚)	상(相)
봄(木)	木이 나머지 오행을 주관한다.	水는 안으로 들어가기 시작한다.	金은 안에서 할 일을 한다.	火는 밖으로 나올 준비를 한다.
여름(火)	火가 나머지 오행을 주관한다.	木은 안으로 들어가기 시작한다.	水는 안에서 할 일을 한다.	金은 밖으로 나올 준비를 한다.
가을(金)	金이 나머지 오행을 주관한다.	火는 안으로 들어가기 시작한다.	木은 안에서 할 일을 한다.	水는 밖으로 나올 준비를 한다.
겨울(水)	水가 나머지 오행을 주관한다.	金은 안으로 들어가기 시작한다.	火는 안에서 할 일을 한다.	木은 밖으로 나올 준비를 한다.
土는 지구를 의미하므로 土를 바탕으로 사계절 운동을 한다				

論木
논목

木의 속성은 시작하는 것이다. 자연에서 일어나는 모든 시작하고 상승하는 기운은 木으로 표현한다. 목기(木氣)가 중(重)하면 金이 있어야 한다. 그래서 木이 金에 의해 다스려지면 덕(德)을 갖추게 된다. 木과 金은 음양관계이다.

木이 오르기 위해서는 土의 기반이 튼튼해야 한다. 木의 성장에 따라 土도 중(重)해야 한다. 나무는 土가 중(重)해야 튼튼한 뿌리를 내린다. 木에 土가 적으면 가지만 무성해지고 성장하는데 한계가 있다.

木은 水로부터 시작되니, 水는 木의 근원이다. 그래서 木이 성장하려면 水가 적어서는 안 된다. 그렇다고 水가 너무 지나치면 좋지 않다.

木은 火를 보며 성장한다. 火는 木이 나아갈 방향이다. 木은 火가 부족하면 성장이 더디고, 火가 태과하면 木은 시든다.

木과 金이 서로 대등하면 착륜(斲輪)이라고 하여 좋은 관계를 이룬다. 그러나 만약 木이 가을에 생(生)하면 木은 오히려 金에 손상을 당한다. 金과 木, 그리고 火와 水가 대등하면 좋지만 그런 경우는 이론에 불과할 뿐 거의 없다. 팔자의 각 위치에 따라 힘이 다르고, 또 운(運)에 의해서 각 글자의 힘이 끊임없이 변하기 때문이다.

춘목(春木)

時	日	月	年
○	木	○	○
○	○	木	○

춘목(春木)은 木의 시절이므로 자신감이 넘칠 때이다. 초봄에는 아직 한기(寒氣)가 남아 있으니 火가 필요하다. 木에게는 火가 나아가야 할 방향이다. 춘목(春木)에게 火가 없으면 과녁없이 활을 쏘는 것과 같다. 봄의 나무에는 태양이 필요하다. 춘목(春木)에 丙火가 있으면 목표를 잃고 우왕좌왕할 일은 없다.

춘목(春木)이 성장하는 데는 火뿐만 아니라 水의 도움도 있어야 한다. 춘목(春木)에 水가 없으면 잎이 시들고 뿌리가 마른다. 춘목(春木)에 水가 있으면 가지가 뻗어나가는 아름다움이 있다. 그러나 춘목(春木)에 水가 너무 많으면 뿌리가 손상되고 가지가 마른다.

춘목(春木)에는 水와 火가 조화(調和)를 이루어야 한다. 水는 木이 火에 의해 빠르게 성장하는 것을 억제시키는 역할도 한다.

초봄에는 木이 어린 나무이므로 土가 두터우면 기운이 손상되니 土가 엷으면 좋다. 그러나 木의 성장에 따라 土도 점차 두터워져야 하는 것은 당연하다.

이른 봄의 木이 金을 거듭 만나면 상(傷)하게 되고 한평생 편안하지 못하다. 그러나 木이 왕(旺)한 경우에는 金을 만나면 종신토록 복(福)을 받는다. 봄철의 金은 뼈나 줄기를 튼튼하게 하는 역할을 한다.

하목(夏木)

時	日	月	年
○	木	○	○
○	○	火	○

하목(夏木)은 양(陽)의 기운이 강한 때이니 반드시 水가 있어야 한다. 여름철에는 火가 주도권을 잡아 水조차 높이 올라가니 하목(夏木)은 뿌리가 건조해지기 쉽다. 때문에 반드시 뿌리에 水를 공급해야 한다.

하목(夏木)에 火가 왕(旺)하면 木이 불에 탈까 걱정되니 흉(凶)하게 여긴다. 여름철의 木이 火가 왕(旺)하면 뿌리가 메말라 木은 위태롭게 된다.

여름철에는 火가 강하니 土도 강해진다. 하목(夏木)에 土는 중(重)할 필요가 없다. 土가 중(重)하면 필요한 水를 제(制)하니 도리어 해롭다. 또 하목(夏木)에 金이 많으면 성장을 멈추고 단단해지고, 金이 부족하면 木의 가지가 단단해지지 않으니 金이 부족해도 좋지 않다.

하목(夏木)이 木을 거듭 만나면 결실이 없다. 여름철에는 木火의 양(陽)의 기운이 더 강할 필요가 없다. 양(陽)은 투자기간이고 음(陰)은 결실의 기간이다.

論木논목

추목(秋木)

時	日	月	年
○	木	○	○
○	○	金	○

가을은 金의 시기이므로 추목(秋木)은 관살(官殺)의 공격이 강해지는 때이다. 그러므로 金의 시기에는 木은 안으로 들어가서 휴식을 취하며 정신적 활동을 해야 한다. 추목(秋木)은 하강하는 기운으로 인해 점차 처량(凄凉)해진다.

초추(初秋)에는 아직 양(陽)의 기운이 남아 있으니 水가 있어야 좋다. 水는 金이 나아갈 방향이다. 중추(中秋)에는 金의 기운이 강해지니 木은 더욱 안으로 들어간다. 가을의 木은 성장하는 새싹이나 가지가 아니다. 가을에는 金의 견고함은 드러나고, 木의 부드러움은 숨는다. 가을의 나무는 金을 만나 깎이고 다듬어져야 쓸모가 생긴다.

서리가 내리는 상강(霜降)이 지나면 金이 더욱 강해지니 水가 성(盛)하면 좋지 않다. 음(陰)의 기운이 강해지면 만물이 빠르게 건조해지기 때문이다. 자연의 운동은 빠르지도 않고 느리지도 않게 일정한 속도로 변한다. 음양(陰陽)의 균형이 깨져 너무 양(陽)이 많거나 너무 음(陰)이 많으면 자연스러운 삶을 살지 못한다.

한로(寒露) 이후에는 추워지니 다시 火의 온기(溫氣)가 필요하다. 역시 음양(陰陽)의 균형을 맞추기 위한 것이다. 대자연은 사시사철 음양(陰陽)을 조절하며 순환운동을 한다. 봄·여름에는 양(陽)의 기운이 더 강하고, 가을·겨울에는 음(陰)의 기운이 더 강해야 올라가고 내려가는 사계절의 순환운동을 하게 된다.

가을철에는 왕성한 金기운이 木을 극하므로 木에게는 비겁이 많으면 좋다.

추목(秋木)은 약하니 재성인 土가 두터울 경우는 土를 감당하지 못한다. 가을철의 木은 오르려는 본성을 잃고 이제 金을 따라 내려가야 한다.

동목(冬木)

겨울철은 水가 주도권을 잡는 시기이다. 동목(冬木)은 水를 따라 내려가서 땅 속에 머문다. 水가 많은 시기이니 土가 두터우면 좋다. 음(陰)이 강한 때이니 火土로 음양(陰陽)의 균형을 맞추어 주면 좋다. 土는 양(陽)의 기운이 강하다.

동목(冬木)에 水가 많으면 木은 부목(浮木)이 되어 木의 성향을 나타내지 못한다.

겨울철에는 金이 많아도 金은 木을 극하지 못한다. 탐생망극(貪生忘剋)으로 金은 木을 극하기보다는 水를 생하는 것을 더 좋아하기 때문이다.

論木논목

동목(冬木)에게는 火가 중(重)하면 좋은데, 하목(夏木)에 水가 중(重)하면 좋은 것과 같다. 모두 음양(陰陽)의 균형을 이루기 위함이다. 음양(陰陽)이 균형을 이룰 때 가장 활력이 넘치기 때문이다.

論火
논화

火가 밝게 타오르면 수명이 짧다. 그러나 숨겨진 火는 밝지는 않으나 불멸의 상(不滅之象)이 된다.

火는 木이 있어야 오래 탈 수 있다. 火가 목왕(木旺)을 만나면 반드시 번영하고, 木이 사(死)하면 비록 공명(功名)이 있더라도 오래 가지 못한다. 특히 丁火는 甲木이 필요하다.

火가 강하면 모든 것이 불타버리니 실속이 없다. 火가 세차면 만물이 손상을 입는다. 火는 봄에는 상(相)이 되어 성(盛)하지만 가을에는 휴(休)가 되어 시든다. 火는 여름에는 왕(旺)이 되어 과단성이 있지만 겨울에는 수(囚)가 되어 겸손하게 예의를 지킨다.

팔자원국이 火로만 되어 있는 염상격(炎上格)은 木火운이 이롭고 金水운은 해롭다. 종격(從格)은 강한 기운을 돕는 운(運)이 좋고, 강한 기운을 거스르는 운(運)은 나쁘다.

金은 火를 만나야 기물(器物)이 될 수 있다. 특히 庚金은 丁火를 만나지 못하면 쓸모가 없다.

水가 火를 만나 조화(調和)를 이루면 수화기제(水火旣濟)의 공(功)을 이룬다. 그래서 여름에는 水가 필요하고, 겨울에는 火가 필요하다.

火가 土를 만나면 빛을 잃어 막히는 일이 많다.

춘화(春火)

時	日	月	年
○	火	○	○
○	○	木	○

봄은 木의 계절이다. 木이 주도권을 잡는다. 춘화(春火)는 모왕자상 (母旺子相)이 되어 양(陽)의 기운이 너무 강하다. 그래서 봄철의 火에게 는 水가 있으면 수화기제(水火旣濟)가 되어 좋다.

춘화(春火)에 土가 많으면 빛을 잃고, 火가 성(盛)하면 土는 조열해 진다. 土가 많으면 火는 약해지고, 火가 많으면 土는 메마르니 화토상 관(火土傷官)은 수기(秀氣)가 없다.

춘화(春火)는 火의 기운이 강하니 金을 거듭 만나더라도 능히 다스 릴 수 있다.

하화(夏火)

時	日	月	年
○	火	○	○
○	○	火	○

하화(夏火)는 뜨겁게 타올라 염상(炎上)을 이룬다. 하화(夏火)는 양 (陽)의 기운이 너무 강하니 水를 만나야 스스로 분화(焚火)하는 재앙을 면한다.

하화(夏火)는 木을 만나면 요절할 우려가 있지만, 金을 만나면 좋은 기물을 이룬다. 하화(夏火)가 土를 만나면 강한 火의 기운이 약해지니 아름답지만 水가 없으면 土를 만나도 소용없다. 오행보다 음양(陰陽)이 더 우선인 것이다.

하화(夏火)가 金과 土를 만나면 아름답지만 이때도 水가 없으면 金은 메마르고 土는 타게 된다. 또 하화(夏火)가 木을 보면 위태로운 지경에 이른다. 하화(夏火)는 木을 꺼리고 水를 기뻐한다.

하화(夏火)에게 水가 없어서 화염토조(火炎土燥)가 되면 남환여과(男鰥女寡 : 홀아비와 과부)를 면하기 어렵다.

추화(秋火)

가을철에는 金이 주도권을 잡으므로 음(陰)의 기운이 강해진다. 이때의 火는 木의 생부(生扶)를 만나야 기쁨이 있다.

추화(秋火)가 만일 水의 극제(剋制)를 만나면 명(命)이 끊어지는 재앙(災殃)을 면하기 어렵다.

추화(秋火)에 土가 중첩(重疊)되면 火의 빛이 흐려진다. 火는 土를 만나면 답답해진다.

추화(秋火)에 金이 많으면 강한 金을 火가 다스릴 수 없어 火의 세력이 손상된다.

추화(秋火)가 火를 만나면 빛이 나니 火가 중첩(重疊)되더라도 이롭다.

동화(冬火)

겨울에는 水가 강하니 동화(冬火)는 형상(形象)이 없어진다. 木의 생부(生扶)가 있어야 좋다.

동화(冬火)가 다시 水의 극제(剋制)를 받으면 재앙(災殃)이 된다. 그러나 이때 만일 土가 水를 제압하면 영화롭다.

동화(冬火)는 비겁인 火의 도움이 있으면 이롭다.

동화冬火는 재(財)를 감당하기 어렵다. 왜냐하면 재(財)인 金은 水를 생하여 火를 극하기 때문이다

동화(冬火)가 火를 만나 火와 水가 균형을 이루면 기제(旣濟)의 공(功)이 있다.

論土
논토

지구에서는 金木水火가 土에 의해 형상을 이룬다. 지지의 네 개의 土는 모두 계절의 전환점에 위치한다. 대체로 土는 火에 의지해서 운행한다. 土는 보통 水를 좋아하지만 水가 왕(旺)하면 土는 허(虛)해진다. 土는 金과 火를 만나면 큰 그릇을 이루지만 土가 태과하면 귀하지 못하다. 土는 모여 있으면 정체(停滯)되고 흩어지면 경박(輕薄)하다.

辰戌丑未는 똑같은 土가 아니다. 辰에는 水가 잠복(潛伏)하고, 未에는 木이 잠복(潛伏)하고 있다. 戌에는 火가 암장(暗藏)되고, 丑에는 金이 은복(隱伏)되어 있다. 辰土와 未土는 천간의 土와 가까우니 귀(貴)하고, 丑土와 戌土는 천간의 土와 거리가 있으니 귀(貴)하지 않다.

土는 하나의 기운을 다른 기운으로 연결해 주는 매개체의 역할을 한다. 그러니 土가 너무 실(實)하면 쓸모가 없다. 土가 실(實)할 때 木이 없으면 기(氣)가 소통되지 않아 답답한 명(命)이 된다.

土가 왕(旺)한 火를 보면 화염토초(火炎土焦)가 되어 불에 타 상(傷)하니 여명(女命)에서는 특히 꺼린다.

지지의 土인 辰戌丑未는 각각 역할이 다르다. 팔자에 戌土가 많으면 싸우기를 좋아하고 졸음이 많고, 辰未土가 있는 사람은 먹는 것을 좋아한다. 丑土가 있는 사람은 청렴하고 사리가 분명하니 癸水로 윤택하게 하면 높은 지위에 오른다.

춘토(春土)

봄은 木의 계절이므로 土는 그 기세(氣勢)가 허(虛)하다. 그래서 火의
생부(生扶)를 좋아한다.

춘토(春土)에 木이 태과(太過)하게 되면 土가 더욱 약해지니 木을 싫
어한다.

춘토(春土)는 水의 범람(氾濫)을 꺼리는데 이때는 비견인 土가 좋다.

춘토(春土)가 金을 만나면 木을 제압하니 좋지만, 金이 태과하면 오
히려 土가 기운을 빼앗겨 좋지 않다.

하토(夏土)

하토(夏土)는 그 기세(氣勢)가 조열(燥熱)하다. 그래서 水가 성(盛)하
여 자윤(滋潤)하면 음양(陰陽)의 공(功)을 이루어 좋다.

하토(夏土)에 火가 왕(旺)하여 土를 뜨겁게 하면 땅이 메말라 갈라지

므로 꺼린다.

하토(夏土)에 木이 火를 도와 화염(火炎)하더라도 水의 극(剋)이 있으면 괜찮다. 이때 金이 水를 생(生)하면 유익하지만, 土가 水를 제(制)하면 좋지 않다.

만일 하토(夏土)에 土가 태과(太過)하면 재차 木으로 극(剋)하는 것이 좋다.

추토(秋土)

가을은 金이 강한 때이다. 추토(秋土)에 또 金이 많다면 土는 더 약해진다.

추토(秋土)에 木이 성(盛)하면 土는 더욱 약해지니 이때는 木을 제복(制伏)시켜야 한다.

추토(秋土)는 火가 중첩(重疊)되는 것은 싫어하지 않는다.

추토(秋土)는 水가 범람(汎濫)하는 것은 꺼린다. 水가 많을 때는 土를 만나면 도움이 된다.

論土논토

동토(冬土)

時	日	月	年
○	土	○	○
○	○	水	○

土는 따뜻한 성질을 가지고 있다. 겨울에는 水가 주관하는 때이므로 동토(冬土)는 밖은 차게 보이지만 안은 따뜻하다.

土는 水가 왕(旺)해도 얼지는 않으므로 재(財)를 다룰 수 있고, 金이 많아도 金을 다스릴 수 있으니 처자(妻子)가 모두 좋다.

동토(冬土)에 火가 왕성(旺盛)하면 영화(榮華)가 있다.

겨울철에는 木도 허약하므로 동토(冬土)에 木이 많아도 허물이 없다.

동토(冬土)에 土가 부조(扶助)하면 장수(長壽)한다.

辰戌丑未월 土

辰戌丑未 사계(四季)의 土 중에서 未土만이 土의 역할을 제대로 한다. 辰土에는 목기(木氣)가 있으니 木에게 土가 극(剋)을 당하고, 戌土와 丑土에는 금기(金氣)가 있어 土의 기운이 설기(洩氣)된다. 그래서 辰戌丑의 土는 비록 왕(旺)한 듯해도 왕(旺)하지 않다. 辰戌丑의 土가 왕(旺)하지는 않아도 土이므로 土가 辰戌丑의 자리에 임하고 金이 많으면 가색격(稼穡格)을 이룬다.

그러나 未土는 화기(火氣)가 강하고 火가 土를 생(生)하니 土가 극왕(極旺)하게 된다. 土가 토왕(土旺)한 未월에 또 土를 만나면 화염토조

(火炎土燥)가 되니 그때는 가색격(稼穡格)을 이룰 수 없다. 다만 이 未월의 土는 金을 만나면 귀(貴)하지는 않아도 부(富)할 수는 있다.

서(書)에 이르기를 "土 일주가 사계(四季)에 태어나고 많은 金을 만나면 귀(貴)하게 되는데 未월이면 더욱 귀(貴)하다."고 하였다.

論土논토

論金
논금

金은 음운동이 시작되는 때로서 굳세고 단단하다. 金은 火의 단련(鍛鍊)이 없으면 그릇을 이루지 못한다. 만일 金이 중(重)할 때 火가 경(輕)하면 하는 일이 어렵게 된다. 또 金이 경(輕)하고 火가 중(重)하면 金은 녹아 없어진다. 또한 金이 왕(旺)하고 火가 성(盛)하면 최고의 격(格)이 된다.

팔자에 金과 火가 완전하면 주인(鑄印)이라고 하여 권세(權勢)가 있지만 金의 묘(墓)인 丑을 만나면 金이 손상되어 귀(貴)하지 못하다. 金과 火가 많으면 높이 평가하지만, 金이나 火 중 어느 하나라도 허약하다면 쓸모가 없다.

金과 木 또는 金과 火가 균형을 이루면 명리(名利)의 진퇴(進退)가 빠르다. 金이 水를 만나면 부유(富裕)하고 현달하며 풍요로움이 넘친다. 金은 능히 水를 생(生)하지만 水가 왕(旺)하면 金은 가라앉는다. 土가 능히 金을 생(生)할 수 있지만 金이 많으면 土는 천(賤)해진다.

金은 水가 없으면 메마르고, 水가 중(重)하면 잠겨 쓸모가 없다. 金은 土가 없으면 사절(死絕)되고, 土가 중(重)하면 매몰된다.

두 개의 金과 두 개의 火가 최상이다. 두 개의 金과 두 개의 木은 재물이 넉넉하며, 하나의 金이 세 개의 水를 생(生)하면 음(陰)이 너무 강해지니 좋지 않다. 하나의 金이 세 개의 木을 만나면 木을 극하지 못하고 무뎌져서 둔해진다.

金이 성(盛)하면 火가 멸(滅)하므로 그릇을 이루지 못한다. 金이 제련되기 전에는 火를 반기지만, 그릇을 이룬 후에는 火를 꺼린다. 金이 申酉巳丑에 이르면 뿌리를 내려 그릇을 크게 이룬다.

오행의 상생상극은 교과서적인 이론에 불과하다. 사주팔자에서는 무조건 강한 세력이 약한 세력을 이긴다. 그러므로 팔자에서 어느 세력이 강하고 약한지를 파악하는 것이 팔자를 볼 때 첫 번째 해야 할 일이다.

춘금(春金)

춘금(春金)은 金의 성정(性情)이 부드럽고 체질이 약할 때이다. 밖의 활동은 멈추고 안에서 휴식을 취하는 시기이다.

초봄은 추위가 다 사라지지 않은 때이니 춘금(春金)에는 火가 있으면 좋다.

춘금(春金)에 水가 성(盛)하면 만물의 성장이 더디다.

춘금(春金)에게 木이 왕(旺)하면 金이 이지러질 위험이 있으니 이때는 비겁인 金이 와서 도우면 좋다. 그러나 金만 있고 火가 없으면 어질지 못하다.

論金논금

하금(夏金)

時	日	月	年
○	金	○	○
○	○	火	○

여름철에는 만물의 성장이 멈추고 내부적으로 단단해진다. 나뭇가지나 뼈를 단단해지게 만드는 것이 金이다. 그래서 여름에는 金이 약하면 안된다.

하금(夏金)에게 火가 많으면 金이 녹게 되니 좋지 않지만 火에 종(從)하면 나쁘지 않다.

하금(夏金)에게 水가 성(盛)하면 좋다. 여름에 水가 필요한 것은 다른 오행도 마찬가지이다.

하금(夏金)이 木을 만나면 몸이 상하게 된다. 木이 火를 생하여 金이 녹을 수 있기 때문이다.

하금(夏金)은 金을 만나면 힘이 생긴다.

여름에 土가 많으면 火가 土를 생하여 土가 더욱 왕(旺)해져서 金이 매몰되니 좋지 않다.

추금(秋金)

時	日	月	年
○	金	○	○
○	○	金	○

추금(秋金)은 金이 무척 강하니 火로 단련하면 종정(鐘鼎)의 재목(材木)이 된다.

추금(秋金)에게 土가 많아서 왕(旺)한 金을 또다시 생하면 도리어 완고(頑固)하고 혼탁(混濁)해진다.

추금(秋金)이 水를 만나면 정신(精神)이 빼어나다. 왕목(旺木)이 火를 만나는 것처럼 왕금(旺金)이 水를 만나면 수기(秀氣)가 빼어나다.

추금(秋金)이 木을 만나면 깎고 다듬는 탁삭(琢削)의 위력을 떨치게 되지만, 추금(秋金)이 또 金을 만나면 강함이 지나쳐 부러지게 된다.

추금(秋金)은 金이 왕(旺)한 때인데, 왕(旺)이 극(極)에 이르면 쇠(衰)하게 된다.

동금(冬金)

時	日	月	年
○	金	○	○
○	○	水	○

동금(冬金)은 한랭(寒冷)하여, 木이 많다고 하더라도 깎고 다듬는 탁삭(琢削)의 공(功)은 없다. 얼어 있는 金은 기물이 되지 못한다.

동금(冬金)에 水가 성(盛)하면 金이 물에 가라앉아 근심을 면치 못한다. 水가 성(盛)할 때는 土가 水를 제(制)하면 좋다. 이때 火가 와서 土를 도우면 자(子)와 모(母)가 공(功)을 이루게 된다.

동금(冬金)은 金이 약해지는 때이니 비겁인 金이 있으면 좋고, 火土로 따뜻하게 배양하면 이롭다.

論金논금

論水
논수

水는 겨울의 기운이다. 겨울에는 木火土金은 水를 따라 내려간다. 水는 내려가서 머무는 것이니 순리에 따르면 관용(寬容)이 있고, 도량(度量)이 있지만 水가 거슬러 올라간다면 자연의 이치를 거스르게 되어 시끄럽다. 그러나 역수(逆水) 또한 자연 속에 존재하니 만일 성격(成格)이 된다면 청귀(淸貴)하고 명예(名譽)가 있다.

水의 근원이 끊어지지 않으려면 金이 도와야 한다. 그리고 水가 범람(氾濫)하면 土를 제방(堤防)으로 삼아야 한다. 水와 火가 균형을 이루면 기제(旣濟)의 아름다움이 있고, 水와 土가 섞여 혼탁(混濁)하면 흉하다.

水는 사시(四時)에 모두 火가 많음을 꺼리는데, 그 이유는 水가 고갈(枯渴)되기 때문이다. 水의 음(陰)과 火의 양(陽)은 조화를 이루어야지 한쪽으로 쏠려 균형이 깨지면 안 된다. 또 水는 土가 중첩(重疊)되는 것을 꺼리는데 그 이유는 水가 흐르지 못하기 때문이다.

水는 水의 원천인 金이 사(死)하는 것을 꺼린다. 木이 왕(旺)하면 水의 설기(洩氣)가 심해지니 역시 꺼린다.

고서에 이르기를 "水의 명(命)이 동(動)하면 대부분 혼탁하니 여인(女人)이 특히 더 꺼린다."라고 했다. 또 구결(口訣)에 말하기를 "양수(陽

水)가 신약(身弱)하면 곤궁(困窮)하고, 음수(陰水)가 신약(身弱)하면 귀
(貴)하다.”라고 하였다.

춘수(春水)

봄철은 아직 한기(寒氣)가 있어서 춘수(春水)는 음(淫)한 성질이 강
하다.

춘수(春水)가 다시 水를 만나면 水가 왕(旺)해진다. 그러나 이때 土
가 성(盛)하면 水가 범람하는 근심이 사라진다.

춘수(春水)도 역시 金이 돕는 것을 좋아하지만 그렇다고 金이 성(盛)
해서는 안 된다.

춘수(春水)는 火로써 기제(旣濟)됨을 바라지만 그렇다고 火가 많을
필요는 없다.

춘수(春水)가 木을 만나면 공덕(功德)을 베풀 수가 있다.

춘수(春水)에 土가 없다면 수세(水勢)가 흩어지고 넘쳐 근심이 따른
다.

論水논수

하수(夏水)

時	日	月	年
○	水	○	○
○	○	火	○

하수(夏水)는 水가 마르는 때이니 水의 부조(扶助)와 金의 생(生)을 좋아한다.

하수(夏水)는 火가 왕(旺)한 때이니 水가 마르는 것을 꺼린다.

하수(夏水)에 木이 성(盛)하면 水는 강한 木에게 더욱 기(氣)를 빼앗긴다.

하수(夏水)에 土가 왕(旺)하면 물의 흐름이 멈춘다.

여름에는 水가 가장 약한 때이다.

추수(秋水)

時	日	月	年
○	水	○	○
○	○	金	○

가을은 金이 왕(旺)한 시절이니 추수(秋水)는 모왕자상(母旺子相)하다.

추수(秋水)가 金의 도움을 만나면 맑아지고, 토왕(土旺)하면 혼탁해진다.

추수(秋水)는 火가 많아도 다룰 수 있으니 재물이 풍성하고, 木이 중(重)하면 자식이 번영한다.

추수(秋水)가 거듭 水를 만나면 범람하여 근심이 있다.

추수(秋水)에 土가 중첩되면 고요하고 평화로워진다.

동수(冬水)

겨울철에는 水가 木火土金을 주관한다. 동수(冬水)는 火를 만나야
한다.

동수(冬水)가 土를 만나면 강한 水가 억제되니 좋다.

동수(冬水)에 金이 많으면 의(義)가 없고, 木이 성(盛)하면 강한 水가
木으로 흘러 유정(有情)하다.

겨울에 水가 범람할 때는 土의 제방(堤防)이 필요하다. 그러나 동수
(冬水)라도 土가 태과(太過)하면 마르게 된다.

論水논수

삼춘(三春) 甲木

조춘(初春)에는 아직 한기(寒氣)가 남아 있으니 마땅히 火로 따뜻하게 해야 한다. 초봄의 甲木에게 水가 많으면 생(生)이 아니라 극(剋)이 된다. 水가 많으면 음(陰)의 기운이 강해 甲木의 성장을 억제시킨다. 그렇다고 水가 없으면 甲木은 너무 빨리 성장하게 된다.

삼춘(三春) 甲木이 木을 거듭 보면 이때는 庚金이 있어야 튼튼한 나무로 자라서 동량(棟樑)을 이룰 수 있다. 木이 강할 때는 庚金이 있어야 한다.

봄의 후반부에는 양(陽)의 기운이 강해지니 水가 마른다. 이때는 金水가 있어야 甲木의 잎과 가지가 무성해진다.

조춘(初春)의 甲木에게 火는 없고 水만 많으면 뿌리는 손상되고 가지가 말라 성장이 더디게 되니 후에 꽃을 피울 수 없다. 그러므로 춘목(春木)은 水와 火 두 가지가 적절하게 상제(相濟)를 이루어야 아름답다. 그렇게 되면 봄철에는 木이 나머지 오행을 주관하니 서서히 성장해 간다.

寅월 甲木

寅월의 甲木은 건록으로 힘이 있다. 寅월에는 아직 한기(寒氣)가 있으니 丙火와 癸水가 투출하면 부귀쌍전(富貴雙全)이다. 癸水가 암장(暗藏)되고 丙火가 투출(透出)되어도 대부귀(大富貴)하다. 寅월의 甲木에 丙火와 癸水가 없으면 평상인이다.

寅卯월 甲木은 제철을 만나 힘이 있으므로 종격(從格)은 이루어지기 힘들다. 寅卯월 甲木에 적당한 金은 도움이 된다. 그러나 많은 庚辛金이 있으면 평생 노고(勞苦)가 많고 처자(妻子)를 형극(荊棘)한다. 이때 지지에 금국(金局)까지 이룬다면 가난하거나 요절(夭折)한다.

寅월의 甲木에 丙丁火가 없고 壬癸水만 많이 있다면 성장이 더디거나 뿌리가 썩는다. 壬癸水가 많을 때 이를 戊己土로 제지하지 않으면 수범목부(水泛木浮)가 되어 죽어서도 들어갈 관(棺)이 없을 정도로 가난하게 된다. 水가 많을 때는 己土보다 戊土로 제(制)하는 것이 적합하다.

寅월의 甲木에는 적당한 土와 적당한 金이 필요하다. 물론 적당한

삼춘三春 갑목甲木

水와 적당한 火도 필요하다. 만일 초봄의 甲木에게 많은 戊己土가 있다면 뿌리를 내릴 땅이 너무 두텁게 된다. 여기에 지지 금국(金局)까지 이룬다면 종신토록 애쓰고 고생하게 되며 처자식과의 인연도 늦어지게 된다.

寅월의 甲木에게 庚金이 없고 丁火가 투출하면 목화통명(木火通明)의 상(象)이 되어 인물이 총명하고 고상하다. 그러나 이때 만일 癸水가 丁火를 손상시키면 도(道)는 두텁지만 세상물정을 모르는 선비가 된다. 癸水가 많아 丁火를 손상시키면 조조(曹操)처럼 말은 청산유수(靑山流水)이지만 행실은 음험하고 탁하여 웃음 속에 칼을 감춘 사람이 된다.

寅월의 甲木 사주가 지지에 금국(金局)을 이루고 庚辛金이 많이 투출(透出)하면, 목피금상(木被金傷)이 되어 불길하다. 이때 만일 강한 火가 金을 제(制)하지 못하면 반드시 질병이 있다.

寅월 甲木 사주의 지지에 화국(火局)이 있어 甲木의 설기(洩氣)가 태과(太過)하면 어리석고 나약하다. 그리고 항상 재앙과 질병에 시달리며 남이 모르는 암질(暗疾)이 있을 수 있다.

寅월 甲木의 지지가 목국(木局)을 이룰 때 庚金을 만나면 귀하지만, 庚辛金이 없으면 흉하니 승도가 아니면 남자는 홀아비이고 여자는 과부가 된다.

寅월 甲木의 지지에 수국(水局)이 있을 경우에 戊土가 투출(透出)하면 귀하지만, 만일 戊土가 없으면 죽어서도 들어갈 관(棺)이 없을 정도로 가난하다. 寅월의 甲木에 水가 많으면 성장을 하지 못한다. 水가 많을 때는 戊土로 제(制)하는 것이 좋다.

무릇 삼춘(三春) 甲木이 庚金을 쓰는 경우에는 土가 처가 되고, 金은 자식이 된다. 丁火를 쓰는 경우에는 木은 처가 되고 火는 자식이 된다.

『난강망』에서는 용신의 인성을 처로 보고, 용신의 비겁을 자식으로 보고 있다. 꼭 육친적인 처와 자식이라기보다는 용신의 글자를 처자(妻子)처럼 보좌하는 역할을 하는 글자들이다.

時	日	月	年
乙	甲	甲	戊
亥	辰	寅	寅

● 寅월 甲木은 丙癸가 있으면 좋다.
● 丙癸가 지장간에 들어 있다.
● 일주 기준 寅이 공망이다.
● 丙癸가 투하지 못하고 寅이 공망이어서 소귀(小貴)하였다.
● 효성이 지극하여 효렴(孝廉)이라는 벼슬을 하였다.
● 『궁통보감(窮通寶鑑)』에 나오는 팔자이다.

時	日	月	年
庚	甲	丙	甲
午	寅	寅	申

● 寅월의 甲木에 丙火가 투(透)하였다.
● 癸水는 없고 申 중 壬水가 있다.
● 생원인 무재(茂才)에 불과했다.

삼춘三春 갑목甲木

●운(運)이 남방으로 향할 때 풍파가 있었다.

●『궁통보감(窮通寶鑑)』에 나오는 팔자이다.

時	日	月	年
丙	甲	戊	庚
寅	寅	寅	申

●寅월에 태어난 甲木이다.

●일시지에도 寅이 있으니 甲木의 뿌리가 튼튼하다.

●甲木은 시간의 태양을 보고 성장한다.

●甲木의 뿌리를 지탱할 戊土도 힘이 있다.

●나무의 줄기는 년주의 강한 金으로 튼튼해진다.

●큰 나무에 비해 水가 부족하다.

●金水운에 진사(進士)에 올랐다.

時	日	月	年
丙	甲	戊	庚
寅	子	寅	寅

●寅월의 甲木에 태양인 丙火가 떴다.

●寅월의 甲木에게 필요한 癸水도 지장간(支藏干)에 있다.

●戊庚도 투출해 큰 나무를 만드는 데 도움을 준다.

●벼슬이 이품(二品)에 이르렀다.

時	日	月	年
丙	甲	丙	甲
寅	子	寅	子

● 寅월의 甲木에게 필요한 丙火가 떴다.

● 癸水는 지장간(支藏干)에 있다.

● 봄철의 나무에 태양이 뜨고, 뿌리에 물이 공급되고 있다.

● 천간이 甲木과 丙火로만 되어 있으니 밝은 성격의 소유자이다.

● 장장원(張狀元)의 사주이다.

卯월 甲木

時	日	月	年
○	甲	○	○
○	○	卯	○

卯월 甲木은 양인격이다. 12운성 제왕(帝旺)으로 木이 강한 때이니 庚金이 득소(得所)하면 좋다. 木이 성장하면 내부적으로 줄기와 가지도 강해져야 하니 金이 필요하다. 또 튼튼한 木이 뿌리를 내리려면 土도 역시 강해져야 한다. 그래서 卯월 甲木에게 庚金과 土가 있으면 좋다. 卯월 甲木이 土와 庚金을 쓰면 양인가살(陽刃駕殺)이 되어 소귀(小貴)하거나 또는 과거가 아닌 이도(異途)를 통해 현달(顯達)하거나 무관(武官)으로 종사하기도 한다.

삼춘三春 갑목甲木

卯월에는 양인이 칠살보다 강하니 재(財)가 칠살을 도우면 양인가살(陽刃駕殺)의 좋은 명(命)이 된다. 이때 癸水가 있으면 양인의 힘이 더욱 강해지니 주로 건달이 된다.

卯월 甲木의 사주에 양인이 중첩(重疊)되면 반드시 흉(凶)하고 성정(性情)이 흉폭(凶暴)하다. 양인은 칼을 품고 있는 것과 같다. 남을 배려하지 않고 자기중심적으로 언행을 일삼으니 사람들로부터 멀어지게 된다.

서(書)에 말하기를 "木이 왕(旺)할 때 火의 광휘(光輝)가 적당하면 과거에 응시할 수 있고, 木이 봄에 생(生)하면 장수(長壽)하고 세상을 살아가기가 편하다."고 했다. 또 "양인격일 때 일주(日主)가 의지할 곳이 없으면 운(運)이 재(財)로 향하는 것이 좋다."라고 하였다.

보통 비겁이 강하면 식상으로 설기하는 것이 좋다. 양인격에 재(財)를 쓰는 것은 극히 제한적으로 마지못해 쓰는 것이다.

『난강망』에서는 십신 중심으로 팔자를 분석하지 않는다. 각 계절별로 해당 일간에게 필요한 오행이나 천간을 가지고 설명한다. 같은 십신이라도 천간의 글자에 따라 다른 성향을 나타내니 계절별로 그때마다 필요한 글자 중심으로 팔자를 분석하고 있는 것이다.

반면 『자평진전』은 철저하게 십신 중심으로 사흉신과 사길신을 구분한 후 성격되는지 파격되는지를 가려 팔자를 풀이하고 있다. 그러나 성격이나 파격된 사주가 십신에 따라 성향이 다르고, 또 각 글자의 강약에 따라 다르니 한계가 드러나지만 팔자의 틀을 보는 체(體)의 영역에서는 참고할 만하다.

時	日	月	年
乙	甲	己	乙
亥	申	卯	亥

- 卯월의 甲木은 양인격(陽刃格)이다.
- 亥卯반합에 천간에 두 개의 乙木으로 양인의 힘이 강하다.
- 일지의 지장간(支藏干)에 庚金이 있다.
- 土金운에 좋을 것이다.
- 도독(都督)을 지냈다.
- 소요남(蕭耀南)의 팔자이다.

時	日	月	年
庚	甲	丁	甲
午	寅	卯	子

- 卯월의 甲木이 양인으로 강하다.
- 시간에 庚金 칠살이 있다.
- 강한 木의 기운이 상관으로 흐르고 있다.
- 일간과 丁火가 힘이 있어 일찍 과거에 급제하였다.
- 辛未대운에 관찰사(=도지사)에 올랐다.

심춘三春 갑목甲木

時	日	月	年
丁	甲	丁	甲
卯	寅	卯	午

- 卯월 甲木은 양인격이다.

- 庚金이 없고 火가 강하니 귀(貴)하지 못하고 부(富)하다.

- 목화통명(木火通明)으로 청아하고 어질고 자식이 많았다고 한다.

- 일간이 강하고 운(運)이 火로 가니 더욱 좋았다.

- 『궁통보감(窮通寶鑑)』에 나오는 사주이다.

時	日	月	年
丁	甲	丁	甲
卯	午	卯	午

- 卯월의 甲木으로 상관이 강하다.

- 양인의 강한 힘이 상관으로 흐른다.

- 己巳대운에 과거에 급제하였다.

- 庚午대운에는 강등을 당하였다.

- 壬申대운에 큰 화(禍)가 있었다.

辰월 甲木

	時	日	月	年
	○	甲	○	○
	○	○	辰	○

辰월은 봄에서 여름으로 가는 때이니 양(陽)의 기운은 점점 강해진다. 甲木의 힘은 12운성 쇠(衰)로 아직은 힘이 있다. 봄·여름에는 음양(陰陽)의 균형을 위해 金水로 조화를 이루면 좋다. 먼저 庚金을 쓰고 다음으로 壬水를 쓴다. 庚金과 壬水가 투출(透出)하면 과거에 합격한다. 다만, 辰土가 전환기이니 이때는 운(運)이 도와주고 풍수(風水)의 음덕(陰德)이 있어야 부귀(富貴)하다.

辰월은 庚金이 12운성 양(養)이니 강한 때가 아니다. 이때 甲木이 한두 개의 庚金을 만나면 오직 壬水를 취해야 한다. 壬水는 庚金과 甲木을 통관시켜 주는 역할을 한다. 壬水가 투출(透出)하면 재주와 학식이 풍부하고 부(富)하다.

辰월 甲木의 천간에 두 개의 丙火가 투출하고 庚金이 암장(暗藏)되면 이때는 식신을 써서 학문을 했다고 해도 쓸모가 없고 부귀(富貴)하기도 어렵다. 만일 壬癸水가 있다면 강한 火의 기운을 통제하니 수재(秀才)가 될 수 있다.

辰월 甲木의 사주에 戊己土가 천간에 투(透)하고 지지에 토국(土局)을 이루고 水가 하나도 없다면 기명종재(棄命從財)가 된다. 이때는 타인(他人)으로 인하여 부귀(富貴)하게 되고 처자(妻子)가 유능하다. 土를

심춘三春 갑목甲木

재(財)로 쓸 때는 辰戌丑未가 모두 다르니 잘 살펴야 한다. 지지의 土에 따라 종재(從財)도 격(格)의 고저에 차이가 있다.

辰월 甲木이 戊己土를 만나고 비겁인 木이 많은 경우에는 잡기탈재 (雜氣奪財)가 된다. 이러한 사람은 재(財)가 많아도 나누어야 하니 늙도록 애써 일해도 빈한(貧寒)하며 가권(家權)을 쥐지 못한다. 그러나 여명(女命)이 이렇게 비겁이 많으면 자기주장이 강해 남자의 권한(權限)을 장악하고 음란(淫亂)하고 사악(邪惡)할 수 있다.

辰월 甲木 사주의 지지에 금국(金局)이 있으면 丁火로 제(制)하면 좋다. 丙火로는 강한 金을 제(制)할 수 없다. 이 경우를 제외하고 辰월의 甲木이 丁火를 쓰는 법은 없다. 辰월에는 丙火가 활동하는 시기이기 때문이다. 辰월 甲木은 庚金을 먼저 쓰고 난 후에 壬水를 쓰면 좋다.

<坤命>

時	日	月	年
丙	甲	庚	乙
寅	申	辰	丑

- 辰월 甲木에는 壬水와 庚金이 있으면 좋다.
- 庚金은 투(透)하고 壬水는 암장(暗藏)되었다.
- 그러나 乙庚합과 寅申충으로 모두 손상되었다.
- 남방운에 좋았다가 북방운에 패가망신하였다.
- 『궁통보감(窮通寶鑑)』에 나오는 팔자이다.

時	日	月	年
戊	甲	庚	乙
辰	午	辰	酉

- 辰월에 戊土와 庚金이 투출하였고, 癸水는 암장(暗藏)되었다.
- 『자평진전』이나 『난강망』 등은 체(體)의 영역을 주로 다룬다.
- 용(用)의 영역인 형충파해(刑沖破害)나 각종 신살(神殺) 등은 거의 등장하지 않는다.
- 장원(狀元)을 지낸 사람의 사주이다.

時	日	月	年
庚	甲	壬	丙
午	辰	辰	寅

- 辰월 甲木에 壬庚이 모두 투(透)하였다.
- 원국에서 庚金의 뿌리가 없다.
- 丙申, 丁酉대운에 승진하여 상서(尙書) 벼슬에 올랐다.
- 庚金 칠살이 뿌리를 얻는 운(運)이었다.

時	日	月	年
丁	甲	壬	丙
卯	辰	辰	寅

- 辰월 甲木이 壬水만 있고 庚金이 없다.
- 강한 木기운을 火가 설하여 목화통명(木火通明)이 되었다.

131

- 丁火가 없었다면 평범했을 것이다.
- 상서(尙書)에 올랐던 팔자이다.

時	日	月	年
戊	甲	甲	壬
辰	寅	辰	午

- 木이 강한 사주인데 제(制)할 庚金이 없다.
- 그리고 설기(洩氣)시킬 火도 투(透)하지 못하였다.
- 년지의 午火는 壬水에 제압당하여 힘이 없다.
- 천간이 지지를 통제한다.
- 자식이 없는 승도(僧徒)의 팔자이다.

삼하(三夏) 甲木

巳월 甲木

時	日	月	年
◯	甲	◯	◯
◯	◯	巳	◯

巳월 甲木은 12운성 병(病)이 되니 성장을 멈춘다. 木은 성장을 멈추고 巳 中 庚金에 의해 단단해지기 시작한다. 庚金은 丁火로 다듬어야 한다. 그리고 丁火는 甲木이 있어야 한다.

巳월 甲木은 丙火의 시절이니 먼저 癸水를 쓰고, 庚金을 제련하기 위해 丁火를 쓴다. 만일 庚金이 태다(太多)하면 丁火가 다스릴 수 없으니 甲木은 도리어 庚金으로 인하여 병(病)을 얻는다. 이때 만일 壬水가 있다면 통관이 되니 중화(中和)를 얻어 청고(淸高)하고 세상에 이름을 날린다. 여름의 강한 양(陽)의 기운을 억제할 때는 癸水보다 壬水가 더 효과적이다. 壬水가 癸水보다 음(陰)의 기운이 더 강하기 때문이다.

巳월의 甲木은 庚金이 태다(太多)하면 칠살이 강하니 이런 사람은 종일토록 화란(禍亂)을 일으키거나 교묘(巧妙)한 말이나 시문(詩文)을 좋아한다.

巳월의 甲木에게 하나의 庚金과 두 개의 丙火가 있으면 약간은 부귀(富貴)하다. 그러나 甲木이 약하니 큰 부귀(富貴)를 기대하긴 힘들다.

巳월 甲木에게 金도 많고 火도 많으면 하격(下格)이 된다. 신약한 甲木 입장에서는 극설(剋洩)을 심하게 당하게 되어 더욱 약해진다.

巳월 甲木에게 癸水와 丁火 그리고 庚金이 천간에 투출(透出)하면 과거에 급제(及第)할 수 있다. 비록 풍수(風水)가 부족하더라도 그러한 재주를 갖는다. 이때 丁火는 庚金을 다듬는 데 사용된다. 만일 癸水는 투출하지 않고 庚金과 丁火만 있더라도 부중취귀(富中取貴)하고 이도(異途)로 관직(官職)을 얻는다.

巳월 甲木의 사주에 壬水가 투출(透出)하면 부(富)는 얻을 수 있다. 만일 한 점의 水도 없고, 또 庚金과 丁火도 없이 한 무리의 丙火와 戊土만 있다면 쓸모없는 사람이 된다.

음양(陰陽)의 조화(調和)는 종격(從格)이 되지 않는 한 팔자를 볼 때 가장 우선해야 할 것이다.

時	日	月	年
乙	甲	乙	丁
亥	寅	巳	卯

● 巳월 甲木은 癸水와 丁火를 사용하면 좋다.

● 丁火는 투(透)하고 癸水 대신 壬水가 지장간(支藏干)에 있다.

● 亥 중 壬水가 약한 맛이 있어 북방운이 길하다.

● 지방관리인 명부(明府), 즉 현령(縣令)을 지냈다.

時	日	月	年
丙	甲	癸	丙
寅	子	巳	午

● 巳월 甲木은 癸水와 丁火가 투하면 좋다.

● 癸水는 투출하고 丁火 대신 丙火가 투출하였다.

● 丁火는 午 중에 암장(暗藏)되어 있다.

● 『자평진전』식 격국은 巳 중 丙火가 투(透)하여 식신격이다.

● 식신은 하고 싶은 일을 찾아 즐겁게 일하는 것이다.

● 참정(參政)의 벼슬을 하였다.

時	日	月	年
己	甲	丁	戊
巳	寅	巳	戌

● 巳월의 甲木으로 여름철의 나무이다.

- 목화상관희견수(木火傷官喜見水)이니 水가 필요하다.
- 火土가 강하여 운(運)에서 水가 와도 증발되어 부유하지 못했다.
- 『자평진전평주』에 나오는 사주이다.

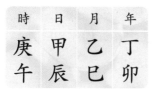

時	日	月	年
庚	甲	乙	丁
午	辰	巳	卯

- 巳월 甲木에 庚金과 丁火가 투(透)하였다.
- 辰 중 癸水가 있어 격(格)이 더 높아졌다.
- 조후(調候)를 담당하는 글자는 장간에만 있어도 효력을 발휘한다.
- 辛丑대운에 진사(進士)에 올랐다.

時	日	月	年
甲	甲	癸	丙
子	戌	巳	午

- 巳월 甲木은 癸丁이 투(透)하면 좋다.
- 癸水는 투(透)하고 丁火 대신 丙火가 투(透)하였다.
- 丁火는 午 중에 암장(暗藏)되어 있다.
- 巳戌원진 巳戌귀문이다.
- 명리의 체(體)를 다루는 고전들은 신살이나 형충(刑沖) 등은 거의 다루지 않는다.
- 12운성이나 신살 그리고 형충 등은 용(用)의 영역이기 때문이다.
- 먼저 건물을 짓고, 그 건물의 용도를 생각해야 한다.

●복권〔體〕을 사지도 않고 당첨〔用〕된 것처럼 말하는 사람들이 있다.

●戊戌, 己亥대운에 부귀겸전(富貴兼全)하여 장관이 되었다.

午未월 甲木

時	日	月	年
◯	甲	◯	◯
◯	◯	午	◯

時	日	月	年
◯	甲	◯	◯
◯	◯	未	◯

午월과 未월의 甲木은 허(虛)하고 메마르니 午월과 未월의 甲木은 비슷하게 추리한다. 12운성의 쇠병사묘(衰病死墓)는 육체적인 힘이 떨어지니 정신적 활동으로 써야 하는데, 나이가 들면 운동선수를 그만두고 코치나 감독으로 가야 하는 것과 같다.

午未월 甲木은 양(陽)이 강한 때이니 癸水를 먼저 쓰고 丁火와 庚金은 그 다음으로 쓴다. 午에는 丁火가 있으므로 午월의 甲木은 癸庚이 둘 다 투출하면 최상의 격이 된다. 庚金은 甲木을 다듬기 위해 쓰는 것이고, 또 庚金을 쓰려면 항상 丁火가 필요하다. 庚金은 丁火로 단련되지 않으면 무용(無用)하기 때문이다. 未월에는 庚金과 함께 丁火가 투출해도 최상의 격이 된다.

午월 甲木에게 癸水가 부족한 경우에는 운(運)이라도 반드시 북방(北方)으로 흘러야 한다. 조후, 즉 음양(陰陽)의 균형은 최우선으로 고려할 사항이다. 음양 다음에 오행과 사계절 그리고 천간과 지지 그 후

137

에 등장하는 것이 십신이다. 십신 중심의 사주풀이 이전에 공부해야
할 기본과정들의 학습은 탄탄히 해두어야 한다.

　결론적으로 午未월 甲木이 丁火를 쓰는 경우에는 운(運)이 북방(北
方)으로 가야 죽음을 면한다. 만일 운(運)까지 남방으로 가면 목화성회
(木火成灰)가 되어 甲木은 불에 타서 죽는다. 운(運)이 서방(西方)으로
가는 것도 불리한데 신약한 상태에서 상관(傷官)이 살(殺)을 만나면 더
욱 신약해지니 예측할 수 없는 재앙(災殃)이 있기 때문이다.

　午未월의 甲木은 木이 성(盛)할 때에는 庚金을 먼저 쓰고, 庚金이
성(盛)할 때에는 丁火를 쓴다. 午월 甲木의 경우에 癸水와 庚金이 둘 다
투출(透出)하면 최상격(最上格)을 이룬다.

　午월 甲木에 丁火투출하여 목화통명(木火通明)이 되면 대부대귀(大
富大貴)하지만, 만일 丁火가 태과(太過)하고 癸水도 많으면 도리어 평
범한 사람이 된다.

　午未월 甲木의 사주에 金이 많으면 살중신경(殺重身輕)이 되어 초
반에는 튼튼하나 후반에 성장을 하지 못하여 선부후빈(先富後貧)하게
된다. 이때 운(運)까지 돕지 않으면 가난하거나 요절(夭折)한다. 만일
庚金이 많다 하더라도 한두 개의 丙丁火가 제(制)하고 있거나 壬癸水
가 천간에 투출하여 금기(金氣)를 누설(漏泄)하면 선빈후부(先貧後富)
하게 된다.

　午未월 甲木의 사주에 丙火가 가득한데 다시 丁火가 있어 상관의
기운이 강하면 상관상진(傷官傷盡)이 되어 재주와 학식이 뛰어나다.
이런 사람은 과거에 급제할 가능성이 있다. 다만, 이때는 세운(歲運)에
서 水를 만나면 용신인 火가 극을 받으니 좋지 않다. 상관상진(傷官傷

盡)이 되려면 **庚辛金**의 관살(官殺)이 없어야 한다.

午未월 甲木의 사주에 **壬水**가 있고 운(運)에서 다시 水를 만나면 가난하거나 요사(夭死)한다. 한여름에 水가 강하다는 것은 냉해(冷害)를 입는 것과 같다. 어떤 상황이든 종격(從格)을 제외하고 특정 오행이 지나치게 많으면 문제가 된다.

대체로 목화상관(木火傷官)이 되면 총명하고 지혜는 있지만 이런 사람은 겉과 속이 다르고 생각과 의심이 많다. 비록 남을 해치지는 않으나 늘 시기와 질투심이 있다. 여명(女命)도 마찬가지이다.

午未월 甲木의 사주에 재성인 土가 많다 하더라도 천간에 겁재인 **乙木**이 있으면 절대로 기명종재(棄命從財)가 되지 않는다. 팔자에 인비(印比)가 있으면 종격(從格)은 힘들다. 양간일 경우는 더욱 그렇다.

시(時)와 월(月)에 **己土**가 함께 투출(透出)하면 두 개의 **己土**가 쟁합(爭合)이 되어 남자는 분주하고 여자는 음탕하다. 이때 두 개의 **甲木**을 만나면 쟁합(爭合)은 되지 않지만 평범하다.

혹 午未월 甲木의 사주에 辰土가 있고 천간에 두 개의 **己土**와 두 개의 **甲木**이 있으면 화격(化格)이 되어 명리쌍전(名利雙全)하고 대부대귀(大富大貴)하다. 『난강망』은 화격(化格)의 조건으로 지지에 **辰土**가 있을 것을 요구한다. 종격(從格)이나 화격(化格)이 순수하게 이루어지면 귀격(貴格)이 된다.

만일 두 개의 **己土**와 한 개의 **甲木**이 쟁합(爭合)이 되면 이때는 지지에 비겁이 있어야 한다. 지지에 비겁이 있으면 뿌리가 튼튼하니 소신을 가지고 어느 한쪽으로 휩쓸리지 않는다.

午未월 甲木의 사주에서 **甲木**이 용신일 경우는 **水**를 처로 삼고 木

삼하三夏 갑목甲木

을 자식으로 삼는다.

그 밖에 庚金을 용신으로 쓰는 경우에는 土를 처로 삼고 金을 용신으로 삼으며, 丁火를 용신으로 쓰는 경우에는 木을 처로 삼고 火를 자식으로 삼는다.

『난강망』에서는 용신의 인성을 처로 삼고, 용신의 비겁을 자식으로 삼고 있다는 것은 앞에서 말했다.

한편 여명(女命)에서는 재성을 부성(夫星)으로 삼고 용신(用神)을 자식으로 삼는다. 이는 십간(十干)이 모두 동일하다.

午未월 甲木의 사주가 재성이 많은데 종격(從格)이 되지 못하고 가종재격이 되면 재다신약(財多身弱)이 된다. 이러한 사람은 평생 허리를 펴지 못하고 고생하며 처자(妻子)를 두려워한다. 이때 인수(印綬)인 水조차 없으면 신약에 조후도 맞지 않아 평생 가난하다. 未월의 후반에는 한기(寒氣)가 있으니 인수(印綬)가 없어도 되지만 午월에는 水가 없어서는 안 된다.

『난강망』은 말하지 않아도 되는 당연한 것들은 생략하는 경우가 많으니 책 그대로 받아들이면 이해가 되지 않는 경우가 많다.

時	日	月	年
丁	甲	壬	庚
卯	辰	午	辰

- 여름에 태어난 甲木은 水가 필요하다.
- 천간에 壬水가 있어 조후(調候)를 갖추었다.
- 壬水가 마르지 않도록 庚金이 도와주고 있다.
- 목화상관희견수(木火傷官喜見水)이다.
- 청나라 때 관찰사(觀察使)를 지냈다고 한다.

時	日	月	年
壬	甲	丙	壬
申	午	午	申

- 午월의 甲木에 두 개의 壬水가 투(透)하였다.
- 목화상관희견수(木火傷官喜見水)로 壬水가 돋보인다.
- 『자평진전』식 격국은 午월에 丙火가 투(透)하여 식신격이다.
- 나평장(羅平章)의 사주이다.

時	日	月	年
丁	甲	庚	己
卯	寅	午	卯

- 甲木 일간(日干)이 여름철에 태어나 목화상관(木火傷官)이다.
- 목화상관희견수(木火傷官喜見水)인데 水가 없다.
- 甲木이 庚金과 丁火를 보았다고 해도 조후가 우선이다.

삼하三夏 갑목甲木

- 그리고 甲庚丁의 힘의 균형도 이루어져야 한다.
- 필요한 水를 운(運)에서 기다려야 한다.

時	日	月	年
甲	甲	丙	丁
子	寅	午	巳

- 丁火가 투하였고 지장간에서 庚金을 보았다.
- 午월에 丙火와 丁火가 투(透)하여 상관의 기운이 강하다.
- 寅午반합도 있다.
- 장간(藏干)에 癸水가 있어 좋다.
- 목화상관희견수(木火傷官喜見水)이다.
- 癸卯운에 水가 강해져서 대발하여 시랑(侍郞)의 벼슬을 하였다.

時	日	月	年
辛	甲	辛	甲
未	子	未	辰

- 癸水와 丁火가 지장간(支藏干)에 있다.
- 일간의 좌우에 정관이 위치하고 있다.
- 팔자에 정관이 똑바르면 법과 질서, 도덕, 예의를 잘 지킨다.
- 한평생 부귀(富貴)를 누렸다.

時	日	月	年
戊	甲	癸	乙
辰	子	未	巳

- 子辰반합 등으로 水가 너무 강하다.
- 未 중 丁火가 힘들다.
- 부귀(富貴)했지만 자식이 없었다.
- 자식성인 金은 巳 중 庚金밖에 없다.
- 巳 중 庚金이 나오면 년간의 乙木과 합거될 것이다.

時	日	月	年
丙	甲	辛	甲
寅	戌	未	申

- 장간의 庚金과 丁火를 쓴다.
- 甲木은 년간에 투(透)하였다.
- 팔자의 흐름을 볼 때는 근묘화실(根苗花實)을 적용한다.
- 천간은 甲辛甲丙으로 변해 간다.
- 지지는 申未戌寅으로 변한다.
- 근묘화실(根苗花實) 순서로 해당 시기의 현실과 추구하는 것을 설명 할 수 있다.
- 상서 벼슬을 하였다.

삼하三夏 갑목甲木

<坤命>

時	日	月	年
戊	甲	乙	辛
辰	戌	未	巳

●辰戌충과 戌未형이 있다.

●천간이나 지지의 土는 변화를 의미한다.

●辰戌丑未의 형충은 더 많은 변화를 암시한다.

●자세한 사항은 개고로 인한 합거(合去)나 합화(合化)로 설명할 수 있다.

●세 번 결혼하였다.

●자식이 없었다.

삼추(三秋) 甲木

時	日	月	年
○	甲	○	○
○	○	金	○

가을은 金이 주관하는 시기이니 甲木은 金을 따라 하강한다. 가을철 甲木은 庚金으로 다듬어야 하는데 庚金을 쓰려면 먼저 丁火로 기물을 만들어야 한다. 丁火가 아니면 庚金을 다스리지 못하고, 庚金이 아니면 甲木을 다듬지 못하니 삼추(三秋) 甲木의 사주에 丁火와 庚金이 둘 다 투(透)하면 과거에 급제한다.

『난강망』의 저자는 甲庚丁의 조합을 상당히 좋게 보고 있다. 甲木뿐 아니라 丁火나 庚金을 설명할 때도 그렇다. 그러나 甲庚丁이 벽갑인정(劈甲引丁)으로 구성되어 좋은 팔자가 되려면 각 글자가 적당한 힘을 가지고 적절한 자리에 배치되어야 한다는 전제조건이 있다. 글자의 위치나 강약과 같은 너무나 당연한 것은 일일이 설명하지 않고 있으니 참작해야 한다.

庚金의 록(祿)은 申에 있고, 申의 지장간에는 甲木의 인수와 칠살이 있어서 살인상생(殺印相生)이 된다. 칠살이 인수를 생(生)하고 인수가 일간을 생하게 되니 칠살의 흉의가 줄어든다. 이때 운(運)까지 金水로 가면 명군(名君)을 모시게 되는 좋은 명(命)이 된다.

삼추(三秋) 甲木에 庚金이 투출하고 丁火가 없으면 부(富)를 이루기가 힘들다. 庚金은 丁火가 없으면 무딘 도끼에 불과하기 때문이다. 만일 丁火가 투(透)하고 庚金이 암장(暗藏)되면 낮은 직책에 근무하거나 소부(小富)에 불과할 뿐이다. 만일 庚金은 많은데 丁火가 없으면 잔질(殘疾)이 있다. 이때 만일 모든 세속과 인연을 단절하고 산 속으로 들어가면 재액(災厄)은 면할 수 있다.

삼추(三秋) 甲木에 庚金이 왕(旺)하고 지지에 水가 많으면 水가 인성으로 작용하니 기명종살(棄命從殺)이 되지 못한다. 그러나 삼추(三秋) 甲木이 많은 土를 만나면 종재(從財)가 될 수 있다. 土를 쓸 때는 항상 辰戌丑未를 잘 구별해야 함은 물론이다.

삼추(三秋) 甲木에 庚金이 많으면 丁火를 써서 金을 제압해야 하고, 壬水와 戊己土도 역시 많으면 丁火를 써서 많은 土를 배양(培養)하면 대부(大富)하게 된다. 이때 丁火가 암장(暗藏)되면 庚金을 제련하지 못하니 부(富)가 적고 현달하지는 못하지만 丁火가 드러나면 반드시 부자(富者)가 된다.

삼추(三秋) 甲木에 두 개의 丁火가 약하지 않게 있으면 강한 金을 단련시킬 수 있으니 부귀(富貴)하다. 만일 환경이 좋지 않아도 부중취귀(富中取貴)할 수 있으니 재물을 모은 후 관직을 사게 된다. 이때 癸水가 중첩(重疊)되어 癸水를 극(剋)하면 비록 학문이 뛰어나더라도 성공하기 어렵다. 그러나 만일 운(運)이 火土로 가서 癸水를 파괴하면 일시적으로나마 약간의 공명(功名)은 이룰 수 있다. 그러나 세운(歲運)에서 협조하지 않으면 도필(刀筆)의 무리가 된다.

삼추(三秋) 甲木의 지지에 수국(水局)이 있을 때는 戊己土가 천간에 투출하여 강한 水를 제(制)해야 한다. 그리고 丁火가 庚金을 제련하면 과거에 급제한다. 그러나 이렇게 목화상관(木火傷官)을 쓰는 명(命)은 간사하여 남을 속이거나 송사(訟事)를 좋아한다. 또 탐욕(貪慾)이 강하고 시비(是非)를 즐겨 이로 인한 재앙(災殃)을 불러올 수 있다.

申월 甲木

時	日	月	年
○	甲	○	○
○	○	申	○

申월 甲木은 庚金의 시기이니 丁火를 존귀(尊貴)하게 여긴다. 이때 庚金이 적어서는 안 된다. 丁火가 水에게 극(剋)을 당하면 金을 다듬을 수 없으므로 甲木이 있어서 水와 火를 통관시키면서 丁火를 생(生)해 주어야 한다.

癸水는 丁火를 소멸시키고, 壬水는 丁火와 합(合)을 하니 丁火가 필요할 때 水가 있을 경우에는 戊土를 써서 水를 제압하고 火를 보존해야 한다.

時	日	月	年
丁	甲	丙	丙
卯	寅	申	午

● 천간에 식상의 기운이 강하다.

● 申월 甲木에 丁火가 투(透)하고 庚金은 암장(暗藏)되었다.

● 戊戌대운 火와 金을 土가 통관시켜 과거에 합격하였다.

● 庚子대운에 암장된 庚金이 투(透)하여 시랑(侍郞)이 되었다.

時	日	月	年
丁	甲	壬	己
卯	戌	申	亥

● 丁火가 투(透)하고 庚金은 암장(暗藏)되었다.

● 甲庚丁의 기운이 모두 약하다.

● 무재(茂才), 즉 수재(秀才)에 불과했다.

● 申 중의 壬水가 투(透)하여 편인격이다.

● 壬水는 己土로 탁해졌다.

時	日	月	年
丙	甲	庚	戊
寅	寅	申	午

● 甲木과 庚金은 힘이 있다.

● 丁火 대신 丙火가 투(透)하였다.

● 丙火는 丁火보다 庚金을 제련하기 힘들다.

● 월주에 관(官)이 강하지만 월지 申이 충 등으로 손상당하였다.

● 지방 현령(縣令)을 지냈다.

時	日	月	年
甲	甲	庚	戊
子	子	申	辰

● 申월에 庚金이 투(透)하여 칠살격이다.

● 년간의 재성이 칠살을 도우니 파격이다.

● 지지 申子辰으로 재(財)와 칠살이 인수로 변했다.

● 申子辰으로 인하여 격(格)이 좋아졌다.

● 癸亥대운에 과거에 급제했다.

酉월 甲木

時	日	月	年
○	甲	○	○
○	○	酉	○

酉월에는 木은 휴식하고 金이 활동한다. 金이 왕성할 때는 丁火가

149

절대적으로 필요하다. 丁火를 우선으로 삼고, 다음으로 丙火와 庚金을 쓴다. 酉월이 金의 시절임에도 불구하고 또 庚金을 쓰는 이유는 甲木을 다듬기 위함이다.

酉월 甲木에 하나의 丁火와 하나의 庚金이 있으면 과거에 합격하고 이름을 세상에 날린다. 그러나 癸水가 하나라도 투출(透出)하면 丁火가 손상을 당하니 좋지 않다. 丁火를 쓸 때 癸水는 병(病)이 된다.

酉월 甲木에 丁火 대신 丙火가 투(透)하고 또 庚金이 투하면 부(富)는 크지만 귀(貴)는 작다. 그리고 丙丁火가 전혀 없으면 승도(僧徒)의 명(命)이다. 가을철 甲木에게 丙丁火가 없다면 결실이 없다. 丙丁火는 가을철 金의 하강 속도를 줄여준다. 물론 봄철에는 金水가 木의 상승 속도를 조절해 준다. 크게 보면 음양(陰陽)의 조절을 통해 자연은 순환 운동을 하고 있는 것이다.

酉월 甲木에 丙火가 투출하고 癸水가 없으면 부귀(富貴)가 온전하지만 丁火가 투출했을 때보다 부귀의 크기가 작다. 이때 만일 癸水가 丙火를 제압하면 평상인이다. 甲庚丁이 甲庚丙보다 더 좋다는 뜻이다.

酉월 甲木의 지지에 화국(火局)이 있으면 일시적인 귀(貴)를 누릴 수 있고, 화국(火局)이 있을 때 戊己土 중 하나가 투출(透出)하면 식상생재(食傷生財)로 부옹(富翁)이 될 수 있다.

酉월 甲木의 지지에 금국(金局)이 있고 천간에 庚金이 드러나면 목피금상(木被金傷)이 되어 잔질(殘疾)이 있으며, 丙丁火가 金을 파괴한다고 해도 노년에 암질(暗疾)이 있다.

酉월 甲木의 지지에 목국(木局)이 있고 천간에 비겁이 투출(透出)하면 木이 무척 강해지니 庚金을 우선으로 취하고, 다음으로 丁火를 쓴다.

時	日	月	年
戊	甲	乙	庚
辰	子	酉	寅

- 酉월 甲木의 사주에 수국(水局)이 있고 戊土가 제압하고 있다.
- 천간에 庚金 칠살은 乙庚합으로 약해졌다.
- 강한 金이 乙庚합되고, 강한 水는 戊土로 제압되었다.
- 이참정(李參政)의 사주이다.

時	日	月	年
丙	甲	辛	癸
寅	申	酉	未

- 丙火가 투하고, 丁火는 지장간에 있다.
- 관(官)의 기운이 강하다.
- 관성유리회(官星有理會)가 되었다.
- 안휘성의 주석인 유진화(兪鎭華)의 사주이다.

時	日	月	年
,丁	甲	乙	乙
卯	子	酉	未

- 가을철 甲木은 丁火가 우선이다.
- 丁火가 투(透)하고 庚金이 지장간(支藏干)에 있다.
- 태수(太守) 벼슬을 하였다.

삼추三秋 갑목甲木

時	日	月	年
丁	甲	乙	庚
卯	子	酉	寅

- 丁火와 庚金이 천간에 투(透)하였다.
- 庚金은 乙庚합이 되어 약해졌다.
- 酉월에 태어난 甲木으로 정관격이다.
- 참정(參政)의 벼슬을 하였다.

時	日	月	年
乙	甲	乙	庚
亥	子	酉	午

- 酉월의 甲木은 丁火가 우선이다.
- 丁火는 지장간에 있다.
- 庚金은 천간에 투하였는데 乙庚합이 되었다.
- 酉월에 태어난 甲木으로 정관격이다.
- 고태위(高太尉)의 사주이다.

時	日	月	年
甲	甲	乙	乙
子	子	酉	巳

- 丁火 대신 丙火가 암장(暗藏)되었다.
- 甲木을 다듬을 庚金은 巳酉에 있다.
- 지지에 있는 관인(官印)이 강하다.

- 巳酉 속의 庚金은 년월간의 乙木과 합해도 관(官)으로 작용한다.
- 乙庚합이 되면 金으로 화(化)하기 때문이다.
- 주나라 문단공(文端公)의 팔자이다.

戌월 甲木

戌월 甲木은 12운성 양(養)이 된다. 바닥을 치고 이제 뱃속에서 길러지고 있는 때이다. 丁火를 좋아하고 壬癸水의 자부(滋扶)가 필요하다. 또 戌월은 건조한 때이므로 水로 적셔주어야 한다. 그래서 丁火와 壬癸水가 투출하고 戊己土도 함께 투출(透出)하면 과거에 급제할 가능성이 있다. 이때 庚金이 득소(得所)하여 甲木을 다듬으면 틀림없이 과거에 급제한다.

戌월 甲木에 만일 한두 개의 甲木이 더 있을 때 庚金의 제(制)가 없으면 평범하다. 이때 대운에서조차 庚金이 오지 않는다면 송곳 하나 세울 땅이 없을 정도로 가난하다.

가령 명(命)이 甲辰년 甲戌월 甲辰일 甲戌시이면 군왕(君王)을 모시고 부귀 장수한다. 이러한 사주를 천원일기(天元一氣) 또는 일재일용(一才一用)이라고 한다. 팔자가 비견(比肩)을 만나 오로지 土만을 재

(財)로 취한 것이다.

時	日	月	年
甲	甲	甲	甲
戌	辰	戌	辰

●군왕처럼 부귀(富貴)와 수복(壽福)을 누린다.

●천원일기(天元一氣) 또는 일재일용(一才一用)이라고 한다.

●여기서 재(才)는 재(財)를 말한다.

戌월 甲木의 사주가 庚金과 丙火를 보면 자수성가(自手成家)하고 입반(入泮)하게 된다. 어느 천간이든지 추동(秋冬)에는 丙火가 유용하다. 火를 쓰는 경우에는 木이 처가 되고 火가 자식이 되니, 자식은 어질고 처는 현숙하다.

戌월 甲木의 사주에 木이 많으면 丙丁火를 용(用)하지만 庚金도 함께 있어야 좋다. 무릇 사계(四季)의 甲木은 모두 庚金을 소홀히 할 수 없다. 봄·여름의 甲木은 庚金이 있어야 튼튼해지며, 가을 겨울의 甲木은 庚金으로 다듬어져야 유용한 기물이 될 수 있다. 그래서 비록 丙丁火를 쓰더라도 癸水와 庚金이 결코 적어서는 안 된다.

戌월 甲木은 土가 강하니 木을 용신으로 하여 水가 처이고, 木이 자식이 된다.

戌월 甲木에게 戊己土가 많으면 기명종재(棄命從財)가 된다. 그러나 辰월과 未월의 甲木은 뿌리가 있어 좀처럼 종재(從財)가 되지 않는다. 土에 종(從)할 때는 金이 처, 水가 자식이 된다. 종재격(從財格)에서는 재(財)가 생하는 것을 처, 재(財)가 극하는 것을 자식으로 본다.

戌월 甲木의 사주에 많은 丙丁火가 있어 金이 손상을 당하면 거짓된 선비에 불과하고, 이때 壬癸水가 丙丁火를 파괴하면 기술이나 예능에 종사하게 된다. 壬癸水가 火를 제(制)하지 못하고 지지에 다시 화국(火局)을 이루면 甲木은 마른 나무가 되니 이때는 庚金이 있더라도 고빈(孤貧)하고 하천(下賤)하게 된다. 이는 남녀(男女)가 모두 같다.

戌월 甲木이 화국(火局)을 만나 가상관(假傷官)을 이루면 水가 상관인 火를 제(制)해야 한다. 이것을 갑을추생귀원무(甲乙秋生貴元武)라고 했다. 즉, 가을의 甲乙木 일간은 원무(元武)가 있어야 귀하다는 의미이다. 원무(元武)는 壬癸水를 말한다. 이때는 상관을 제압하는 인수(印綬)가 용신이 되니 金을 처로 삼고 水를 자식으로 삼는다.

戌월 甲木의 사주에 丁火와 戊土가 많을 때 만일 水가 없으면 상관생재격(傷官生財格)이 되므로 부귀(富貴)하다고 말할 수 있지만 조후가 깨져 한계가 있다. 이때 운(運)에서 水가 와서 丁火를 끄면 안 된다. 이때는 재성인 土를 용신으로 삼아 火를 처로 삼고 土를 자식으로 삼는다.

대체로 甲木이 많을 때는 庚金이 투출(透出)하면 대귀(大貴)하고 庚金이 암장(暗藏)되면 소귀(小貴)하다. 만일 사주 중에 庚金이 많을 때 丁火를 얻으면 부귀(富貴)하다. 甲木은 庚金으로 다듬어지고, 庚金은 丁火가 있어야 기물이 되기 때문이다.

가령 庚申년 丙戌월 甲申일 壬申시의 사주라면 대체로 이름을 날리고 문학적 재능이 있다. 만일 년월(年月)에 庚金과 丙火가 없거나 또는 火가 천간에 투출하지 않으면 비록 학문은 좋아해도 이름을 날리기는 힘들다.

155

時	日	月	年
壬	甲	丙	庚
申	申	戌	申

- 戌 중 丁火가 있고 丙火가 투(透)하였다.

- 문학적 재능이 있고, 공명(功名) 현달(顯達)하였다.

- 년월에 庚丙이 없다면 학문은 좋아해도 명성(名聲)은 얻지 못한다.

戌월 甲木이 丁火와 癸水를 쓸 때 戊土가 투출하면 귀하게 된다. 가령 戊戌년 壬戌월 甲子일 壬申시의 사주는 지지가 수국(水局)을 이루고 천간에 壬水가 있으니 갑을추생귀원무(甲乙秋生貴元武)가 된다. 이렇게 되면 배합(配合)이 중화(中和)를 이루니 과거에 합격하고 가계(家計)가 풍족하다. 다만, 庚金과 丁火가 천간에 투출하지 않아서 지위는 높지 않다.

時	日	月	年
壬	甲	壬	戊
申	子	戌	戌

- 戌월에 戊土가 투(透)하였다.

- 지지에 수국(水局)이 있고 천간에 壬水가 투(透)하였다.

- 배합이 중화를 이루어 과거에 합격하였다.

- 단지 庚丁이 천간에 투(透)하지 않아 한림원에 선발되지는 못했다.

戌월 甲木이 庚丙甲을 얻으면 자수성가한다. 戌월 甲木이 火를 용(用)하면 아내는 어질고 자녀는 효도한다.

戌월 甲木에 木이 많을 때는 丙丁火보다는 庚金을 써야 좋다. 辰戌丑未월 환절기의 甲木에는 庚金이 있어야 한다. 비록 丙丁火를 쓰더라도 庚癸가 적어서는 안 된다.

戌월 甲木의 사주에 많은 丙丁火가 있을 때는 火가 강해지니 庚金이 손상되어 거짓 선비에 불과하다. 이때 壬癸水가 있어 丙丁火를 극한다고 해도 기예인에 불과하다.

戌월 甲木의 사주에 화국(火局)이 있을 때 壬癸水가 火를 제지하지 못하면 庚金이 있다고 해도 마른 나무가 되어 썩으니 고빈(孤貧)하고 하천(下賤)하다. 남녀가 모두 같다.

戌월 甲木의 사주에서 丁癸를 용(用)할 때는 戊土가 투(透)하면 반드시 귀(貴)하다.

戌월 甲木이 원국에 甲乙木이 있는데 운(運)에서 다시 비겁운을 만나면 형제간에 송사를 일으키고 처를 해치고 자식을 상하게 된다.

時	日	月	年
甲	甲	甲	甲
子	子	戌	申

● 戌월의 甲木에 丁庚이 암장(暗藏)되었다.

● 천간이 온통 甲木이지만 통근되지 않아 강한 것은 아니다.

● 운(運)에 따라 많은 변화가 예상되는 사주이다.

● 나어사(羅御使)의 사주이다.

삼추三秋 갑목甲木

時	日	月	年
庚	甲	庚	壬
午	午	戌	午

- 庚金은 투(透)하고 丁火는 지장간에 많다.
- 일간의 좌우에 칠살이 있다.
- 庚金은 지지의 火로 잘 제련되고 있다.
- 일품 벼슬을 하였다.

時	日	月	年
戊	甲	丙	庚
辰	戌	戌	戌

- 庚金은 투(透)하고 丁火는 지장간에 있다.
- 부(富)하고 장수(長壽)하였다.
- 천간이 모두 양간이라고 양팔통은 아니다.
- 팔자가 木火의 글자로 되어 있을 때 진정한 양팔통이 된다.
- 庚金이나 戊土는 가을의 글자이므로 음(陰)의 기운이 강하다.
- 火土가 강하고 水가 약해 조후를 잃어 벼슬은 낮았다.

時	日	月	年
甲	甲	甲	己
子	子	戌	丑

- 庚金은 없고 丁火가 암장(暗藏)되었다.
- 초반 빈천(貧賤)했지만 운(運)에서 庚金이 올 때 부자가 되었다.

● 丑戌형과 甲己합이 있다.

● 합(合)이나 형충(刑沖) 등이 되면 글자가 손상되어 온전하지 못하다.

● 온전하지 못해도 일정 부분 역할은 한다.

● 몸에 이상이 있어도 일하는 것과 같다.

● 기계에 문제가 있어도 가동하는 것과 같다.

● 년월주의 형충(刑沖) 등은 초반 고생을 의미한다.

● 어려서 고생은 사서도 한다는 것이니 경쟁력이 길러지기도 한다.

삼추三秋 갑목甲木

삼동(三冬) 甲木

亥월 甲木

時	日	月	年
○	甲	○	○
○	○	亥	○

亥월 甲木은 庚金과 丁火가 중요하고 丙火는 그 다음이다. 추동(秋冬)에 丙火는 조후로 쓰인다. 亥월은 壬水가 강한 때인데 또 壬水가 투하면 음(陰)이 너무 강해지니 戊土로 그것을 제(制)해야 한다.

그래서 亥월 甲木에 庚金과 丁火가 양투(兩透)하고 다시 戊土가 천간에 투출(透出)하면 부귀(富貴)가 극품(極品)에 이른다. 丁火는 없어도 약간은 부귀(富貴)하다.

亥월 甲木의 사주에 甲木이 많아서 戊土를 제(制)하면 평범하고, 또 庚金의 뿌리가 없으면 甲木을 다듬을 수 없어 역시 평상인이다. 만일 庚金과 戊土가 투(透)하면 비록 甲木이 투한다고 해도 서로 견제가 이루어지니 부귀(富貴)하고 장수(長壽)한다. 이때 甲木은 庚金이 통제하고 壬水는 戊土가 통제한다.

亥월 甲木의 사주에 비겁이 많고 庚金이 록(祿)에 앉아 힘이 있을 경우는 丁火를 버리고 庚金을 취해야 부귀(富貴)하다.

亥월 甲木이 지지에 申亥를 만나면 水의 기운이 너무 강해진다. 이 때는 득지(得地)한 戊己土가 水를 통제하여 庚金과 丁火를 구제하면 과거에 합격할 수 있으나 戊土는 없고 己土만 투출(透出)하면 공감(貢監)에 불과하다. 많은 水를 제(制)할 때는 己土보다 戊土가 효과적이기 때문이다. 공감(貢監)이란 조세나 공물을 관리하는 하위관직이다.

亥월 甲木의 사주에 壬水가 출간(出干)하고 申亥를 보았을 때 운(運)에서 또 壬水가 오면 사망할 수 있다.

亥월 甲木에 庚金을 쓰는 경우에는 土가 처가 되고, 金이 자식이 된다. 丁火를 쓰는 경우에는 木이 처가 되고, 火가 자식이 된다.

『난강망』에서는 해당 팔자의 용신에 대한 인성을 처로 보고, 용신의 비겁을 자식으로 보는 것은 앞에서 설명한 것과 같다.

삼동三冬 갑목甲木

時	日	月	年
甲	甲	乙	己
子	子	亥	巳

- 일품 벼슬을 하였다.
- 水가 많아 중년이 지나고 남방운에 부귀(富貴)하였다.
- 戊土와 丙火는 지장간(支藏干)에 있다.
- 년월의 형충(刑沖)은 어린 시절의 경쟁력을 의미한다.
- 어려서 고생은 사서도 한다.

時	日	月	年
丙	甲	辛	壬
寅	戌	亥	辰

- 선빈후부(先貧後富)한 사주이다.
- 수왕목부(水旺木浮)한 사주로 초반 고생이 많았다.
- 만년 남방운에 대부(大富)가 되었다.
- 겨울에는 丙火가 유용하고, 水가 강할 때는 戊土가 있으면 좋다.

時	日	月	年
壬	甲	己	辛
申	辰	亥	丑

- 재관이 투(透)하였다.
- 겨울철 사주에 火가 없어 등화불검(燈火拂劍)의 사주이다.
- 불 밑에서는 공부를 해야 하는데 검(劍)을 뽑았다는 뜻이다.

●이로(異路)로 벼슬을 얻고 처자(妻子)가 어질다.

時	日	月	年
乙	甲	癸	戊
亥	子	亥	辰

●천간에 투(透)한 戊土가 강한 水기운을 억제한다.

●戊癸합으로 水의 역할이 약화된 것이다.

●운(運)이 木火로 가서 좋았다.

●벼슬이 제후에 봉해졌다.

時	日	月	年
己	甲	辛	壬
巳	子	亥	辰

●원문에 "의식(衣食)은 있으나 고독하고 질병이 많았다."라고 풀이해
  놓았다.

●단 한 줄의 설명이다.

●건물의 기초공사처럼 주로 체(體)를 설명하기 때문이다.

●일상의 여러 가지 사건들은 원국과 운(運)의 글자와의 형충파해 등
  으로 통변한다.

삼동三冬 갑목甲木

時	日	月	年
○	甲	○	○
○	○	子	○

子월 甲木은 12운성 목욕(沐浴)으로 땅 속에 있을 때이다. 丁火가 우선이고 庚金은 나중에 쓴다. 그리고 丙火로 조후한다. 그래서 庚金과 丁火가 양투(兩透)하고 지지에 巳火나 寅木을 만나 丙火가 보충되면 풍수(風水)가 좋지 않더라도 과거에 급제할 수 있다. 이때 癸水가 투(透)하면 丁火가 손상되니 잔질(殘疾)이 있다. 癸水가 丁火를 손상시킬 때는 戊己土가 癸水를 제(制)하면 좋다.

子월 甲木에 壬水가 거듭 투(透)하고 丁火가 전혀 없으면 평범한 사람이 되고, 만약 운(運)에서라도 丙火를 만나면 좋아진다.

子월 甲木의 지지에 수국(水局)이 있고 壬水까지 투(透)하면 수범목부(水泛木浮)가 된다. 이때는 죽어서도 들어갈 관(棺)이 없을 정도로 비참하다.

子월 甲木은 땅 속에서 자라고 있으므로 춘목(春木)의 싱싱함과 무성함에는 비교할 바가 못된다. 얼지 않도록 丁火가 필요하고, 두꺼운 땅을 뚫고 나올 힘을 주는 庚金이 필요하다.

子월 甲木의 사주에 壬水는 투출하고 丙火가 없으면 도필(刀筆)이나 이도(異途)로 나가 무직(武職)에 종사할 수 있다.

庚金을 쓰는 경우에는 土가 처가 되고, 金이 자식이 된다. 火를 쓰는 경우에는 木이 처가 되고, 火가 자식이 된다.

- 지지에 水가 많다.
- 천간에 戊土가 투(透)하여 지지의 水를 제(制)한다.
- 子월에 丙丁火가 투(透)하지 못하여 귀(貴)하지 못하다.
- 남방운에 대부(大富)하였다.
- 팔자원국도 시간의 흐름에 따라 변한다.
- 근묘화실에 따라 기준점이 달라지기 때문이다.
- 어린 시절은 년간, 청년 시절은 월간 중심으로 본다.
- 부모로부터 독립하여 내가 주인공이 될 때는 일간 중심으로 본다.
- 노년은 시간 중심으로 보면 된다.
- 이에 따라 격국도 강약도 변하게 된다.
- 또 원국은 대운이나 세운의 영향도 받게 되니 명리공부가 쉬운 일이 아니다.

<坤命>

時	日	月	年
丁	甲	庚	丙
卯	午	子	子

- 庚丁이 투출하였다.

삼동三冬 갑목甲木

- 천간의 丙火가 한기(寒氣)를 제거하고 있다.
- 丙火는 子에서 12운성 태(胎)이다.
- 庚金은 子에서 12운성 사(死)이다.
- 甲木은 午에서 12운성 사(死)이다.
- 丁火는 卯에서 12운성 사(死)이다〔새로운 12운성〕.
- 12운성을 보면 모두 실내에서 정신적으로 쓰도록 되어 있다.
- 왕후(王侯)를 지냈다.

時	日	月	年
庚	甲	戊	乙
午	辰	子	巳

- 겨울의 子辰반합을 戊土가 제(制)하고 있다.
- 庚金은 투(透)하고 丁火는 암장(暗藏)되었다.
- 巳 중 丙火도 조후를 담당하고 있다.
- 인수격이다.
- 월간 戊土 기준 甲木과 일간 甲木 기준 庚金은 모두 칠살이다.
- 천간의 흐름은 정신적으로 추구하는 방향이다.
- 대장군(大將軍)을 지냈다.

時	日	月	年
壬	甲	戊	乙
申	辰	子	巳

- 지지에 申子辰 수국(水局)이 있다.

- 천간에 壬水도 투(透)하였다.
- 천간에 戊土가 水를 제(制)하려고 하지만 역부족이다.
- 申운에 익사(溺死)하였다.

丑월 甲木

丑월은 겨울에서 봄으로 넘어가는 환절기이다. 아직은 천한지동(天寒地凍)할 때이지만 丑월 甲木은 12운성 관대로 세상에 나갈 모든 준비를 갖추었다. 먼저 庚金으로 내부를 단단히 하고 그 다음에 丁火로 따뜻하게 하면 목화통명(木火通明)의 상(象)이 된다.

庚金과 丁火가 양투(兩透)하면 과거에 급제하여 벼슬에 봉해진다. 庚金이 투출하고 丁火가 암장(暗藏)되면 소귀(小貴)하고, 丁火가 투(透)하고 庚金이 암장(暗藏)되면 소부귀(小富貴)하다. 庚金이 없으면 빈천(貧賤)하고, 丁火가 없으면 빈한(貧寒)한 선비이다.

丑월 甲木에게 丁火가 중중(重重)하게 투출(透出)하면 목화통명으로 역시 부귀(富貴)하지만 비견(比肩)이 있어야 丁火의 불꽃을 살릴 수 있다. 丁火는 甲木이 있어야 열을 낼 수가 있다. 비견 甲木이 있다면 복덕(福德)과 재능(才能)이 있다. 만일 비견(比肩)이 없으면 평범한 선

삼동三冬 갑목甲木

비로 약간의 의식(衣食)이 있을 뿐이다. 만일 지지에 水가 많다면 성장이 더디게 되니 비견(比肩)이 있더라도 평상인에 속한다.

결론적으로 丑월 甲木은 庚金이 있더라도 丁火가 적어서는 안 된다. 丁火는 한겨울에도 얼지 않도록 한다. 그래서 庚金이 결핍되면 그런대로 괜찮으나 丁火가 부족하면 쓸모가 없다.

경(經)에 이르기를, "甲木이 무근(無根)하면 남녀가 모두 수명이 짧다."라고 하였다.

時	日	月	年
甲	甲	丁	己
子	辰	丑	丑

● 丑辰파에 子辰반합이 있다.

● 丑월에 己土가 투(透)하여 재격(財格)이다.

● 귀(貴)하지 못하고 부(富)하였다.

時	日	月	年
乙	甲	癸	癸
亥	午	丑	亥

● 丁火가 암장되었지만 초반 水의 기운이 너무 강하다.

● 외롭고 가난했으나 수명은 100세에 이르렀다.

● 초반의 어두움이 후반에 밝아지고 있다.

● 년월주가 체(體)라면 일시주는 용(用)이다.

● 년월주를 바탕으로 일시주가 결정된다.

時	日	月	年
庚	甲	丁	己
午	戌	丑	丑

●庚金과 丁火가 함께 투출하였다.

●丑월의 찬 기운을 丁火가 누르고 있다.

●午戌반합도 있어 한기(寒氣)가 해소된다.

●甲庚丁 벽갑인정(劈甲引丁)이 완전히 이루어진 팔자이다.

●과거에 1등으로 합격하였다.

時	日	月	年
癸	甲	丁	己
酉	辰	丑	丑

●癸水가 丁火를 손상하고 장간의 庚金은 합되었다.

●가난해도 마음은 밝았다.

●신분도 천하였다.

時	日	月	年
庚	甲	丁	己
午	辰	丑	丑

●丁火와 庚金이 투(透)하였다.

●甲木은 丁火를 돕고 庚金은 甲木을 다듬고 있다.

●벽갑인정(劈甲引丁)을 이룬 사주이다.

●부귀(富貴)가 쌍전(雙全)한 사주이다.

삼동三冬 갑목甲木

삼춘(三春) 乙木

　삼춘(三春) 乙木은 지란(芝蘭)이나 쑥처럼 향기가 나는 것으로 삼춘 甲木처럼 丙火와 癸水를 떠날 수 없다. 丙火와 癸水가 나란히 천간에 투(透)하고 합화(合化)나 제극(制剋)이 없으면 자연히 과거에 급제한다.

　서(書)에 말하기를 "乙木의 뿌리와 씨는 깊이 심어야 하고 음지(陰地)가 아닌 양지(陽地)가 필요하다. 많은 水를 만나면 표류(漂流)하게 되므로 두려워한다. 봄철 乙木을 극제(剋制)하려고 굳이 金을 쓸 필요는 없다."라고 하였다.

寅월 乙木

　寅월 乙木은 丙火를 써야 한다. 乙木이 丙火만 보면 너무 성장할 가

능성이 있으니 丙火와 함께 그 다음으로 癸水를 쓴다.

寅월 乙木은 丙火와 癸水가 양투(兩透)하면 과거에 급제할 확률이 높다. 만일 丙火만 있고 癸水가 없어도 가문(家門)을 일으키고, 丙火는 많고 癸水가 부족하면 봄 가뭄이 든 것이니 탁부(濁富)가 된다.

寅월 乙木의 팔자에서 丙火가 적고 癸水가 많으면 빈한(貧寒)한 선비가 되고, 癸水와 己土가 많으면 역시 하격(下格)이다.

丁火를 쓸 때는 木이 처가 되고, 火가 자식이 된다. 火가 많아 癸水를 쓸 때는 金이 처가 되고, 水가 자식이 된다.

- 丙火는 투출하였으나 癸水는 없다.
- 상관생재(傷官生財)로 부자였다.
- 자식이 없었고 벼슬도 없었다.
- 寅월에 丙火가 투(透)하여 상관격이다.
- 『자평진전평주』에 나오는 서락오 삼촌의 사주이다.

<坤命>

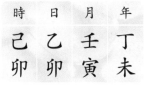

- 비겁(比劫)이 강하고 丁壬합이 있다.

171

●비겁(比劫)이 재(財)를 극(尅)하니 빈한(貧寒)한 가정에서 출생하였다.

●운(運)이 火로 갈 때 식상생재(食傷生財)로 번창하였다.

●일간이 강하니 식상과 재(財)를 잘 쓸 수 있다.

●목생화(木生火) 화생토(火生土)가 된 것이다.

時	日	月	年
丙	乙	壬	丁
子	卯	寅	丑

●丙火가 투(透)하고 癸水는 암장(暗藏)되었다.

●비겁이 강하고 寅월에 丙火가 투(透)하여 상관을 잘 활용한다.

●상관은 순발력과 창의력이다.

●상관이 희신(喜神)이면 조직에서 혁신이나 개혁 등을 잘할 수 있다.

●벼슬이 상서에 이르렀다.

時	日	月	年
己	乙	甲	戊
卯	亥	寅	子

●丙癸가 모두 암장(暗藏)되었다.

●비겁이 강하고 재성이 투(透)하였다.

●록겁용재(祿劫用財)이다.

●비겁이 적당하면 주체적으로 살아갈 수 있다.

●벼슬이 대학사(大學士)에 이르렀다.

時	日	月	年
庚	乙	丙	甲
辰	卯	寅	寅

● 丙火는 투(透)하고 癸水는 암장(暗藏)되었다.

● 寅卯辰 방합이 있다.

● 방합과 삼합의 차이를 구분해야 한다.

● 어사(御使) 벼슬을 하였다.

● 비겁이 강하니 庚金 정관과 丙火 상관을 잘 활용해야 한다.

卯월 乙木

卯월은 木운동의 음양운동이 바뀌는 시기이다. 甲木에서 乙木으로 주도권이 넘어가는 것이다. 寅월처럼 丙火를 먼저 쓰고 그 다음 癸水를 쓰면 좋다. 丙火와 癸水가 양투(兩透)하고 庚金이 투출(透出)하지 않으면 크게 부귀(富貴)하다.

혹 천간에 庚金이 투(透)하더라도 지지에 辰土가 없으면 합화(合化)가 되지 않는다. 이때는 癸水만 투(透)해도 귀(貴)하게 된다. 만일 庚金이 투(透)하고 辰을 보면 가화(假化)가 되니 평범해진다. 卯월 乙木은 오직 丙火와 癸水를 쓴다.

卯월 乙木의 지지에 목국(木局)이 있고 癸水가 투출하면 귀명(貴命)이 되는데 이때 목기(木氣)를 누설하는 丙火가 있으면 최상의 명(命)이 된다. 혹시 水가 많아 丙火를 괴롭히거나 戊土가 많아 癸水를 합(合)하

삼춘三春 을목乙木

면 모두 하격(下格)이다.

丙火를 쓰는 경우에는 木이 처가 되고, 火가 자식이 된다. 癸水를 쓰는 경우에는 金이 처가 되고, 水가 자식이 된다.

서(書)에 이르기를 "甲乙木이 亥卯未를 만나면 부귀(富貴)를 의심치 말며, 甲乙木이 寅卯辰 방국(方局)을 갖추면 공명(功名)이 따른다. 활목(活木)은 뿌리에 金이 있는 것을 꺼리니, 지지에 庚辛金이 있으면 좋지 않다."라고 하였다.

時	日	月	年
癸	乙	己	乙
未	亥	卯	丑

- 亥卯未 목국(木局)에 乙木이 투출하였다.
- 己土가 있어 순수 곡직격(曲直格)은 아니다.
- 운(運)에서 己土가 제거되면 진종격(眞從格)이 될 것이다.
- 집정관(執政官)을 했던 단기서(段祺瑞)의 사주이다.

時	日	月	年
己	乙	癸	壬
卯	丑	卯	午

- 癸水는 있고 丙火가 없다.
- 인비(印比)가 강하니 편재 己土를 잘 쓸 수 있다.
- 자녀에게 형액(刑厄)이 있었다.
- 귀(貴)는 작고 부(富)는 많은 사주이다.

時	日	月	年
壬	乙	乙	癸
午	未	卯	亥

- 亥卯未 목국(木局)이 있다.
- 일간의 강한 힘이 시지의 午火로 흐른다.
- 午 중에서 식상생재(食傷生財)가 이루어진다.
- 癸水는 투(透)하고 丙火는 암장(暗藏)되었다.
- 오상공(吳相公)의 사주이다.

時	日	月	年
丙	乙	丁	甲
子	未	卯	寅

- 丙火는 투(透)하고 癸水는 암장(暗藏)되었다.
- 곡직격(曲直格)이다.
- 곡직격도 글자의 배치나 종류에 따라 등급이 달라진다.
- 일생이 편안하였다.
- 벼슬이 총병(總兵)에 이르렀다.

時	日	月	年
庚	乙	乙	癸
辰	未	卯	亥

- 亥卯未 삼합이 제대로 자리잡고 있다.
- 천간의 庚金과 시지의 辰土 때문에 곡직격(曲直格)을 이루지 못했다.

삼춘三春 을목乙木

- 종격(從格)이나 화격(化格)을 이루지 못하면 오히려 나쁜 경우가 많다.
- 일개 가난한 선비에 불과했다.

時	日	月	年
丙	乙	辛	丙
子	卯	卯	子

- 丙火는 투(透)하고 癸水는 지장간(支藏干)에 있다.
- 강한 일간의 힘이 丙火 상관으로 흐른다.
- 강한 힘은 극하는 것보다 설기하는 것이 좋다.
- 辛金이 병(病)인데 丙辛 합거되었다.
- 출장입상(出將入相)한 귀명(貴命)이다.

辰월 乙木

辰월 乙木도 寅卯월처럼 丙癸를 쓰면 좋다. 단지 辰월은 양기(陽氣)가 성(盛)해지는 때이니 癸水를 먼저 쓰고 그 다음으로 丙火를 쓴다. 癸水와 丙火가 양투(兩透)하고 己土와 庚金을 만나지 않으면 한림원에 오른다. 己土는 癸水를 손상시키고 丙火를 누설시킨다. 그리고 庚金은 일간과 합(合)이 되니 꺼린다. 丙火와 癸水가 온전하다고 해도 庚金과 己土가 혼잡되면 하격(下格)이다. 辰월 乙木의 사주에 己土와 庚金이 있다면 평상인이다.

辰월 乙木이 하나의 乙木과 庚金을 보았을 때 己土가 없다면 작은 부귀(富貴)가 있지만 현달(顯達)하지는 못한다. 이때 己土는 乙木을 배양하고 庚金을 돕는다.

辰월 乙木의 사주에 土가 바람직하지는 않지만 水가 많을 때는 土가 유용하다. 水가 많을 때 己土를 만나면 재능은 뛰어나도 급제는 어렵고, 己土 대신 戊土를 만나면 이도(異途)로 발달할 수 있다.

辰월 乙木의 지지에 수국(水局)이 있을 때 丙火와 戊土가 투(透)하면 과거에 합격할 수 있다. 그러나 사주 중에 수국(水局)이 있을 때 丙火와 戊土가 전혀 없다면 고향을 떠나 살게 된다.

辰월 乙木의 사주에 癸水가 많고 다시 辛金이 있으면 戊土나 己土로 癸水를 제(制)하면 작은 부귀(富貴)가 있다. 또 辰월 乙木의 사주에 壬水가 많으면 빈천할 뿐 아니라 요절(夭折)하지만, 이때 戊土나 己土가 있어 水를 제(制)하면 기술자로 살아간다.

혹 庚辰월 庚辰시이면 두 庚金이 쟁합(爭合)이 되어 빈천한 무리이다. 만일 년간(年干)에 丁火가 있어 庚金을 파괴하면 종화(從化)가 되니 무관(武官)으로 권세(權勢)를 누린다.

時	日	月	年
庚	乙	庚	○
辰	○	辰	○

- 庚辰월 庚辰시이면 쟁합이 된다.
- 쟁합(爭合)이 되면 빈천한 무리이다.
- 년간에 丁火가 庚金을 파괴하면 화격(化格) 가능성이 있다.
- 화격(化格)이 되면 무관(武官)으로 권세를 누린다.

癸水를 쓰는 경우에는 金이 처가 되고, 水가 자식이 된다. 癸水가 많아 丙火를 쓰는 경우에는 木이 처가 되고, 火가 자식이 된다.

時	日	月	年
壬	乙	壬	辛
午	亥	辰	巳

- 水는 내려오고 火는 올라가니 수화기제(水火旣濟)이다.
- 丙火는 지장간(支藏干)에 암장(暗藏)되어 있다.
- 강소성의 장(長)을 지낸 진도유(陳陶遺)의 사주이다.

時	日	月	年
丁	乙	庚	庚
亥	酉	辰	午

- 乙庚합, 辰酉합이 있다.
- 종격(從格)이나 화격(化格)은 조건을 엄격하게 적용한다.
- 관(官)에 관심이 있었지만 때를 만나지 못해 부자에 그쳤다.

時	日	月	年
丙	乙	戊	甲
子	亥	辰	寅

- 육을서귀격(六乙鼠貴格)이다.
- 乙木 일간이 丙子시에 태어난 것을 말한다.
- 丙火가 투출하고 戊土가 水를 제(制)하니 벼슬이 안원(按院)에 이르

렀다.

- 신왕재왕(身旺財旺)하여 부귀(富貴)를 겸하였다.

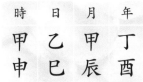

- 丙火와 癸水가 암장(暗藏)되었다.

- 암장(暗藏)된 丙火와 癸水는 합(合)과 형(刑)으로 손상되었다.

- 지방과거인 공생(貢生)에 선발되었다.

- 비겁이 강하면 재관(財官)이 약해진다.

- 처자를 형극(荊棘)하고 형제가 없었다.

삼춘三多 을목乙木

삼하(三夏) 乙木

　삼하(三夏) 乙木은 巳월에는 癸水를 중히 쓰고, 午未월에는 丙火를 먼저 쓰고 다음으로 癸水를 쓰는데, 하지(夏至) 전에는 그대로 癸水를 쓴다.

　삼하(三夏) 乙木의 사주에서 지장간과 천간에 丙火가 있으면 목수화명(木秀火明)이라고 한다. 목수화명(木秀火明)에 한 개의 癸水가 투(透)하면 과거에 급제하지만, 만약 두 개의 丙火와 하나의 癸水가 투(透)하면 하위직인 채근(採芹)의 명(命)이 된다.

　삼하(三夏) 乙木에 癸水가 많을 때 丁火만 있고 丙火가 없으면 평범하다. 하나의 癸水만 천간에 투(透)하면 과거급제는 힘들고 이도(異途)로 벼슬하게 된다. 癸水가 子나 辰의 지장간에 머물면 이로(異路)로 낮은 관직을 얻는다.

　삼하(三夏) 乙木의 사주에 丙火가 암장(暗藏)되었을 때 癸水가 년간(年干)에 투(透)하고 己土는 월간(月干)에 투(透)했다면 비록 과거에 급제하지는 못한다고 하더라도 이로공명(異路功名)을 이룬다. 또 癸水가 중중(重重)하거나 혹은 지지에 癸水가 암장(暗藏)되면 군인(軍人)으로 공명(功名)을 이룬다.

巳월 乙木

巳월 乙木은 월령(月令)에 丙火가 있으니 癸水를 취하는 것이 좋다. 다만, 여름에는 癸水도 약하니 庚辛金으로 癸水를 보좌해야 하며 辛金이 투출해야 사주가 맑아진다. 그래서 巳월 乙木은 癸水를 먼저 쓰고 난 후 丙火를 참작한다.

癸水가 투(透)하고 庚辛金이 다시 또 투(透)하면 틀림없이 과거에 급제하고, 오직 하나의 癸水만 있고 庚辛金이 없으면 水의 근원이 없으므로 수재(秀才)나 소부(小富)에 불과하니 대운(大運)이 도와야 한다. 만일 土가 많아 癸水를 피곤하게 하면 빈천한 사람이며, 丙火와 戊土가 태다(太多)하고 지지에 화국(火局)을 이루면 水가 메마르니 장님의 부류이다.

癸水를 쓰는 경우는 金이 처가 되고, 水가 자식이 된다.

乙木이 쌍금(雙金)을 만나면 목기(木氣)가 손상(損傷)되는데 다시 辛金을 만나게 되면 목숨이 위태롭다. 이때 丙丁火의 제복(制伏)을 만나지 못하면 안락(安樂)이 길지 못하다.

時	日	月	年
乙	乙	丁	戊
酉	巳	巳	子

●子 중 癸水는 힘을 쓸 수가 없다.

●강한 火와 년간의 戊土 때문이다.

●戊午대운에 子午충으로 모친이 사망했다.

●庚申운에 申子반합으로 水가 살아났다.

●이때 선장(船長)이 되었다.

午월 乙木

午월 乙木은 여름이 되니 木은 휴(休)하다. 午월은 일음(一陰)이 시작되는 시기이니 午월의 상반월은 양(陽)에 속하므로 癸水를 쓰고, 하반월은 음(陰)에 속하여 삼복생한(三伏生寒) 하므로 丙火와 癸水를 같이 쓴다. 사주에 金水가 많으면 丙火를 먼저 쓰고, 나머지는 모두 癸水를 먼저 쓴다.

午월 乙木의 지지가 화국(火局)을 이루면 癸水로 자양(滋養)해야 한다. 그래서 癸水가 투(透)하고 수원(水源)이 있으면 부귀(富貴)하다. 만일 庚辛金이 년간(年干)에 있고 癸水가 시간(時干)에 투(透)하면 과거에 급제할 수 있다. 癸水가 없으면 평상인이다.

午월 乙木의 지지에 화국(火局)이 있고 丙火가 투(透)하면 목성(木性)이 메말라 잔질(殘疾)이 있게 되고, 이때 癸水가 없으면 요절(夭折)

하게 된다. 癸水 대신 壬水라도 만나면 죽음은 면한다.

午월 乙木의 사주에 火土가 태다(太多)하면 어리석고 천하거나 혹은 승도(僧徒) 문하(門下)에서 할 일 없이 보내게 된다.

時	日	月	年
丙	乙	庚	甲
子	卯	午	寅

- 寅午반합에 丙火가 투(透)하여 상관격이다.
- 상관격에도 천간에 따라 종류가 많다.
- 필요한 癸水는 시지에 있고 형(刑)을 당했다.
- 거지가 된 팔자이다.

<坤命>

時	日	月	年
丙	乙	丙	丁
戌	未	午	未

- 午未합과 戌未형이 있다.
- 午월에 丙丁火가 투(透)하여 식상격이다.
- 午월 乙木의 사주에 火가 많다.
- 필요한 水는 지장간에도 없다.
- 金도 戌 중 辛金으로 약하다.
- 남편과의 인연도 약하다.

삼하三夏 을목乙木

時	日	月	年
丙	乙	丙	丁
戌	亥	午	酉

- 午월 乙木의 사주에 火가 너무 강하다.
- 필요한 水는 亥 중 壬水에 있다.
- 亥 중 壬水가 개고되면 증발할 수 있다.
- 『자평진전』이나 『난강망』은 팔자의 체(體)를 논한다.
- 용(用)의 영역은 현대명리에서 주로 다루어지고 있다.

未월 乙木

未월은 여름이 끝나고 가을로 바뀌는 때이다. 未월의 후반은 한기(寒氣)가 생(生)하니 金水가 많으면 丙火가 필요하다. 未월은 土가 강하므로 지지에 수국(水局)이 있다고 해도 乙木에 큰 손상은 없다.

未월은 뜨겁고 건조한 때이므로 未월 乙木의 사주에 癸水가 천간에 투(透)하면 부귀(富貴)하다. 癸水가 없으면 평상인이고, 운(運)이 북(北)으로 가지 않으면 일생이 곤고(困苦)하다.

午未월의 乙木은 대체로 목기(木氣)가 마르므로 癸水를 쓴다. 癸水를 괴롭히는 戊己土가 많으면 하격(下格)이다. 그러나 戊己土가 많다고 해도 甲木이 높이 투(透)하여 土를 제복(制伏)하면 거탁유청(去濁留淸)이 되니 좋아진다. 土가 많을 때는 甲木이 결핍(缺乏)되면 평범하다.

未월 乙木의 사주에 丙火와 癸水가 양투(兩透)했을 때 甲木이 투

(透)하여 戊土를 억제하면 과거에 합격한다. 만일 丙火와 癸水가 보이지 않고 단지 丁火만 있으면 보통사람이다. 이때 壬水가 있으면 의식(衣食)은 넉넉하다.

未월 乙木의 사주에 水나 木이 없으면 기명종재(棄命從財)가 되므로, 부(富)는 크고 귀(貴)는 작지만 좋은 아내를 맞을 수 있다. 종재격(從財格)이 되면 金을 처로 삼고, 水를 자식으로 삼는다. 『난강망』에서는 종재(從財)가 되면 재(財)가 생(生)하는 것을 처로 보고, 재(財)가 극(剋)하는 것을 자식으로 본다.

未월 乙木에 많은 戊土가 천간에 투(透)하고 비견(比肩)이 없으면 재다신약(財多身弱)이 되어 끝내 부옥빈인(富屋貧人)에 그친다.

未월 乙木의 사주에서 丙火와 辛金이 합(合)하여 水로 화(化)하면 주색과 도박으로 집안을 망치고 결국 가업(家業)을 잇지 못한다.

未월 乙木의 사주에 많은 乙木이 있는데 丙火와 癸水가 보이지 않으면 고생과 파란(波瀾)이 따른다. 이때 지지의 지장간에 많은 辛金이 있을 때는 승도(僧徒)의 무리가 된다.

未월 乙木의 사주에 甲木이 많을 때 癸水도 없고 丙火도 없고 또 庚金도 없으면 일생 동안 허망하게 떠돌며 살게 된다. 甲木이 많을 때 庚金이 있어서 甲木을 억제하면 지모(智謀)는 있는 사람이지만 다만, 주색(酒色)으로 몸을 망치고 품행이 좋지 않다. 남녀가 마찬가지이다.

여름 乙木은 결론적으로 癸水를 쓰고 丙火를 참작하며, 庚辛金은 그 다음이다.

삼하三夏 을목乙木

時	日	月	年
己	乙	己	癸
卯	未	未	丑

- 癸水는 투(透)하고 丙火는 없다.

- 未월에 己土가 투(透)하여 재격(財格)이다.

- 고부간에 불화(不和)로 싸우다가 처가 죽었다.

- 乙未, 癸丑 백호가 있다.

삼추(三秋) 乙木

가을은 金이 사령하는 때이니 삼추(三秋) 乙木은 丙火를 먼저 쓰고 다음에 癸水를 쓴다. 그러나 戌월에는 오직 癸水를 쓰고 丙火를 쓰지 않는데, 그 이유는 丙火가 戊土를 도와 癸水를 위협하기 때문이다.

申월 乙木

申월은 庚金이 사령하는 때이지만 천간의 乙木이 지장간의 庚金과 합(合)하기는 어렵다. 사주에 庚金이 많으면 乙木은 어려움에 처하지만 이때 丙火가 천간에 투출하고 또한 己土가 있다면 과거에 급제하고, 己土가 투출했을 때 丙火가 가세해도 상명(上命)이다.

申월 乙木은 己土를 기뻐하니 丙火와 癸水가 없더라도 己土는 적어서는 안 된다. 이때는 火를 처, 土를 자식으로 삼는다.

申월 乙木의 사주에 癸水가 투(透)하고 丙火가 암장(暗藏)되었을 때 庚金이 적으면 이때는 己土를 쓰지 않더라도 공생(貢生)에 선발될 수 있다. 丙火가 없고 癸水가 투(透)하면 도필(刀筆) 등의 직책을 갖는다. 지장간에 庚金이 많고 癸水가 암장(暗藏)된 경우에 丙火와 己土가 모두 없으면 평범한 인물이다.

申월 乙木이 庚辰시에 태어나 종화(從化)를 이루면 부귀격(富貴格)이다. 대체로 화격(化格)이 되면 화기(化氣)를 생하는 신(神)을 용신(用神)으로 삼으니, 합화(合化)하여 金으로 화(化)한 경우에는 土를 용신(用神)으로 삼는다. 다만, 丙丁火로 인하여 파격되지 않도록 주의한다. 종화격(從化格)이 되어 土를 용신으로 삼으면 火를 처로 삼고, 土를 자식으로 삼는다. 그 외에는 金을 처로 삼고, 水를 자식으로 삼으니 처와 자식이 좋다. 다만 형충(刑沖)을 꺼리는 것은 모든 명(命)과 다를 것이 없다.

가을 乙木이 金을 많이 만나면 가난하거나 요절(夭折)한다. 가을 乙木은 뿌리가 마르는 것을 꺼리는데 만일 뿌리가 마르면 늙도록 가난하고 고생하게 된다.

時	日	月	年
戊	乙	壬	甲
寅	巳	申	申

● 寅巳申 삼형이 있다.
● 申월에 壬水가 투(透)하여 인수격이다.

- 壬水가 투(透)하고 丙火는 암장(暗藏)되었다.
- 강한 水는 戊土가 제(制)하고 있다.
- 설상공(薛相公)의 사주이다.

時	日	月	年
丁	乙	甲	庚
丑	卯	申	午

- 申월 乙木에 필요한 己土와 癸水 그리고 丙火가 지장간(支藏干)에 있다.
- 申월에 庚金이 투(透)하여 정관격이다.
- 부자 승도(僧徒)의 명조(命造)이다.

時	日	月	年
戊	乙	庚	戊
寅	丑	申	午

- 申월에 庚金이 투(透)하여 정관격이다.
- 己土 대신 戊土가 투(透)하였다.
- 癸水와 丙火는 지장간(支藏干)에 있다.
- 처자(妻子)가 모두 현명하다.
- 팔자의 木火 때문에 화격(化格)은 되지 못한다.
- 지현(知縣)의 벼슬을 하였다.

삼추三秋 을목乙木

酉월 乙木

酉월은 金의 시절이니 木은 약해진다. 癸水를 써서 乙木을 자양(滋養)해야 한다. 그러나 추분 후에는 丙火를 먼저 쓰고 다음으로 癸水를 쓴다. 그래서 丙火와 癸水가 모두 투출(透出)하면 과거에 급제한다.

酉월 乙木의 지지에 금국(金局)이 있을 때 丁火가 암장되면 좋지만 丁火가 金을 억제하지 못하면 乙木이 金에게 손상될 우려가 있다.

가을철 乙木이 또 金을 만나면 가난하거나 요절(夭折)한다. 이때는 丁火로 제(制)해야 한다. 이렇게 金이 강할 때는 극설(剋洩)하는 水나 火가 없으면 몹시 고생한다. 이때 癸水를 만나면 癸水가 통관을 하니 자식이 어머니를 만나는 것과 같아 한평생 풍족하게 산다.

酉월 乙木의 사주에 丙火와 癸水가 모두 투출했을 때 戊土가 섞여 있으면 이도(異途)로 공명(功名)을 이룬다. 戊土가 있으면 戊癸합이 되어 丙火만 있는 것과 같다.

추분 후에 태어난 酉월 乙木의 사주에 丙火만 있고 癸水가 없으면 약간의 부귀(富貴)가 있지만, 癸水만 있고 丙火가 없으면 명리(名利)가 모두 허무하다. 만일 酉월 乙木의 사주에 丙火와 癸水가 모두 없으면 하격(下格)이다.

酉월 乙木의 사주에 癸水가 년간(年干)이나 월간(月干)에 나타나고 丙火가 시간(時干)에 투출(透出)하면 목화문성(木火文星)으로 높은 경지에 이르며, 추분 후에 태어나면 더욱 아름답다. 추워지면 丙火가 더욱 요긴하기 때문이다.

酉월 乙木이 혹시 상반월에 태어나고 癸水가 없으면 부득이 壬水를 써야 하지만 壬水마저 없다면 가난하다. 酉월 乙木은 癸水가 필요한데 만일 사주에 戊己土가 많아 癸水를 제(制)하면 하격(下格)이다.

酉월 乙木이 癸水를 쓰는 경우에는 金이 처가 되고 水가 자식이 되며, 丙火를 쓰는 경우에는 木이 처가 되고 火가 자식이 된다. 壬水를 쓰는 경우에는 金이 처가 되고 水가 자식이 된다.

甲乙木이 강한 金을 만나면 빈천해진다. 이때는 강한 金을 火로 제(制)하거나 水로 통관시켜야 한다. 酉월 乙木의 사주가 巳酉丑 금국(金局)을 만나면 목숨이 위태롭다. 이때는 강한 金을 火로 제(制)하거나 水로 통관시켜야 한다.

酉월 乙木의 부귀(富貴)는 감리(坎離) 즉 水나 火에 있고, 申金이나 酉金을 만나면 빈궁(貧窮)하다. 木이 팔자에서 금왕(金旺)을 만나고 운(運)마저 金으로 가면 수명(壽命)을 보전하기 힘들다.

時	日	月	年
丁	乙	辛	癸
亥	酉	酉	未

- 칠살의 기운이 강하다.
- 丁火가 없다면 수명을 보전하기 힘들다.
- 시주의 丁火가 金을 극하고 亥水가 금기(金氣)를 설기(洩氣)하고 있다.
- 중국의 군벌 정치인 염석산(閻錫山)의 사주이다.

時	日	月	年
甲	乙	乙	乙
申	酉	酉	酉

- 천간은 木, 지지는 金으로 되어 있다.
- 칠살격이다.
- 현실적인 어려움을 정신적으로 이겨내고 있다.
- 형제, 동료, 친구들이 큰 도움이 된다.
- 이시랑(李侍郞)의 사주이다.

時	日	月	年
丁	乙	乙	乙
丑	卯	酉	亥

- 칠살격에 식신을 쓰니 살용식제(殺用食制)가 되었다.
- 귀(貴)를 취한 육상염(陸商閻)의 사주이다.

戌월 乙木

戌월 乙木은 뿌리가 마르니 癸水의 자양(滋養)이 필요하다. 戌월 乙木이 癸水를 보고 또 水의 근원인 辛金을 보면 과거에 급제한다. 癸水는 있고 辛金이 없으면 평상인이고, 辛金만 있고 癸水가 없으면 빈천하다. 戌월 乙木의 사주에 壬水가 많으면 역시 평상인이다.

戌월 乙木의 지지에 戌土가 많고 다시 천간에도 투(透)하면 종재(從財)가 되는데 이때는 비겁이 없어야 좋다. 만일 비겁이 있다면 종재(從財)가 안 되니 재다신약(財多身弱)으로 부옥빈인(富屋貧人)이다. 종격(從格)이 되려 할 때 이를 극하는 오행이 천간에 투(透)하면 좋지 않다.

癸水를 쓰는 경우에는 金이 처가 되고, 水가 자식이 된다. 다만, 癸水를 쓰는 경우에는 자녀를 두기 어렵다. 그 이유는 戌土가 癸水를 극제(剋制)하기 때문이다.

戌월 乙木이 甲申시가 되면 등라계갑(藤蘿繫甲)이 되니 가을에도 좋고, 겨울에도 좋다.

時	日	月	年
甲	乙	○	○
申	○	戌	○

● 등라계갑(藤蘿繫甲)의 사주이다.

● 가을에도 좋고, 겨울에도 좋다.

時	日	月	年
戊	乙	壬	癸
寅	巳	戌	巳

● 巳戌원진과 寅巳형이 있다.

● 戌월 乙木은 건조하니 水가 필요하다.

● 壬癸水가 천간에 투(透)하였다.

● 어려서부터 총명하였다.

●寅巳형으로 개고될 때 편인은 잃고 관(官)을 취한다.

●절강성의 도로국장 주유경(朱有卿)의 사주이다.

時	日	月	年
丙	乙	甲	甲
子	酉	戌	寅

●乙木이 甲木을 타고 오르니 등라계갑(藤蘿繫甲)이다.

●癸水가 지장간(支藏干)에 있고 金이 水를 돕는다.

●상관 丙火는 戌에서 묘(墓)이니 정신적으로 쓴다.

●과갑(科甲)으로 명신(名臣)이 되었다.

時	日	月	年
癸	乙	戊	辛
未	卯	戌	丑

●丑戌형과 卯戌합 그리고 卯未반합이 있다.

●辛癸가 함께 투(透)하였다.

●목국(木局)이 戊土를 파괴하니 운(運)이 서쪽으로 향할 때 고시에 합격하였다.

●벼슬이 상서(尙書)에 이르렀다.

時	日	月	年
庚	乙	丙	庚
辰	亥	戌	辰

● 辰戌충이 있다.

● 辰戌충이 동(動)하면 丙火와 운(運)에서 오는 壬水는 입묘된다.

● 입묘되는 글자는 정신적으로 써야 한다.

● 지지에 辰土를 보았다.

● 丙火가 투(透)하여 진화(眞化)가 되지 못하였다.

● 고독하고 가난하였지만 장수(長壽)하였다.

삼추三秋 을목乙木

삼동(三冬) 乙木

亥월 乙木

亥월에는 추우니 亥월 乙木은 丙火를 취하고 戊土로 제방을 쌓는다. 그래서 亥월 乙木은 丙火와 戊土가 양투(兩透)하면 과갑(科甲)이다. 丙火만 있고 戊土가 없으면 과거급제는 아니어도 유림(儒林)에 속한다.

亥월 乙木의 사주가 지장간에 丙火가 많고 운(運)이 火로 향해도 역시 이름을 세상에 날린다.

亥월 乙木의 사주에 水가 많을 때 戊土가 없으면 乙木은 표류(漂流)하게 되니 방탕한 무리가 된다. 또 壬水가 하나 있을 때 戊土가 너무 많으면 좋지 않으니 甲木이 투(透)하여 戊土를 제(制)해야 좋다. 그러나 겁재(劫財)를 용(用)하는 사람은 화란(禍亂)을 일으키고 시비나 송사(訟事) 또는 남과 다투기를 좋아한다. 남녀(男女) 모두 그렇다.

亥월 乙木의 사주가 지지에 목국(木局)을 만나면 춘목(春木)처럼 木의 기운이 왕(旺)해진다. 이때 癸水가 투(透)하면 戊土를 취해야 한다. 戊土가 투(透)하고 丙火까지 투(透)하면 과거에 급제할 수 있다.

亥월 乙木의 사주에 만일 丙火와 戊土 두 글자가 모두 없으면 자성 자패(自成自敗)하여 조업(祖業)을 이을 수 없다.

- 亥亥형과 巳亥충이 있다.
- 巳火의 지장간(支藏干)에 丙火와 戊土가 있다.
- 천간에 丙戊는 투출하지 못했다.
- 巳亥충이 개고되어 乙庚합이 되면 관(官)의 기운이 생긴다.
- 운(運)이 도와주면 한 번의 과거급제는 기대할 만하다.

時	日	月	年
丁	乙	癸	戊
卯	酉	亥	戌

- 戊土는 투(透)하고 丙火 대신 丁火가 투(透)하였다.
- 卯酉충이 동(動)하여 개고되면 일간이 정관을 끌어온다.
- 운(運)에서 丙火를 보았을 때 도사(都史) 벼슬을 하였다.

子월 乙木

子월은 일양(一陽)이 시작되는 때이지만 아직 추우니 丙火를 써서 해동(解凍)하는 것이 좋다. 子월은 癸水의 시기이니 오직 丙火만을 쓴다.

子월 乙木의 사주에 한두 개의 丙火가 출간했을 때 丙火가 癸水로 손상되지 않으면 과거급제를 기대할 수 있다. 혹시 丙火가 지지에 암장(暗藏)되어도 은봉(恩封)은 있지만 풍수(風水)가 따라주어야 한다.

子월 乙木에 壬癸水가 출간했을 때 戊土가 있어서 水를 제(制)하면 능력이 있다. 이때 丙火가 지장간(支藏干)에 있어도 역시 준수한 사람이며, 壬癸水가 투출했을 때 戊土가 없으면 빈천한 사람이다.

子월 乙木의 지지에 수국(水局)이 있을 때 천간에 壬癸水가 투(透)하고 丙丁火가 전혀 없으면 戊土의 제(制)가 있다 해도 늙도록 가난하다. 운(運)이 남방인 火로 가면 약간의 의식(衣食)은 있다. 丁火는 작은 촛불과 같으니 子월 乙木은 丁火로는 해동(解凍)할 수 없다. 그래서 조후는 丁火가 담당한다. 丁火를 쓸 때는 지장간에라도 丙火가 있어야 한다.

子월 乙木의 사주에 丙丁火가 없고 戊己土만 많으면 조후가 결핍되어 하천(下賤)하다. 子월 乙木에 戊己土만 있고 火가 없으면 천하지는 않으나 평상인에 속한다.

子월 乙木이 많은 丁火를 보면 간사하다. 이때 丁火를 도울 甲木이 없으면 늙도록 고독한 홀아비로 살지만, 丁火가 甲木을 만나면 기린아 같은 제자와 지란(芝蘭)과 같은 자제들이 즐비하다.

子월 乙木의 지지에 수국(水局)이 있고 壬癸水가 양투(兩透)하면 木이 뜨게 되므로 빈천(貧賤) 또는 요절(夭折)하게 된다. 이때는 戊土의 구제(救濟)를 만나야 한다.

　겨울철 乙木은 비록 戊土가 강한 水를 억제한다고 하더라도 그보다 먼저 丙火를 취하는 것이 우선이다. 火를 쓰는 경우에는 木이 처가 되고 火가 자식이 되며, 土를 쓰는 경우에는 火가 처가 되고 土가 자식이 된다.

　子월 乙木이 동지 후에 태어나고 목국(木局)을 이루었을 때 丙火가 투간(透干)하면 부귀(富貴)한 명조(命造)이다. 혹시 丙火 대신 丁火가 천간에 투출하더라도 의식(衣食)과 녹봉(祿俸)이 있는데 이때는 癸水가 丁火를 극제(剋制)하면 안 된다.

　乙木이 동월(冬月)에 생(生)했을 때 己土가 천간에 투출하고 또 丙火가 투출하면 대부대귀(大富大貴)한 명조(命造)가 된다.

時	日	月	年
丙	乙	戊	庚
子	巳	子	申

● 丙火와 戊土가 함께 투출하였다.

● 申子반합이 있어 인수격이다.

● 월간 戊土 기준 일간 乙木은 정관이다.

● 일간 乙木 기준 시간의 丙火는 상관이다.

● 천간의 흐름은 마음의 변화를 표시한다.

● 사림(詞林)의 벼슬을 하였다.

丑월 乙木

丑월 乙木에는 丙火가 적합하다. 丙火가 있으면 추운 골짜기에 봄이 돌아오는 형상이므로 丙火와 癸水가 투출하고 격(格)이 파괴되지 않으면 과거에 급제하고 높은 벼슬을 하게 된다. 丙火가 지지에 암장되면 의식(衣食)만 족할 뿐이고, 천간 지지에 모두 丙火가 없으면 가난한 선비일 뿐이다.

丑월 乙木의 사주에 己土가 많고 甲乙木을 만나지 않으면 종재(從財)가 되어 부(富)가 왕후(王侯)와 견줄 정도이다. 그러나 만일 비겁이 있어서 종재(從財)가 되지 않으면 송곳으로 찌를 땅도 없을 만큼 가난하다.

丑월 乙木의 사주에 한무리의 戊己土가 있어도 甲木을 보면 약간의 의록(衣祿)은 있다. 그러나 丑월 乙木은 丙火를 봐야 지위가 높아진다.

時	日	月	年
辛	乙	癸	壬
巳	卯	丑	午

- 장간에 丙火와 戊土가 있다.
- 일간 기준 년월간 壬癸水는 인성이다,
- 일간 기준 시간의 辛金은 편관이다.
- 재(財)를 재물로만, 관(官)을 조직으로만 보지 않아야 한다.
- 비겁이 강해도 재관(財官)을 취하거나, 식상이 강해도 조직에 근무하는 사람이 많다.

●과거에 합격하여 벼슬이 태수(太守)에 이르렀다.

時	日	月	年
辛	乙	癸	壬
巳	酉	丑	午

●巳酉丑 금국(金局)이 있다.

●癸水가 투(透)하고 丙火는 지장간(支藏干)에 있다.

●다만, 부자일 뿐이다.

時	日	月	年
庚	乙	己	庚
辰	巳	丑	子

●丙火와 癸水가 지장간(支藏干)에 있다.

●천간의 金이 통근하여 강하다.

●살중신경(殺重身輕)의 사주이다.

●가난하게 살다가 요사(夭死)하였다.

時	日	月	年
庚	乙	癸	壬
辰	亥	丑	申

●水가 많은데 戊土는 지장간(支藏干)에 있다.

●장간의 戊土가 강한 水를 제(制)하지 못한다.

●丙火가 없어 가난한 선비이다.

삼동三冬 을목乙木

時	日	月	年
辛	乙	癸	壬
巳	丑	丑	申

● 水가 강하니 巳 중 戊土와 丙火가 용신이다.

● 천간의 글자가 모두 통근하여 힘이 있으면 좋은 팔자이다.

● 뜻을 현실에서 이룰 수 있기 때문이다.

● 운(運)도 木火로 가니 부귀겸전(富貴兼全)하였다.

삼춘(三春) 丙火

삼춘(三春) 丙火는 눈과 서리를 업신여기는 경향이 있으므로 오직
壬水를 용(用)한다. 壬水를 용(用)하면 하늘은 화평(和平)하고 땅은 윤
택(潤澤)하게 되어 음양(陰陽)이 균형을 이루니 기제(旣濟)의 공(功)을
이룬다.

寅월 丙火는 壬水를 용(用)하고 庚辛金으로 보좌하면 음양(陰陽)이
조화를 이룬다. 卯월 丙火는 壬水만 쓰고, 辰월에는 土가 중(重)하여
빛을 어둡게 하니 甲木을 취하면 좋다. 土가 강할 때는 甲木을 쓴다.

봄철에는 癸丙이 나란히 있으면 불청불우(不晴不雨)의 상(象)이 되
어 좋지 않으니 봄철 丙火에게는 癸水보다 壬水가 투(透)해야 한다. 천
간별로 좋은 관계가 있고 나쁜 관계가 있으니 정리해 두면 좋다. 丙火
는 癸水보다 壬水와의 관계가 더 좋다.

봄철 丙火의 사주에 시(時)나 월(月)에 癸水가 투출(透出)하면 흑운

차일(黑雲遮日)이 되어 좋지 못하니 壬水로 丙火를 보좌하는 것이 좋다.

寅월 丙火

寅월에는 양(陽)의 기운이 점차 강해지므로 寅월 丙火는 먼저 壬水를 취하고 庚金으로 보좌하면 좋다. 그래서 寅월의 丙火는 壬庚이 모두 투출(透出)하면 과거급제는 틀림없다. 혹시 壬水가 투출하고 庚金이 암장되면 이도(異途)로 이름을 세상에 날린다.

寅월 丙火에 庚金이 투(透)하고 한두 개의 丙火가 암장(暗藏)되면 재물을 바치고 공명(功名)을 얻는 납속주명(納粟奏名)이 된다. 이런 사람은 강개심이 있고 재능이 뛰어난 영웅이 된다. 납속주명(納粟奏名)은 귀(貴)보다는 부(富)를 취하는 팔자를 말한다.

寅월 丙火의 사주에 庚辛金이 혼잡하여 있으면 평범하다. 그러나 두 개의 庚金이 양투(兩透)하고 辛金이 없으면 청귀(淸貴)하다. 혹시 辛년 辛시인 경우에는 일간과 탐합(貪合)이 되니 주색(酒色)을 즐기게 되는데 여명(女命)도 마찬가지이다.

時	日	月	年
辛	丙	○	辛
○	○	寅	○

寅월 丙火의 사주에 丙火는 적고 壬水가 많을 때는 戊土로 제(制)하지 못하면 살중신경(殺重身輕)이 된다. 이런 사람은 악(惡)하지는 않지

만 웃음 속에 칼을 숨긴 사람으로 비행(非行)을 일삼는다. 그러나 戊土가 많은 壬水를 제(制)하면 오히려 부귀(富貴)하고 이때는 한두 개의 비견을 보면 좋아진다.

寅월 丙火의 사주에 戊土만 있고 甲木이 없으면 큰 그릇은 되지 못하고 외롭고 가난하다. 寅월 丙火는 戊土가 丙火의 빛을 어둡게 하는 것을 꺼린다. 火는 土를 보면 빛이 흐려진다.

寅월 丙火의 지지에 화국(火局)이 있을 때는 壬水를 취해야 귀(貴)를 이룬다. 만일 지지에 화국(火局)이 있을 때 壬水가 없으면 癸水라도 있어야 한다. 지지가 화국(火局)을 이룰 때 壬癸水를 모두 갖추지 못하면 戊土를 취하여 화기(火氣)를 설기(洩氣)한다고 해도 평상인에 불과하다. 戊土는 丙火의 총명함을 흐리게 하기 때문이다.

寅월 丙火가 지지에 화국(火局)을 이루면 염상(炎上)으로 간주한다. 다만, 염상격(炎上格)이 봄에 태어나면 때를 만나지 못했으므로 당연히 운(運)이 동남(東南)으로 흘러야 하고 그렇지 못하면 외롭고 가난하다.

寅월 丙火의 사주에 甲木이 있을 때 庚金이 지장간(支藏干)에서 甲木을 제(制)하면 뛰어난 수재(秀才)는 될 수 있지만 인성은 천간에 노출되고 그를 억제하는 재성은 지장간(支藏干)에 있으니 부귀(富貴)와 거리가 먼 선비일 뿐이다.

寅월 丙火의 사주에 壬水가 없어서 癸水를 쓰면 약간의 부귀(富貴)가 있다. 이때 癸水는 유근(有根)하고 왕상(旺相)해야 한다. 壬水가 아닌 癸水를 용(用)할 때 癸水가 뿌리가 없으면 안질(眼疾)이 있다. 丙火는 癸水보다는 壬水가 있어야 한다. 丙火에 壬水가 없으면 대부분 빈천하다.

寅월 丙火의 사주에 火가 많고 水가 없을 때 수운(水運)이 오면 재앙이나 죽음에 직면할 수 있다. 그 이유는 염상격(炎上格)이 되었을 때 약한 水가 강한 火를 파(破)하는 것이 좋지 않기 때문이다. 쇠자충왕왕신발(衰者冲旺旺神發) 현상이 일어나는 것이다.

寅월 丙火가 壬水를 쓰는 경우에는 金이 처가 되고, 水가 자식이 된다. 庚金을 쓰는 경우에는 土가 처가 되고, 金이 자식이 된다.

時	日	月	年
癸	丙	庚	丙
巳	午	寅	午

- 寅午반합이 있어 火가 강하다.
- 壬水 대신 癸水가 투(透)하였다.
- 운(運)에서 壬癸를 보아 좋아졌다.
- 비겁이 강하니 재관(財官)을 잘 사용할 수 있다.
- 조지부(趙知府)의 사주이다.

時	日	月	年
庚	丙	庚	丙
寅	午	寅	午

- 庚金과 丙火가 천간에 투(透)하였다.
- 서로 혼잡하지 않아 팔자가 청하다.
- 월간 기준 주변이 모두 관(官)이다.
- 일간 기준 양쪽에 편재가 있다.

●격국도 강약도 시간의 흐름에 따라 변한다.

●안찰(按察)이라는 벼슬을 하였다.

時	日	月	年
壬	丙	戊	庚
辰	寅	寅	寅

●庚金과 壬水가 함께 투출하였다.

●寅월에 戊土가 투(透)하여 식신격이다.

●식신은 한 가지 일에 집중할 수 있다.

●벼슬이 사림(詞林)에 이르렀다.

時	日	月	年
丁	丙	庚	辛
酉	子	寅	亥

●寅亥합과 子酉파가 있다.

●지지의 형충파해(刑沖破害)는 글자가 손상됨을 말한다.

●寅申巳亥의 글자는 장생하는 지장간 중기의 글자도 통변한다.

●팔자의 흐름은 연월일시, 즉 근묘화실 순서로 통변한다.

●장원(壯元)에 급제하였다.

時	日	月	年
戊	丙	壬	丁
戌	子	寅	酉

- 丁壬합과 寅酉원진이 있다.
- 선빈후부(先貧後富)한 사주이다.
- 자식을 두기 어렵다.
- 자식성은 합(合)으로 손상되었다.
- 자식궁에는 식신이 위치하여 식극관 현상이 일어난다.

卯월 丙火

卯월 丙火는 오직 壬水를 용(用)한다. 壬水가 유근(有根)하여 투간(透干)하고 丁火와 합(合) 등으로 손상되지 않고 庚辛金과 己土가 투(透)하면 과거에 급제한다.

卯월 丙火에 壬水가 없어서 己土를 쓰는 경우에는 비록 이름은 날리지 못하더라도 보통 재능과 학식이 있어 의식(衣食)은 걱정없이 산다. 물론 이때 壬水와 己土는 서로 극하지 않는 위치에 있어야 한다.

십간은 서로 좋고 나쁜 관계가 있다. 丙己는 대지보조(大地普照)의 상(象)으로 좋은 관계이지만, 壬己는 기토탁임(己土濁壬)의 상(象)으로 좋은 관계가 아니다.

卯월 丙火에 많은 壬水가 있을 때 하나의 戊土가 제(制)하면 과거급제는 아니어도 은혜로움이 있다. 많은 壬水가 있을 때 戊土가 투(透)하지 않고 辰戌丑未만 있다면 지지의 土도 가능하지만 각 지지별로 차이가 있다. 辰 중 癸水는 장간에서 戊癸합이 되어 水를 제(制)하는 土의 역할을 제대로 못하니 이때는 평범하여 의록(衣祿)만 있다.

水가 강할 때 이를 제(制)하는 土로는 戊土와 未土가 효율적이다. 丑
土는 土의 역할이 약하니 水를 제(制)하기 힘들고, 辰土도 지장간의 戊
土가 戊癸합이 되어 제 역할을 못하니 水를 제(制)하기 힘들다.

卯월 丙火에 壬水가 많을 때 천간뿐 아니라 지장간에도 戊土가 없
으면 이러한 사람은 이리저리 떠도는 사람이다. 이때 또 金이 水를 생
(生)하게 되면 하천(下賤)하게 된다.

卯월 丙火에 戊土가 많아서 壬水를 용(用)할 때, 팔자에 甲木이 없
다면 운(運)이라도 木으로 가서 강한 土를 제(制)해 주는 것이 좋다. 운
(運)에서 木이 오지 않고 土나 火가 오면 좋지 않다.

卯월 丙火에 丙子일 辛卯시이면 종화격(從化格)이 될 수도 있으나
제대로 화(化)가 되지 못하면 탐재괴인(貪財壞印)이 되어 조업(祖業)을
승계하기 어렵다. 한두 개의 丁火가 辛金을 파(破)하고 壬水가 득위(得
位)하면 부귀(富貴)하다. 비록 과거급제는 아니어도 이도(異途)로 이름
이 나고 처첩과 자식이 많다.

時	日	月	年
辛	丙	○	○
卯	子	卯	○

● 종화격(從化格)이 되지 못하면 탐재괴인(貪財壞印)이 된다.

● 종화격(從化格)이 되려면 지지에 水기운이 강하면 좋다.

● 대운에서 水가 와도 좋다.

● 그러나 水를 극하는 글자가 있으면 안 된다.

卯월 丙火의 사주가 월시(月時)가 모두 辛卯이고 丙子일이면 쟁합(爭合)이 된다. 이때 년간(年干)에 辛金을 제(制)하는 丁火가 투(透)하지 않으면 혼미(昏迷)하고 주색(酒色)에 빠지니 년간(年干)에 丁火가 투(透)해야 길하다. 그러나 이론적인 설명이고, 이러한 팔자가 년간(年干)에 丁火가 투(透)할 수는 없다.

時	日	月	年
辛	丙	辛	○
卯	子	卯	○

●두 개의 辛金과 쟁합(爭合)이 된다.

卯월 丙火의 팔자가 지지에 목국(木局)을 만나면 간사하게 재물을 얻고 주색(酒色)으로 이름을 날린다.

卯월 丙火는 결론적으로 壬水를 용신으로 하고 壬水가 없으면 己土를 용(用)하는 것이 최선이다. 壬水를 용신으로 쓰는 경우는 金이 처가 되고, 水가 자식이 된다.

時	日	月	年
己	丙	己	乙
亥	申	卯	亥

●亥卯반합과 卯申원진 그리고 申亥해가 있다.

●장간의 壬水와 庚金을 쓴다.

●卯월에 乙木이 투(透)하여 인수격이다.

- 월간 己土 기준 丙火는 인수이다.

- 일간 丙火 기준 양쪽의 己土는 상관이다.

- 시간의 흐름에 따라 기준점을 달리하며 통변해야 한다.

- 효렴(孝廉)이라는 벼슬을 하였다.

時	日	月	年
己	丙	乙	戊
亥	午	卯	戌

- 卯戌합과 午卯파가 있다.

- 합(合)이든 파(破)든 묶이고 깨져서 글자가 제대로 작용하지 못한다.

- 己土가 투(透)하고 壬水는 지장간(支藏干)에 있다.

- 卯월에 乙木이 투(透)하여 인수격이다.

- 이장원(李狀元)의 사주이다.

時	日	月	年
己	丙	丁	己
亥	申	卯	亥

- 亥卯반합과 卯申원진 그리고 申亥해가 있다.

- 팔자에 있는 모든 것들은 운(運)에서 동(動)하면 실제로 일어난다.

- 무과(武科)에 선발되었다.

- 자식은 두지 못했다.

辰월 丙火

辰월 丙火도 壬水를 용(用)한다. 辰월 丙火가 지지에 토국(土局)을 이루면 甲木으로 극하여야 하고 이때도 壬水는 없으면 안 된다. 辰월 丙火에 지지 토국(土局)일 때 壬甲이 양투(兩透)하면 과거에 합격하고, 庚金이 출(出)하여 甲木을 제(制)하면 수재(秀才)로 그칠 수 있다. 土가 많을 때 甲木이 없으면 庚金을 사용하여 壬水를 돕고 강한 木의 기운을 설기(洩氣)해야 한다. 辰월에는 土가 강하므로 甲木이 보좌하지 않으면 귀격(貴格)이 되기 어렵다.

辰월 丙火에 壬水가 투(透)하고 甲木이 암장(暗藏)되면 부(富)는 크나 귀(貴)는 작다. 그리고 甲木만 있고 壬水가 없으면 분주하게 부정한 재물을 모은다. 壬水는 암장(暗藏)되고 甲木이 없으면 일개 한유(寒儒)일 뿐이다. 辰월 丙火에 壬甲이 모두 없으면 우매하고 빈천하며, 辰월 丙火에 乙丁이 뒤섞여 어지럽게 있으면 범부(凡夫)에 속한다.

辰월 丙火에 壬水를 쓰는 경우에는 金이 처가 되고, 水가 자식이 된다. 甲木을 쓰는 경우에는 水가 처가 되고, 木이 자식이 된다.

時	日	月	年
戊	丙	甲	壬
戌	戌	辰	辰

- 壬水와 甲木이 투(透)하였다.
- 월령인 辰에서 戊甲壬이 투(透)하였다.
- 월지에서 투(透)한 글자가 힘이 있다.

- 팔자의 글자는 힘이 있어야 잘 사용할 수 있다.
- 『자평진전』식 격(格)을 따지자면 식신격이다.
- 천간의 흐름이 水生木, 木生火, 火生土로 흐른다.
- 탈승상(脫丞相)의 사주이다.

時	日	月	年
丙	丙	壬	丙
申	申	辰	戌

- 壬水가 뿌리를 두고 강하게 투(透)하였다.
- 뜨거운 丙火의 기운을 조절해 줄 것이다.
- 辰戌충이 있다.
- 子운에는 申子辰이 되어 水가 강해져 격국도 바뀌고 강약도 바뀔 것이다.
- 『궁통보감』을 쓴 서락오의 사주이다.
- 서락오는 본인의 사주를 그렇게 좋게 설명하지 않고 있다.
- 같은 팔자라도 팔자의 격국과 환경 그리고 운(運)에 따라 달리 보일 것이다.

時	日	月	年
壬	丙	丙	癸
辰	午	辰	丑

- 두 개의 丙火가 있으면 뜨거우니 십간론에서는 丙丙을 좋게 보지 않는다.

- 壬水가 뜨거운 丙火를 적절하게 통제하고 있다.
- 丙火와 壬水와의 관계는 바다의 일출과 일몰과 같다.
- 물론 두 글자의 힘이 균형이 잡혔을 경우이다.
- 벼슬이 태수(太守)에 이르렀다.

時	日	月	年
癸	丙	壬	辛
巳	戌	辰	卯

- 辰戌충과 巳戌원진이 있다.
- 형충 등은 변화를 통한 경쟁력으로 통변할 수도 있다.
- 모든 프로들은 힘든 과정을 겪어야 한다.
- 원진이나 귀문 등은 신경이 예민하여 정신적으로 발달할 수도 있다.
- 모든 것에는 음양이 있으니 보는 관점에 따라 달리 해석될 수 있다.
- 주어진 팔자의 능력이나 적성을 잘 살려가면 좋다.
- 향시(鄕試)의 일종인 명경(明經)에 선발되었다.

삼하(三夏) 丙火

삼하(三夏) 丙火는 양(陽)의 기운이 무척 강한 때이니 오직 壬水를 용(用)한다. 亥 중 壬水는 무력(無力)하고, 申 중 壬水는 부귀(富貴)하다. 亥 중 壬水는 여름철 巳월에는 巳亥충, 午월에는 亥와 암합, 未월에는 亥未 목국(木局)이 되어 壬水를 제대로 쓸 수가 없다.

巳월 丙火는 壬水를 쓰고 壬水도 약하니 庚金으로 보좌한다. 午월 丙火도 壬水를 전용하며 壬水가 투(透)하면 부귀(富貴)하다. 이때 丁火가 천간에 투(透)하면 丁壬합이 되니 壬水와 함께 癸水도 있는지 살펴야 한다. 未월 丙火도 壬水를 용(用)하지만 壬水가 약하니 庚金으로 보좌해야 한다.

午월 丙火는 양인이 되니 양인이 칠살과 합하면 위엄과 권세(權勢)가 만리(萬里)에 미친다. 午월 丙火에 丁火 양인이 태왕(太旺)하면 양인도과(羊刃倒戈)가 되어 자신을 해친다.

215

壬水를 용(用)할 때는 丙火가 생왕(生旺)하여 튼튼한 뿌리를 내리는 것이 좋다. 丙火에 壬水가 좋다고 하지만 壬水가 너무 많으면 살중신경(殺重身輕)이 되니 꺼린다.

巳월 丙火

巳월 丙火는 건록(建祿)으로 火의 기운이 엄청 강하니 壬水를 전용해야 기제(旣濟)의 공(功)을 이룬다. 巳월에는 壬水도 약하니 수원(水源)인 庚金이 있으면 좋다. 그래서 壬水와 庚金이 함께 투출(透出)하고 戊土가 없으면 호수왕양(湖水汪洋)이 되어 문명지상(文明之象)이 된다. 이렇게 되면 과거에 합격하고 재주가 뛰어나며 은봉(恩封)의 영화(榮華)가 있다.

巳월 丙火에 壬水가 없으면 癸水를 차선으로 쓴다. 壬水 대신 癸水가 있고 庚金도 함께 투(透)하면 부유하지는 않아도 귀(貴)하다. 그러나 심성(心性)이 좋지 않고 모사(謀事)를 잘 꾸미는 경향이 있다. 巳월 丙火에 壬癸가 모두 없으면 어리석고 둔하다.

巳월 丙火의 사주가 화염(火炎)할 때 이를 제(制)하지 않으면 승도(僧徒)의 무리이거나 또는 요절(夭折)할 수 있다. 巳월 丙火에 많은 庚金이 있고 비겁이 없으면 부(富)는 있으나 귀(貴)는 없다.

巳월에 태어난 丙午 일주(日柱)일 때 壬水가 많으면 戊土의 제(制)가 있어야지 그렇지 못하면 건달의 무리가 된다.

巳월 丙火가 지지에 수국(水局)을 보고 壬水가 거듭 투(透)하여 水

가 중중(重重)할 때 戊土로 제(制)하지 못하면 도적의 명(命)이다. 戊土
대신 己土를 보면 신분이 천하고 어리석은 사람이다. 己土는 戊土보다
水를 제(制)하는 힘이 약하다.

巳월 丙火 일주에 壬水 칠살을 쓰는 살인격(殺刃格)은 살(殺)과 인
(刃)이 균형을 이루어야 살인상정(殺刃相停)의 권위(權威)가 나타난다.

巳월 丙火가 壬水를 쓰는 경우에는 金이 처가 되고, 水가 자식이다.

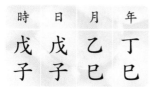

- 천간합 중에서도 戊癸합은 동(動)하지 않아도 합이 될 정도로 강력
  하다.
- 戊土는 子 중 癸水와 동(動)하지 않아도 합한다.
- 巳월 丙火에 필요한 水가 지장간(支藏干)에 있다.
- 장간의 재관(財官)이 강하다.
- 향시(鄕試)에 수석으로 합격하였다.

時	日	月	年
甲	丙	辛	乙
午	午	巳	未

- 巳午未방합과 丙辛합이 있다.
- 염상격(炎上格)을 방해하는 辛金이 있다.
- 丙火운(運)이 오면 辛金이 합거(合去)된다.

- 벼슬이 태수(太守)에 이르렀다.
- 팔자원국도 근묘화실 시기에 따라 강약과 격국 등이 변한다.
- 또 팔자는 운(運)에 의해서 변한다.
- 변하지 않는 것은 없다.
- 변하고 변하는 것이 역(易)이다.

時	日	月	年
丙	丙	辛	庚
申	寅	巳	子

- 丙辛합과 寅申巳 삼형이 있다.
- 지지가 동하면 현실 환경이 움직이게 된다.
- 천간이 동하면 마음이나 생각 등이 움직인다.
- 申운에 과거에 일등으로 합격하였다.
- 寅申巳가 동할 때였다.

午월 丙火

午월이 되면 더욱 뜨거워지니 午월 丙火는 壬水와 庚金이 투출(透出)하면 상격(上格)이 된다. 혹시 壬水만 있고 庚金이 없으면 공감(貢監)은 한다. 만일 戊己土가 투(透)하여 壬水를 극하거나 丁火가 있어 丁壬합이 되면 평상인이다.

午월 丙火에 庚壬이 투(透)하지 않더라도 지지에 申이 있으면 申 중

壬水와 庚金이 장생(長生)과 록(祿)이 되니 사림(詞林)에 들어갈 수 있다. 이때 戊己土가 있으면 화염토조(火炎土燥)로 혼탁해져서 성격(成格)되어도 이도(異途)로 간다.

午월 丙火에 화국(火局)이 있을 때 水가 없으면 의지할 곳 없는 독신(獨身)이거나 승도(僧徒)의 명(命)이다. 午월 丙火에 한두 개의 癸水가 있어도 火土가 많으면 용신이 무력(無力)하니 소경이 되기 쉽다.

午월 丙火에 戊己土가 투(透)하면 강한 火를 설기시키니 좋을 것 같지만 화염토조(火炎土燥)가 되어 형극(荊棘)과 고독을 면할 수 없다. 이때 운(運)이 북(北)으로 간다고 해도 원국이 조열(燥熱)할 때는 소량(小量)의 水는 오히려 강한 火를 격동시키기 때문에 흉(凶)하다.

午월 丙火가 염상격(炎上格)을 이루었을 때 사주나 운(運)에서 庚辛金을 만나지 않고 甲乙木을 많이 보면 대부대귀(大富大貴)하다. 그러나 운(運)이 수운(水運)으로 가면 좋지 않다.

염상격(炎上格)이 될 때 토운(土運)은 화염토조(火炎土燥)가 되어 부(富)는 크나 귀(貴)는 사라진다. 화토상관(火土傷官)은 보통 귀하지 못하고 천업(賤業)과 관련이 있다.

午월 丙火에 庚金과 癸水가 투(透)하면 의식(衣食)과 녹봉(祿俸)이 충분하다. 이때 지지에 火가 가벼우면 눈병이 없고, 지지에 子水를 보면 이도(異途)로 간다.

午월 丙火가 지지에 토국(土局)을 이루어 설기(洩氣)가 태과할 때 甲木이 출간(出干)하여 土를 제(制)하고 火를 생(生)하면서 壬水로 자윤(滋潤)하면 부귀(富貴) 장수한다.

午월 丙火의 사주는 庚壬은 좋으나 庚癸는 격(格)이 떨어진다. 癸水

가 丙火의 빛을 가리기 때문이다.

時	日	月	年
壬	丙	丙	丁
辰	子	午	卯

● 午卯파와 子午충 그리고 子辰반합이 있다.

● 지지에 형충파해가 있으면 살아가면서 많은 변화를 겪는다.

● 子辰반합이 있고 壬水가 투(透)하여 강한 火를 제(制)한다.

● 水가 강할 때는 수원(水源)인 庚辛金은 없어도 좋다.

● 『자평진전평주』에 나오는 용제광(龍濟光)의 사주이다.

時	日	月	年
壬	丙	甲	辛
辰	申	午	丑

● 午월의 丙火로 양인격(陽刃格)이다.

● 壬水가 천간에 투출(透出)하고 申辰이 있어 水도 강하다.

● 子운이 오면 삼합이 되어 水가 더욱 강해질 것이다.

● 살인상정(殺刃相停)으로 균형을 이룬 승상(丞相)의 사주이다.

● 같은 승상(丞相)이라도 팔자에 따라 다른 성향과 시절을 보낼 것이다.

時	日	月	年
戊	丙	甲	辛
戌	申	午	未

● 午월의 丙火이니 양인격(陽刃格)이다.

● 양인(陽刃)의 강한 힘이 시주의 戊戌로 설기(洩氣)되고 있다.

● 火土로 조열하니 申 중 壬水가 유용하다.

● 조후(調候)는 장간의 글자로도 유용하게 쓸 수 있다.

● 염운사(鹽運使)를 지낸 서락오 동네의 요문부(姚文敷) 사주이다.

時	日	月	年
己	丙	壬	庚
亥	戌	午	寅

● 寅午戌이 있어 火가 강하다.

● 壬水가 亥水에 통근하여 火를 통제한다.

● 庚金이 壬水를 도와 수원(水源)의 역할을 하고 있다.

● 천간이 뿌리를 두고 있으면 지지를 관리할 수 있다.

● 午월 丙火에 庚壬이 투(透)하면 귀(貴)하다.

時	日	月	年
庚	丙	甲	丙
寅	午	午	子

● 子午충과 午午형 그리고 寅午반합이 있다.

● 양인과 寅午반합 등으로 火의 기운이 무척 강하다.

● 뿌리에 있는 년지 子水의 역할이 크다.

● 운(運)도 金水로 흘러 좋았다.

● 장국감의 사주이다.

時	日	月	年
己	丙	戊	戊
丑	申	午	戌

- 화염토조(火炎土燥)의 사주이다.
- 午戌반합에 午午형 그리고 丑午원진이 있다.
- 팔자원국의 격국이나 강약은 운(運)에 따라 변한다.
- 그러나 원국은 체(體)이므로 변하지 않는 부분이 있다.
- 건물의 용도는 운(運)에 따라 변하지만 층수나 외형은 좀체 변하지 않는다.
- 채송화는 기후나 날씨에 따라 변하지만 채송화가 나팔꽃이 되지는 않는다.
- 노복(奴僕)의 사주이다.

時	日	月	年
甲	丙	戊	戊
午	辰	午	申

- 午월의 丙火는 양인(陽刃)으로 火가 강하다.
- 火土가 혼잡된 사주이다.
- 지장간의 水가 조후(調候)를 맞추고 있다.
- 운(運)도 金水로 가니 좋다.
- 양현령(楊縣令)의 사주이다.

未월 丙火

未월은 삼복생한(三伏生寒)하는 때이니 未월 丙火는 壬水를 쓰고 庚金으로 보좌한다. 庚壬이 양투(兩透)하고 서로 붙어 상생하면 과거에 합격하여 이름을 날린다. 만일 庚金은 없고 壬水만 있을 때 戊土가 없다면 소부소귀(小富小貴)하다. 이때 戊土가 있어 壬水를 제(制)하면 향현(鄕賢)으로 그칠 것이다. 庚金이 없어도 壬水의 뿌리가 견고하다면 역시 부귀(富貴)하다.

未월 丙火에 己土가 출간(出干)하여 壬水를 탁하게 하면 빈곤하고 속인(俗人)이다. 壬水는 없고 己土만 출간(出干)하면 천하고 우둔하게 되는데 남녀가 모두 마찬가지이다.

未월 丙火에 많은 丙火가 천간에 있을 때는 양(陽)이 극에 이르러 음(陰)을 생하니 간지에서 庚壬을 모두 보면 등과급제이다.

巳午월 丙火가 壬水를 용(用)할 때는 운(運)이 서북(西北)으로 가면 좋지만, 未월 丙火가 壬水를 쓰는 경우에는 운(運)이 서남(西南)으로 가는 것이 좋다. 그 이유는 未월 丙火는 상관격(傷官格)으로 수운(水運)이 오면 상관견관(傷官見官)이 되어 파란(波蘭)이 있을 수 있기 때문이다.

삼하(三夏) 丙火가 금운(金運)으로 가면 '천석지기'가 된다는 말이 있다.

삼하三夏 병화丙火

時	日	月	年
壬	丙	丁	壬
辰	申	未	寅

- 월지 未에서 丙丁火가 투(透)하였다.

- 壬水도 申辰에 뿌리를 두고 있다.

- 丁壬합으로 丁火와 壬水는 약해졌다.

- 申辰에 뿌리를 둔 시간의 壬水가 火를 통제한다.

- 지위가 상서(尙書)에 이르렀다.

時	日	月	年
己	丙	己	戊
亥	戌	未	午

- 火土의 기운이 강하다.

- 亥 중 壬水와 甲木의 역할이 크다.

- 선빈후부(先貧後富)하였다.

- 寅운에 寅午반합으로 火가 더욱 강해진다.

- 이때 사망하였다.

- 구름이나 산의 모습은 보는 사람에 따라 다르다.

- 글을 쓰거나 그림을 그릴 때 다른 사람의 것을 베끼거나 모방하면 안
  된다.

- 팔자의 통변도 그렇다.

- 기본이 다져지면 자기만의 방식을 찾아야 한다.

時	日	月	年
壬	丙	丁	壬
辰	寅	未	寅

- 未월에 丙火로 火가 강하다.
- 丁火는 丁壬합으로 약해졌다.
- 시간의 壬水가 약하므로 水 대운(大運)에 발달하였다.
- 丙火에게 壬水는 칠살이지만 바다에 떠오르는 태양처럼 좋은 관계이다.
- 甲木에게 庚金도 칠살이지만 도끼로 장작을 패는 물상으로 좋은 관계이다.
- 甲木에게 辛金은 정관이지만 면도칼로 소나무를 자르는 것과 같아 좋지 않다.
- 십신 중심의 통변이 아닌 간지 중심의 통변이 되어야 한다.
- 하각로(夏閣老)의 사주이다.

時	日	月	年
戊	丙	丁	壬
戌	申	未	寅

- 위의 사주와 비슷하지만 일시(日時)는 다르다.
- 조열한 사주에 水가 있는지 없는지의 차이이다.
- 壬水가 투(透)하였으나 합(合)이 되었다.
- 위의 사주에는 또 하나의 壬水가 있었다.
- 걸인(乞人)으로 살다가 죽었다.
- 팔자의 일부분만 보고 판단하는 단식통변을 경계해야 한다.

삼하三夏 병화丙火

時	日	月	年
癸	丙	辛	己
巳	午	未	巳

● 巳午未 화국(火局)이 형성되어 火土가 무척 강하다.

● 시간의 癸水는 증발되고 월간의 辛金은 녹았다.

● 운(運)도 역행하니 도움이 안 된다.

● 『조화원약평주』에 나오는 노비의 팔자이다.

申월 丙火

申월 丙火는 태양이 서쪽으로 넘어가는 때로 양기(陽氣)가 쇠(衰)해
진다. 丙火는 土를 보면 어두워지지만 壬水를 용(用)하면 태양이 호수
를 비춘 것처럼 하늘이 빛나게 된다. 丙火는 壬水를 보면 광휘(光輝)가
빛난다. 申월 丙火는 약해지기 쉬우니 寅이나 巳에 통근하면 좋다.

申월 丙火에 壬水가 많을 때 하나의 戊土가 출하여 제(制)하면 현달
(顯達)하고 권세(權勢)가 있다. 壬水가 투간(透干)하고 다시 戊土가 투
간(透干)하면 과거에 급제한다. 만일 戊土가 투간(透干)하지 않고 지장
간(支藏干)에만 있으면 생원(生員)에 불과하고, 壬水가 많을 때 戊土가
없으면 평상인이다. 혹시 戊土가 많을 때 壬水가 적다면 평상인이다.

申월 丙火가 많은 辛金을 보면 기명종재(棄命從財)가 되어 과거급

제는 아닐지라도 크게 은영(恩榮)이 있다. 다만, 친척에게 의지하여 벼슬에 나가는 경우가 많다.

종재(從財)할 경우에는 재(財)가 생하는 것이 처가 되고, 재(財)가 극하는 것이 자식이 되므로, 水를 처로 삼고 木을 자식으로 삼는다.

時	日	月	年
壬	丙	丙	丙
辰	申	申	戌

● 세 개의 丙火는 戌에서 12운성 묘(墓)이다.
● 묘지에 갇힌 것처럼 살면 목숨은 유지할 수 있다.
● 운(運)도 金水로 가니 답답함이 더했을 것이다.
● 어려서 요절(夭折)했다고 한다.
● 서락오 친척의 사주이다.

時	日	月	年
壬	丙	丙	丙
辰	午	申	辰

● 위 사주처럼 세 개의 丙火가 투(透)했다.
● 丙火는 辰에서 12운성 관대(冠帶)이고 午에서 제왕(帝旺)이다.
● 자기의 능력을 마음껏 발휘할 수 있다.
● 壬水도 통근하여 음양(陰陽)의 균형을 맞추고 있다.
● 壬水도 뿌리가 튼튼하다.
● 일간도 칠살도 튼튼하여 신살균정(身殺均停)이 되었다.

●壬丙은 강휘상영(江暉相暎)으로 팔자의 그릇이 크다.

●어느 상서(尙書)의 명(命)이다.

時	日	月	年
壬	丙	戊	壬
辰	申	申	戌

●두 개의 壬水가 천간에 투(透)했다.

●戊土와 壬水가 균형을 이루고 있다.

●水가 강할 때는 戊土로 제(制)하면 좋다.

●십간론에서 丙戊壬은 좋은 관계로 그릇이 크다.

●물론 세 글자의 힘이 균형을 이루었을 때이다.

●태백산에서 동해에 떠오르는 태양을 보는 물상이다.

●戊土가 칠살 壬水를 제압하여 벼슬이 태사(太史)에 이르렀다.

時	日	月	年
庚	丙	甲	乙
寅	申	申	未

●12운성이 甲木은 申에서 절(絶), 丙火는 申에서 병(病), 庚金은 寅에서 절(絶)이다.

●병사묘절(病死墓絶) 등 음(陰)의 영역은 실내에서 정신적으로 써야 한다.

●밖에서 활동이 힘드니 실내에서 머리를 쓰며 살아야 한다는 뜻이다.

●학문이나 종교, 사상, 철학 등으로 나가면 좋다.

삼추三秋 병화丙火

- 참정(參政) 벼슬을 하였다.
- 일시의 寅申충은 삶의 후반이 순탄하지 않음을 의미한다.

酉월 丙火

酉월은 황혼(黃昏)에 가까우나 아직은 여광(餘光)이 남아 있으므로 酉월 丙火는 壬水를 용(用)한다.

酉월 丙火의 사주에 丙火가 많을 때 하나의 壬水가 투(透)하면 과거급제(科擧及第)에 부귀쌍전(富貴雙全)이다. 이때 壬水가 투(透)하지 않고 지지에 암장(暗藏)되면 수재(秀才)이다. 만약 壬水가 없으면 癸水도 가능하지만 공명(功名)이 오래가지는 않는다. 申월과 酉월의 丙火가 壬水를 용(用)할 때는 丙火는 많을수록 좋다.

酉월 丙火에 壬水가 있어도 戊土가 많아서 水를 제(制)하면 겉으로는 유림(儒林) 행세를 하지만 어렵게 산다.

酉월 丙火에 辛金이 투(透)했는데 종화(從化)가 되지 않으면 늙도록 빈곤하고, 이때 丁火가 辛金을 제(制)하면 사람됨이 간사하고 위아래를 분간하지 못한다. 여명(女命)이 이와 같으면 말이 많고 음천(淫賤)하다.

酉월 丙火의 사주에 금국(金局)을 이루고 辛金이 출간(出干)하지 않으면 종재(從財)가 아니고 재다신약(財多身弱), 부옥빈인(富屋貧人)이다. 이렇게 되면 높은 벼슬아치의 집에서 심부름하는 머슴이다. 이때 辛金이 출간(出干)하고 비겁이 없다면 종재격(從財格)이 되어 부귀(富貴)하며 친척들의 도움이 있고, 처는 어질며 내조를 잘한다.

酉월 丙火가 水를 용(用)하는 경우에는 金이 처가 되고 水가 자식이
되며, 종재격(從財格)이 되면 水가 처가 되고 木이 자식이 된다.

時	日	月	年
丁	丙	丁	丙
酉	午	酉	子

- 천간이 모두 火이고 지지는 모두 金水이다.
- 지지가 모두 왕지(旺地)이니 金水의 중심부에서 살아간다.
- 운(運)의 지지가 水木, 즉 관인(官印)으로 흐른다.
- 출장입상(出將入相)하는 사주이다.

時	日	月	年
乙	丙	乙	庚
丑	申	酉	申

- 乙庚합金으로 합화(合化)가 되니 金의 기운이 강하다.
- 시간(時干)의 乙木 인수(印綬)는 뿌리가 없어 허약하다.
- 뿌리 없이 떠 있는 인수(印綬)에게 의존할 수는 없다.
- 종재격(從財格)이 성립하지만 순수한 것은 아니다.
- 왕십만(王十萬)의 사주이다.

時	日	月	年
丁	丙	丁	丙
酉	辰	酉	寅

- 월일시지에 酉辰酉가 있다.
- 합이 합을 풀어 체(體)의 영역인 원국에서 합은 없는 것으로 본다.
- 그러나 세월의 용(用)의 영역에서는 합이 되는 글자들은 역할이 약해진다.
- 체(體)와 용(用)의 구분은 명리 공부의 기본 중 하나이다.
- 체격〔體〕과 하는 일〔用〕을 생각해 보면 된다.
- 지위가 상서(尙書)에 이르렀다.

時	日	月	年
戊	丙	癸	己
子	子	酉	卯

- 재격(財格)에 식신(食神)이 투(透)하였다.
- 癸水 정관의 뿌리도 튼튼하다.
- 참융(參戎＝군지휘관)의 벼슬을 하였다.
- 음형살(陰刑殺)이 중(重)하여 卯운에 사망하였다.

戌월 丙火

戌월에는 丙火가 입묘(入墓)하는 때이다. 土는 빛을 어둡게 하므로 甲木을 써서 土를 제(制)하고 다음으로 壬水를 취한다. 그래서 戌월 丙火에 甲壬이 양투(兩透)하면 부귀(富貴)하다. 壬水 대신 癸水가 투간(透干)해도 괜찮지만 과거급제는 못하고 이로(異路)로 공명(功名)을 이룬다. 壬癸가 지지에 암장(暗藏)되면 공감(貢監)에 그치고, 甲木이 암장(暗藏)되고 壬水가 투(透)하면 수재(秀才)이다. 이때 甲木은 庚金으로 손상되지 않아야 한다. 혹시 戊土와 庚金이 水木을 곤(困)하게 하면 평범한 인물이며, 甲壬癸가 모두 없으면 하격(下格)이다.

戌월 丙火에 많은 火土가 있으면 스스로 메마르니 고향을 떠나지 않으면 양자(養子)로 가거나 세상을 떠돌아다닌다. 만일 고향을 떠나지 않더라도 가업(家業)을 계승하지 못한다. 이때 庚辛壬癸 중에서 어느 것도 천간에 투출(透出)하지 않으면 요절(夭折)한다.

戌월 丙火가 지지에 화국(火局)을 이루어도 염상격(炎上格)은 되지 못한다. 戌월은 火가 입묘(入墓)되는 시기이니 火가 강하지 않기 때문에 염상격을 이룰 수 없다. 염상격(炎上格)이 아닐 때 만일 운(運)이 남방으로 가면 가난이 뼈에 사무친다.

戌월 丙火가 甲木을 쓰는 경우에는 水가 처가 되고, 木이 자식이 된다. 壬水를 쓰는 경우에는 金이 처가 되고, 水가 자식이 된다.

時	日	月	年
戊	丙	壬	戊
戌	子	戌	戌

●십간론에서 戊壬丙의 관계는 스케일이 크다.

●큰 산과 바다와 태양의 물상이다.

●십신 중심의 통변이 맞지 않은 부분이 많아 십간론이 등장했다.

●십간론도 팔자의 체(體)의 영역을 볼 때 사용한다.

●호회원(胡會元)의 사주이다.

時	日	月	年
戊	丙	甲	己
子	子	戌	亥

●甲木이 천간에 투(透)하고 壬水는 지장간(支藏干)에 있다.

●戌월에 戊己土가 투(透)하여 식상격이다.

●甲己합이 있으니 己土는 약해져서 식신격이다.

●戌월이 아닌 辰월이라고 해도 똑같이 식신격이 된다.

●『자평진전』식 격국(格局)의 허점이다.

●팔자는 오행이나 십신이 아닌 천간 지지로 보는 것이 더 구체적이다.

●『난강망』은 월별로 각 천간을 분석하여 더 구체적이다.

●효렴(孝廉)이 되었다.

時	日	月	年
戊	丙	戊	丙
戌	午	戌	申

- 천간은 모두 火土이고 지지에는 午戌반합이 있다.

- 火土가 강하니 水가 시급하다.

- 申 중의 壬水가 유용하다.

- 壬水나 癸水 운(運)이 오면 좋을 것이다.

- 선빈후부(先貧後富)하였다.

時	日	月	年
壬	丙	壬	戊
辰	寅	戌	戌

- 십간론에서 좋은 관계인 戊壬丙이 투(透)하였다.

- 투(透)했다고 모두 좋은 것은 아니다.

- 동등한 힘을 가지면 좋다.

- 壬水의 뿌리가 약하다.

- 壬水의 뿌리가 오는 운(運)에 좋아질 것이다.

삼추三秋 병화丙火

심동(三冬) 丙火

亥월 丙火

亥월 丙火는 보이지 않는 곳에서 휴식을 취한다. 甲戊庚이 출간하면 대체로 인물이 청렴하고 고상하며 과거에 급제한다. 만일 辛金이 투(透)하고 辰土를 만났을 때 합화(合化)가 되면 대귀(大貴)하다. 그러나 亥월 丙火에 甲戊庚이 모두 투(透)하는 사주는 실제로는 없으니 이론에 불과하다.

亥월 丙火에 壬水가 많고 甲木이 없으면 기명종살(棄命從殺)이 되어 과거급제는 못해도 관료로 나갈 수는 있다. 혹시 壬水가 많다 하더라도 甲木이 있으면 종살(從殺)이 안 되므로 이때는 마땅히 戊土나 己土를 써서 강한 壬水를 제(制)해야 한다. 壬水와 己土는 불순(不純)하지만 水가 강할 때는 己土라도 써서 水를 억제시켜야 한다. 강한 水를 제(制)할 때는 己土보다는 戊土가 적합하다.

亥월 丙火는 결론적으로 木이 왕(旺)하면 庚金을 쓰고, 水가 왕(旺)하면 戊土를, 火가 왕(旺)하면 壬水를 써야 한다.

時	日	月	年
庚	丙	乙	甲
寅	戌	亥	申

- 甲木과 庚金은 투(透)하고 戊土는 지장간(支藏干)에 있다.
- 亥월에 甲乙木이 투(透)하여 인수격이다.
- 시간의 흐름에 따라 甲木을 쓰다가 乙木을 쓸 것이다.
- 寅戌이 있으니 午운이 오면 삼합이 되어 일간의 힘은 강해진다.
- 유운사(劉運使)의 사주이다.
- 관찰사와 같은 이름인 염사(廉使)가 되었다.

時	日	月	年
戊	丙	辛	壬
子	戌	亥	辰

- 亥월에 壬水가 투(透)하여 칠살격이다.
- 칠살격이 흉신(凶神)에 속한다고 나쁜 것은 아니다.
- 『자평진전』에서는 삶의 굴곡이 심한 십신을 흉신(凶神)이라고 하였다.
- 역사에 이름을 남긴 사람들은 살상효인(殺傷梟刃)의 사흉신의 격(格)이 많다.
- 칠살격이 재(財)를 만나면 보통 파격인데 위치나 글자에 따라 다르다.

- 월간의 辛金은 丙辛합으로 壬水를 생(生)하는 것이 약하다.
- 효렴(孝廉)에 천거되었다.

時	日	月	年
壬	丙	己	辛
辰	子	亥	巳

- 亥 중 壬水가 투(透)하여 칠살격이다.
- 巳亥충과 子辰반합이 있다.
- 丑운이나 申운에는 방합이나 삼합이 되어 삶이 크게 변할 것이다.
- 합국(合局)이 성립되는 운(運)에는 미약한 오행이 타격을 받아 삶의 변화가 많다.
- 巳亥충이 개고되는 운(運)에는 丙辛합이나 甲己합이 이루어진다.
- 丙辛합이 되면 합화(合化)가 되어 관(官)을 취할 수 있다.
- 크게 부귀(富貴)하고 장수(長壽)를 누렸다는 팔자이다.

子월 丙火

子월은 일양(一陽)이 생기는 때이다. 子월 丙火는 壬水를 용(用)하고 다음으로 戊土를 쓴다. 壬水가 강한 亥월만 제외하고 丙火와 壬水는 좋은 관계가 된다. 그래서 子월 丙火에 壬戊가 양투(兩透)하면 과거에 급제하고, 戊土 대신 己土가 투(透)하면 이로(異路)로 공명(功名)을 이룬다. 壬水가 없고 癸水가 출간(出干)하면 金이 도와주어야 하고 이

때 丙火가 투(透)하면 의금(衣衿)을 기대할 만큼 좋아진다.

子월 丙火에 많은 壬水가 있다면 戊土를 용(用)한다. 戊土로 많은 壬水를 제(制)하면 명리(名利)는 없으나 문장은 뛰어나다. 명리(名利)가 약한 것은 戊土가 丙火의 빛을 어둡게 하기 때문이다. 만일 甲木이 있어 戊土를 제(制)하면 병(病)이 있을 때 약(藥)도 있으니 좋다. 壬水를 써야 할 때 癸水를 써도 무방하지만 드러나게 현달(顯達)할 수는 없다.

子월 丙火에 壬水가 많을 때 甲木이 없으면 기명종살(棄命從殺)이 되어 벼슬길에 오른다. 그러나 子월 丙火에 壬水가 많을 때 戊土를 쓰면 오히려 일간이 쇠약해지니 문장은 뛰어나도 가난하고 고생한다.

子월 丙火에 水가 많을 때 甲木이 있다면 종살(從殺)이 되지 않는다. 이때는 己土로 강한 水를 억제하여 壬水를 혼탁하게 하면 좋다. 水가 많아 어지러울 때 己土가 있어 壬水를 탁(濁)하게 하면 甲木에는 좋은 터전이 될 수 있다.

亥월과 子월의 丙火는 거의 비슷하다.

時	日	月	年
辛	丙	甲	癸
卯	戌	子	未

● 子未원진과 卯戌합이 있다.

● 천간에는 일간과 합이 되는 丙辛합이 있다.

● 일간과 합이 되는 글자는 일간과 유정(有情)하니 정재와 유정하다.

● 일간과 합이 되는 글자는 가장 이상적인 음양관계이므로 배우자로 보기도 한다.

삼동三冬 병화丙火

- 子월에 癸水가 투(透)하여 정관격이다.
- 팔자 전체를 한마디로 정의할 때 격(格)으로 구분한다.
- 더 구체적인 팔자를 볼 때는 근묘화실이나 운을 대입하여 흐름을 봐야한다.
- 『자평진전평주』에 나오는 양홍지(梁鴻志)의 사주이다.

時	日	月	年
癸	丙	壬	壬
巳	申	子	辰

- 申子辰 수국(水局)에 壬癸水가 투(透)하였고 巳申형도 있다.
- 水가 너무 강하니 土의 제지(制止)가 간절하다.
- 木火로 향하는 운(運)의 흐름이 큰 도움이 되었다.
- 소일보(小日報)의 주인 황광익(黃光益)의 사주이다.
- 『자평진전평주』에 나오는 사주이다.

時	日	月	年
庚	丙	庚	辛
寅	寅	子	亥

- 천간에 재성인 庚辛金이 가득하지만 뿌리가 없다.
- 운(運)의 지지에서 金이 올 때 金이 강해질 것이다.
- 子월의 丙火이니 정관격이다.
- 성(城)의 장관인 포정(布政)의 벼슬을 하였다.

時	日	月	年
癸	丙	庚	辛
巳	子	子	丑

- 子월에 癸水가 투(透)하여 정관격이다.
- 같은 십신도 천간에 따라 성향이 다르게 나타난다.
- 정관이 좋고 칠살이 나쁜 것도 아니다.
- 팔자를 분석할 때 좋거나 나쁜 것은 없다.
- 정관격이라면 상관운에서 정관이 손상당하니 힘들 것이다.
- 작은 부귀(富貴)를 누렸다.

時	日	月	年
戊	丙	庚	辛
子	子	子	酉

- 金水가 강하니 일간은 몹시 신약하다.
- 丙火는 戌에 통근하고 있다.
- 통근하고 있다고 강한 것이 아니다.
- 丙火는 戌에서 입묘되니 해가 서산에 넘어가는 형상이다.
- 재(財)를 추구하는 마음은 있지만 마음대로 되지 않는다.
- 가난하고 단명(短命)했다는 사주이다.

삼동三冬 병화丙火

丑월 丙火

丑월 丙火는 역시 壬水를 기뻐한다. 甲木과 庚金 그리고 丙火와 壬水는 음양(陰陽)이 조화를 이루어 격(格)이 크고 좋은 관계가 된다. 丑월 丙火의 팔자에 壬甲이 양투(兩透)하면 과거에 급제한다. 甲木이 암장(暗藏)되면 수재(秀才)에 그치고, 甲木이 없고 하나의 壬水만 투(透)하면 부중취귀(富中取貴)한다.

丑월 丙火의 팔자가 많은 己土를 보았을 때 甲乙木이 없다면 가상관격(假傷官格)으로 사람은 총명하지만 오만(傲慢)하여 명리(名利)가 헛되고 실속이 없다. 土가 강할 때는 甲木으로 제(制)하면 좋다.

丑월 丙火에 많은 癸水가 있을 때 己土가 출간(出干)하면 창업(創業)한다. 水가 많아서 丙火가 약해지면 土로 水를 제(制)해야 좋다. 만일 己土가 지나치게 많으면 辛金을 사용하여 통관(通關)시키는 것이 좋다.

丑월 丙火에 癸水가 투(透)하면 명성(名聲)은 얻지 못해도 청아(淸雅)한 문필가는 될 수 있다.

時	日	月	年
壬	丙	乙	癸
辰	午	丑	卯

- 丙火는 壬水와 좋은 관계를 이룬다.
- 丑월에 壬癸水가 투(透)하여 관살혼잡이다.
- 초반에 癸水를 쓰고 후에 壬水를 쓸 것이다.

● 숲을 본 후에는 나무를 자세히 보아야 한다.

● 명리의 고전들은 주로 숲의 영역인 체(體)에 초점이 맞추어져 있다.

● 하천을 관리하는 총하(總河) 벼슬을 하였다.

時	日	月	年
庚	丙	丁	己
寅	寅	丑	丑

● 丑월에 丁火와 己土는 쇠(衰)이다[새로운 12운성].

● 음간이 힘이 있을 때는 해당 오행이 작아지고 단단해진다.

● 음간이 활약할 때는 양간은 쉬고 있다.

● 丙火는 丑에서 양(養)이 된다.

● 시간의 庚金은 丑에서 묘(墓)가 되니 외형보다는 내실을 중시하는 팔자이다.

● 지방장관인 안찰(按察)을 지냈다.

時	日	月	年
己	丙	己	乙
丑	寅	丑	酉

● 酉丑반합이 있다.

● 丑월에 己土가 투(透)하여 상관격이다.

● 『자평진전』에서는 未월에 己土가 투(透)해도 같은 격(格)으로 정한다.

● 12운성을 대입하면 더 구체적으로 분류할 수 있다.

● 丑에서 己土는 쇠(衰)이고, 未월에는 양(養)이 된다[새로운 12운성].

삼동三冬 병화丙火

- 음(陰)이 활동하면 양(陽)이 쉬게 되고, 양(陽)이 활동하면 음(陰)이 쉬게 된다.
- 일간의 양쪽에는 상관이 있다.
- 상관의 기질은 순발력과 창의력이 좋다.
- 상관이라고 관(官)과 인연이 없는 것이 아니다.
- 상관운에 관(官)이 없는 사람은 관(官)을 얻고, 관(官)을 가진 사람은 관(官)을 잃을 수 있다.
- 장원급제(壯元及第)하였다.

時	日	月	年
癸	丙	己	乙
巳	申	丑	巳

- 년간 기준 월간 己土는 편재이다.
- 월간 己土 기준 일간의 丙火는 정인이다.
- 일간 丙火 기준 시간의 癸水는 정관이다.
- 천간의 변화는 살아가면서 거치는 마음의 변화이다.
- 지지의 변화는 살아가는 환경의 변화이다.
- 木火는 밝은 곳이고 사람이 많은 곳이다.
- 金水는 어두운 곳이고 사람이 적은 곳이다.
- 자수성가(自手成家)한 사람의 사주이다.

時	日	月	年
庚	丙	己	乙
寅	午	丑	丑

- 丑午원진과 寅午반합이 있다.
- 寅午반합에 뿌리를 둔 丙火는 자존심을 버리는 것이 좋다.
- 그러나 실제로는 그렇게 안 된다.
- 비겁이 강하면 재관(財官)이 약해진다.
- 일간도 강하고 재관(財官)도 강하다면 잘 쓸 수 있다.
- 그러나 팔자에 재관(財官)이 약할 경우는 힘들다.
- 한낱 농부에 불과했다.

삼춘(三春) 丁火

寅월 丁火

寅월은 甲木이 강할 때이니 寅월 丁火는 모(母)가 왕(旺)하다. 甲木이 강해지면 내부의 庚金도 강해야 튼튼한 나무가 된다. 또 庚金을 쓰려면 丁火로 제련해야 한다. 그래서 寅월 丁火에 甲庚이 있으면 대체로 상격(上格)이다.

寅월 丁火에 많은 甲木이 있을 때 庚金의 제(制)가 없으면 가난하거나 요절(夭折)한다. 寅월 丁火에 하나의 甲木과 여러 개의 乙木이 있으면 처와 자식이 온전하지 못하다.

寅월 丁火에 甲乙木이 있고 庚子시에 태어나면 庚金이 木을 다스리니 처자(妻子)를 일찍 두고 채근(採芹)은 한다.

寅월 丁火가 壬水를 만나 木으로 화(化)하는 화격(化格)이 되면 대귀(大貴)하게 된다. 이때는 화(化)의 기운인 木을 극하는 庚金을 보면 안 된다.

寅월 丁火에 庚金과 壬癸水가 있고 己土가 출간(出干)하여 水를 제(制)하면 과거급제는 아니어도 이로(異路)로 공명(功名)을 이룬다.

寅월 丁火에 壬癸水가 많을 때 寅시도 아니고 庚金도 없다면 곤궁하다. 寅월 丁火의 천간이 壬丁壬丁이면 남자는 대귀하나 여자는 그렇지 않다. 여명(女命)이 이와 같으면 자녀를 두기 어렵고 음천(淫賤)하고 남편과 자식을 형극(荊棘)한다.

時	日	月	年
壬	丁	壬	丁
○	○	寅	○

- 남자는 대귀(大貴)하다.
- 여자는 남편과 자식을 형극(荊棘)한다.

寅월 丁火의 지지에 화국(火局)이 있을 때 水가 없다면 승도(僧徒)의 팔자이다. 이때 甲木이 출(出)하면 가염상격(假炎上格)이 되어 대략 좋다. 丁火는 음간으로 火의 본성이 강하지 않으니 자체적으로 염상(炎上)을 이루지 못하므로 甲木의 도움을 받아야 한다. 그러나 乙木은 丁火를 돕지 못한다.

寅월 丁火는 결론적으로 水가 없으면 불가하고, 水가 지나쳐도 문제가 된다.

삼춘三春 정화丁火

時	日	月	年
壬	丁	戊	庚
寅	未	寅	辰

● 庚金은 투(透)하고 甲木은 암장(暗藏)되었다.

● 寅未귀문이 있다.

● 어린 시절 卯운에는 寅卯辰이 되어 인성이 강해질 것이다.

● 일간은 丁壬합으로 정관과 유정(有情)하다.

● 수재(秀才)들의 학교 학생인 상생(庠生)이 되었다.

時	日	月	年
己	丁	甲	戊
酉	卯	寅	辰

● 甲木은 투(透)하고 庚金은 암장(暗藏)되었다.

● 『난강망(欄江網)』은 丁甲庚의 관계를 긍정적으로 본다.

● 일간이 甲木과 丁火와 庚金에서 모두 벽갑인정(劈甲引丁) 중심의 설명을 하고 있다.

● 寅卯辰 방합과 卯酉충이 있다.

● 주석 임삼(林森)의 사주이다.

<坤命>

時	日	月	年
癸	丁	庚	辛
卯	酉	辰	卯

- 寅酉 원진과 卯酉충이 있다.
- 원진은 충의 옆의 글자로 충과 비슷한 현상이 나타난다.
- 일간이 너무 약해 누군가에게 의존해야 하는 팔자이다.
- 빈천한 여명(女命)의 사주이다.

卯월 丁火

丁火는 庚金을 다듬는 일을 한다. 그리고 庚金은 甲木을 튼튼하게 한다. 卯월 丁火는 먼저 庚金을 쓰고 다음에 甲木을 쓴다. 卯월 丁火에 庚甲이 양투(兩透)하면 과거에 급제하고, 庚金이 투(透)하고 甲木이 암장(暗藏)되면 생원(生員)이나 공감(貢監)은 한다. 卯월 丁火에 甲木이 투(透)하고 庚金이 암장(暗藏)되면 이로(異路)로 공명(功名)을 이룬다. 卯월 丁火에 庚金은 있으나 甲木이 없으면 청아한 선비가 되고, 甲木은 있고 庚金이 없으면 평범하다.

卯월 丁火에 庚金과 乙木이 함께 투(透)하면 乙庚합이 되니 탐합망극(貪合忘剋) 현상이 일어난다. 이때 운(運)이 金水로 가면 丁火는 金水를 감당하지 못해 가난이 뼈에 사무치게 된다.

卯월 丁火에 庚金이 투(透)하고 乙木이 암장(暗藏)되면 乙庚합은 이루어지지 않으니 지장간의 乙木은 그대로 사용할 수 있다. 이때 운(運)이 木火로 흘러가면 저절로 부귀(富貴)하다. 乙木을 쓰는 경우에는 水가 처가 되고, 木이 자식이 된다.

卯월 丁火가 甲木을 보지 못하고 乙木만 본다면 부귀(富貴)가 장구

(長久)하지 못하고, 탐욕으로 재앙에 시달린다. 그리고 지나치게 기교를 부리다가 도리어 졸렬해지며 조업(祖業)도 계승하지 못한다. 丁火가 甲木을 보지 못하면 수명이 길지 않다. 丁乙의 관계는 십간론에서도 건시열화(乾柴烈火)라고 하여 좋게 보지 않는다.

卯월 丁火의 지지에 목국(木局)이 있을 때 庚金이 투(透)하면 청귀(清貴)하고, 만일 庚金이 없다면 평상인에 불과하다. 卯월은 乙木이 힘이 있으므로 庚金이 있어야 하니, 乙木만 있고 庚金이 없으면 의지할 곳 없는 빈곤한 사람이다. 庚金을 쓰는 경우에는 土가 처가 되고 金이 자식이 된다.

卯월 丁火는 甲癸가 투(透)하면 대부대귀(大富大貴)하지만, 水가 많을 때 戊土의 제(制)가 없으면 빈한(貧寒)하고 의지할 곳이 없다. 그러나 癸水가 많을 때 戊土로 제(制)하면 오히려 좋아진다. 土를 쓰는 경우에는 火가 처가 되고, 土가 자식이 된다.

時	日	月	年
壬	丁	己	乙
寅	酉	卯	亥

- 卯월의 丁火에게 필요한 庚金과 甲木을 장간에서 보았다.
- 亥卯반합과 卯酉충과 寅酉원진이 있다.
- 卯월에 乙木이 투(透)하여 편인격이다.
- 丁壬합으로 일간은 정관과 유정(有情)하다.
- 임회후(臨淮侯)의 사주이다.

時	日	月	年
壬	丁	乙	戊
寅	未	卯	寅

- 丁壬합이 있고 지지에는 卯未반합과 寅未귀문이 있다.
- 戊土가 진화(眞化)를 방해하니 가화격(假化格)이다.
- 운(運)에서 戊土가 제거되면 진화격(眞化格)이 될 수 있다.
- 손악(孫岳)의 사주이다.

時	日	月	年
丁	丁	乙	戊
未	巳	卯	子

- 丁火와 벽갑인정(劈甲引丁)을 이루는 甲木과 庚金이 지장간(支藏干)에 있다.
- 卯월에 乙木이 투(透)하여 편인격이다.
- 午운이 되면 巳午未가 되어 일간이 종강격(從强格)처럼 강해질 것이다.
- 지위가 상서(尙書)에 이르렀다.

時	日	月	年
庚	丁	癸	丁
子	卯	卯	卯

- 벽갑인정(劈甲引丁)을 이루는 庚金은 투(透)하고 甲木은 암장(暗藏)되었다.
- 지지 현실에 있는 정편인이 무척 강하다.

●지지는 통변할 때 지장간 중심으로 한다.

●지장간 중기는 삼합과 관련이 있어 용(用)의 영역이다.

●지장간 말기는 지지와 같은 오행으로 체(體)의 영역이다.

●과거시험에 1등으로 합격하였다.

時	日	月	年
甲	丁	己	庚
辰	丑	卯	辰

●卯월의 丁火에 필요한 甲木과 庚金이 모두 투(透)하였다.

●뿌리없는 丁火는 운(運)의 지지에서 보충되고 있다.

●卯월에 甲木이 투(透)하여 인수격이다.

●상서(尙書) 벼슬을 하였다.

辰월 丁火

辰월은 봄에서 여름으로 가는 때로 戊土가 사령한다. 甲木으로 土를 제(制)하면 좋다. 甲木으로 土를 제(制)하려면 庚金으로 다듬어야 하니 庚金과 甲木이 함께 투출(透出)하면 과거에 급제한다. 甲庚 중 하나는 지장간(支藏干)에 있고 나머지 하나만 투(透)해도 낮은 관직은 할 수 있고 하천한 백정(白丁)은 되지 않는다.

辰월 丁火의 지지에 목국(木局)이 있으면 강한 木을 제(制)하기 위해 庚金을 먼저 취한다. 庚金은 투(透)하고 丁火와 癸水가 투(透)하지 않으면 이로(異路)로 공명(功名)을 이룬다. 庚金을 용(用)할 때 癸水로 설기(洩氣)되거나 丁火로 극(剋)되면 귀격(貴格)이 되지 못한다.

　辰월 丁火의 지지에 수국(水局)이 있고 壬水가 투(透)하면 살중신경(殺重身輕)으로 요절(夭折)이나 흉사(凶死)한다. 이때 戊己土가 양투(兩透)하여 水를 제(制)하면 조정의 벼슬길에 오르지만, 만약 甲木이 土를 파(破)하면 평상인에 불과하다.

　辰월 丁火가 甲木을 쓰는 경우에는 水가 처가 되고, 木이 자식이 된다. 金을 쓰는 경우에는 土가 처가 되고, 金이 자식이 된다.

時	日	月	年
辛	丁	庚	庚
丑	未	辰	申

● 庚金은 투(透)했으나 甲木 대신 乙木이 암장(暗藏)되었다.

● 과거 합격은 아니어도 귀격이다.

時	日	月	年
辛	丁	壬	辛
亥	丑	辰	丑

● 辰월에 壬水가 투(透)하여 정관격이다.

● 히로히토 왕의 사주라고 한다.

● 팔자로 모든 것을 알 수 있는 것은 아니다.

● 명리학(命理學)은 점술(占術)이 아니기 때문이다.

● 상담을 많이 하다 보면 맞는 경우도 있을 것이다.

삼춘三春 정화丁火

● 그리고 자주 상담하다 보면 맞는 확률도 높아질 것이다.

● 동일 사주라도 다른 삶을 사는 경우가 허다하다.

● 시대적, 환경적 차이와 주변에서 만나는 사람들이 다르기 때문이다.

● 그러나 동일 사주는 하는 일은 다르더라도 비슷한 경향성은 보인다.

巳월 丁火

丁火는 甲木이 있어야 오래가므로 巳월 丁火에 甲木이 있으면 목화통명(木火通明)이 되어 좋은 팔자가 된다. 甲木이 많을 때는 庚金을 취하는 것이 최우선이다.

巳월 丁火는 癸水를 보는 것을 꺼리는데 그 이유는 癸水는 丁火를 손상시키기 때문이다. 巳월 丁火에 癸水가 암장(暗藏)되고 丙火가 투(透)했을 경우에 壬水가 투(透)하여 丙火를 제(制)하면 丙火가 丁火의 빛을 빼앗는 병탈정광(丙奪丁光)이 되지 않으니 옥당(玉堂)에 올라 청귀(淸貴)하게 된다.

巳월 丁火에 甲木은 없고 庚金과 戊土가 투간(透干)하면 상관생재(傷官生財)가 되어 부귀(富貴)하다. 戊土가 투(透)하고 甲乙木이나 水가

삼하三夏 정화丁火

없으면 팔자는 맑고 고상하지만 대부대귀(大富大貴)는 아니다. 그리고 巳월 丁火에 水도 많고 木도 많으면 평상인이다.

巳월 丁火에 丙火가 많고 壬癸水가 없으면 병탈정광(丙奪丁光)이 되어 빈고(貧苦)하다. 丁火는 丙火를 만나면 병탈정광(丙奪丁光) 현상이 일어나 광명을 빼앗기지만 만일 사주에 甲木이 투(透)하면 안복(安福)이 절로 임한다. 이때 壬癸水가 丙火를 파(破)하면 이로(異路)로 발전한다.

사주가 巳월에 丁巳일 丙午시인 경우에는 하나의 丙火에 두 개의 丁火가 있어 丙火가 丁火의 빛을 빼앗지 못하므로 이때는 현달(顯達)은 아닐지라도 명성(名聲)이 사방에 퍼진다.

時	日	月	年
丙	丁	○	○
午	巳	巳	○

서(書)에 말하기를, "丁火는 부드러운 촛불이나 등불과 같으니 태양을 만나면 빛을 빼앗기게 된다. 그러나 만일 甲木이 투출되면 丁火가 빛을 잃지 않으니 몸이 편안하고 복(福)이 저절로 찾아온다."라고 하였다.

時	日	月	年
甲	丁	乙	丁
辰	酉	巳	亥

● 巳亥충과 巳酉반합 그리고 辰酉합이 있다.

● 신살 등 기본적인 암기사항은 구구단처럼 외워야 한다.

● 甲木이 투(透)하고 庚金은 암장되었다.

- 초상국(招商局)의 독판(督辦)이라는 벼슬을 했다.
- 조철교(趙鐵橋)의 사주이다.

時	日	月	年
乙	丁	己	甲
巳	丑	巳	午

- 甲木이 투(透)하고 庚金은 암장되었다.
- 未운에는 巳午未가 되고, 酉운에는 巳酉丑이 되어 변화가 일어날 것이다.
- 격(格)도 강약도 운(運)에 따라 변할 수 있으니 고정된 마음으로 팔자를 보면 안 된다.
- 변하고 변하는 것이 역(易)이다.
- 사림(詞林)에 올랐다.

時	日	月	年
丙	丁	丁	癸
午	卯	巳	巳

- 甲木과 庚金이 모두 암장되어 있다.
- 火가 강해 종왕격(從旺格)이 될 수도 있다.
- 癸水가 있어 탁해졌다.
- 운(運)에서 癸水가 제거되면 좋아질 것이다.
- 중국 교통부 장관 주가화(朱家驊)의 사주이다.
- 장관을 했다고 모두 좋은 것은 아니다.

●명리의 고전들은 파도가 없는 잔잔한 삶을 좋은 팔자로 보았다.

●사길신(四吉神) 사주가 사흉신(四凶神) 사주보다 파도가 잔잔하다.

●오행을 골고루 갖춘 사주는 삶의 파도가 잔잔하다.

時	日	月	年
乙	丁	癸	辛
巳	巳	巳	酉

●巳酉반합이 있고 辛金이 투(透)하여 재격(財格)이다.

●재(財)가 반드시 재물을 말하는 것이 아니다.

●재성은 식상에 대한 결과물을 말한다.

●일간도 강하니 신왕재왕(身旺財旺)이 된다.

●시랑(侍郎)의 벼슬을 하였다.

午월 丁火

午월 丁火는 甲木을 용(用)해서는 안 되고, 년간(年干)에 壬水가 떨어져 투(透)하여 일간과 합(合)이 되지 않으면 충직(忠直)하고 후덕(厚德)한 명(命)이 된다.

午월 丁火의 지지에 화국(火局)이 있고 천간에 火가 투(透)했을 때 庚金과 壬水가 양투(兩透)하면 과거에 급제한다. 그러나 이때 土가 투(透)하여 壬水를 제압하면 평상인이다. 만일 壬水가 투(透)하지 않고 지지에 암장(暗藏)되면 하천(下賤)은 면하고 운(運)이 서북(西北)으로 갈 때 발달한다.

午월 丁火의 사주에 하나의 癸水가 투(透)하면 독살당권(獨殺當權)이라 하여 뛰어난 우두머리가 된다.

午월 丁火의 사주에 寅辰亥卯의 글자가 있어 木이 火를 생(生)하면 평범하지만 의식(衣食)은 풍족하고 중년에 부유(富裕)하게 된다. 다만, 자식에게 형극(荊棘)이 있고 노력이 헛수고가 되기 쉽다.

만일 丙午월 丁未일 辛亥시인 경우에는 亥 중 壬水가 있어서 丙火를 억제하니 빈고(貧苦)하지는 않다.

만일 丙午시라면 비록 癸水가 있더라도 한 방울의 물로 타오르는 불을 끄기 어려우니 승도(僧徒)의 명(命)이다. 만일 이때 년지(年支)에서 子水를 만나면 비록 과거급제는 못하더라도 의식(衣食)은 있다.

時	日	月	年
辛	丁	丙	○
亥	未	午	○

●亥 중 壬水 때문에 빈고하지는 않다.

時	日	月	年
丙	丁	丙	○
午	未	午	○

●승도(僧徒)의 명(命)이다.
●년지에 子水가 있으면 의식(衣食)은 있다.

259

午월 丁火의 지지에 화국(火局)은 없고 水가 투간(透干)하면 甲木을 사용해야 한다. 이때 甲木은 庚金으로 쪼개야 하는데, 이렇게 되면 목화통명(木火通明)이 되어 대부대귀(大富大貴)하다.

午월 丁火에 木이 적고 火가 많으면 木이 불에 타서 없어지니 영화(榮華)가 오래가지 못한다.

午월 丁火의 지지에 생왕(生旺)한 합국(合局)이 있고 거기에 火까지 출(出)하면 水가 있더라도 증발해 버린다. 그렇게 되면 신(身)이 왕(旺)하다고 해도 의지할 곳이 없으므로 외롭고 가난하며, 여자라면 비구니가 된다.

火가 왕(旺)할 때 운(運)이 북(北)으로 흐르면 도리어 흉(凶)하고 위태롭다. 쇠자충왕왕신발(衰者沖旺旺神發) 현상이 일어나는 것이다.

午월 丁火가 壬水를 쓰는 경우에는 金이 처가 되고, 水가 자식이 된다. 甲木을 쓰는 경우에는 水가 처가 되고, 木이 자식이 된다.

時	日	月	年
己	丁	丙	丁
酉	酉	午	酉

- 午월에 丙丁火가 투(透)하여 일간이 강하다.
- 신왕(身旺)하고 지지에는 재(財)가 많다.
- 午 중의 己土도 중요하다.
- 午 중의 己土가 투(透)하여 식신도 왕(旺)하다.
- 식신생재(食神生財)로 볼 수 있다.
- 회계사 강만평(江萬平)의 사주이다.

時	日	月	年
壬	丁	丙	丁
寅	巳	午	酉

●丁壬합과 寅巳형이 있다.

●午월에 丙丁火가 투(透)하여 일간이 강하다.

●일간은 壬水와 합이 되어 정관과 유정(有情)하다.

●이지부(李知府)의 사주이다.

時	日	月	年
戊	丁	壬	庚
申	亥	午	午

●일간이 합되면 합화(合化)될 가능성이 있다.

●합이불화(合而不化)라고 하여 합이 되어도 합화(合化)가 되지 않는 경우도 많다.

●명리(命理)의 이론은 나이스 사주명리(이론편)에 자세히 설명해 두었다.

●일간은 壬水와 합되어 정관과 유정(有情)하다.

●壬水는 午에서 12운성 태(胎)가 되니 정관은 실내에서 정신적으로 써야 한다.

●크게 부유하고 수명(壽命)도 길었다.

삼하三夏 정화丁火

時	日	月	年
甲	丁	甲	辛
辰	未	午	巳

●巳午未 방합이 있다.

●종격(從格)이 될 가능성이 있지만 辛金 때문에 탁해졌다.

●운(運)에서 종격으로 변할 수 있다.

●종격(從格)이란 균형을 이루지 못하고 치우친 사주이다.

●치우친 사주는 특이한 삶을 사니 역사에 이름을 남길 수 있지만 본인은 피곤할 수 있다.

●지위가 총병(總兵)에 이르렀다.

時	日	月	年
甲	丁	戊	癸
辰	丑	午	卯

●午卯파와 丑午원진 그리고 丑辰파가 있다.

●천간에는 戊癸합이 있다.

●午월에 태어났으므로 戊癸합은 합화(合化)가 되어 새로운 火를 만들 수 있다.

●丁火는 甲木이 있어야 오래 탈 수 있다.

●같은 木이라도 丁火와 乙木은 좋은 관계가 아니다.

●십간론에서는 이러한 천간끼리의 관계를 정리해 놓았다.

●벼슬이 상서(尙書)에 이르렀다.

時	日	月	年
乙	丁	甲	丙
巳	丑	午	寅

- 甲木이 투출(透出)하고 庚金은 지장간(藏干)에 있다.
- 寅午반합 등으로 일간이 강하니 종왕(從旺)이 될 가능성이 있다.
- 일지의 丑이 종격(從格)을 탁하게 한다.
- 이러한 경우를 가종(假從)이라고 한다.
- 酉운이 오면 巳酉丑이 될 것이다.
- 부귀(富貴)가 최고에 이르렀다.

時	日	月	年
癸	丁	甲	丙
卯	酉	午	子

- 子午충과 午酉파 그리고 卯酉충이 있다.
- 지지의 형충파해(刑沖破害)는 살면서 겪는 우여곡절을 말해 준다.
- 여러 가지 일을 겪으면서 많이 배우게 되고 프로로 성장한다.
- 음양의 법칙에 의해 빛이 있으면 반드시 그림자가 있다.
- 어느 쪽을 보느냐는 팔자의 주인공에게 달려 있다.
- 일체유심조(一切唯心造)라는 말도 그런 의미이다.
- 명리(命理)를 공부할 때는 숲을 먼저 보고 그 후에 나무를 봐야 한다.
- 처음부터 너무 세밀한 부분에 집착하면 큰 그림을 놓칠 수 있다.
- 살인상생(殺印相生)으로 대귀(大貴)했다.
- 己亥 대운에 사망했다.

삼하三夏 정화丁火

未월 丁火

未월은 土가 강한 때이니 未월 丁火는 먼저 甲木을 취하고 다음으로 壬水를 쓴다. 未월 丁火의 지지에 목국(木局)이 있고 甲木이 천간에 출할 때 亥 중 壬水를 보면 과거에 급제한다. 비록 목국(木局)이 없어도 지지에서 亥 중 壬水만 봐도 관직으로 갈 수 있는 귀(貴)가 있다. 이때는 庚金이 壬水를 도와야 한다.

未월 丁火의 지지에 수국(水局)이 있고 천간에 水가 투출(透出)하면 평범하다. 이때 甲木이 투출하면 강한 水가 통관되어 재능이 있지만, 木이 강할 때는 庚金이 투(透)해야 형상(刑傷)을 겪지 않는다. 천간에 甲木이 투(透)하지 않으면 비록 생재(生財)는 능하더라도 명리(名利)와는 거리가 멀다.

연월일시(年月日時)가 모두 丁未로만 되어 있다면 팔자가 온통 순음(純陰)으로만 되어 있어 결국 크게 쓰일 수가 없다.

● 순음(純陰)은 천간과 지장간이 모두 음(陰)일 경우를 말한다.
● 음(陰)은 주로 마무리 역할을 한다.

未월 丁火가 甲木을 쓰는 경우는 水가 처가 되고, 木이 자식이 된다.

時	日	月	年
癸	丁	丁	丁
卯	卯	未	巳

- 卯未반합으로 일간이 강하다.
- 종강(從强)이 될 가능성이 있다.
- 癸水로 탁해졌으니 가종(假從)이 될 수 있다.
- 癸水가 제거되는 운(運)에 진종(眞從)이 될 수 있다.
- 청나라 때 지부 벼슬을 한 척양(戚楊)의 사주이다.
- 진종(眞從)은 기본적으로 귀격이고, 가종(假從)은 운(運)의 흐름에 따른다.

時	日	月	年
丙	丁	丁	丁
午	未	未	卯

- 卯未반합과 午未합이 있다.
- 종왕격(從旺格)에 가깝다.
- 종왕(從旺)은 비겁으로 강해진 것이고 종강(從强)은 인성으로 강해진 것이다.
- 종왕(從旺)과 종강(從强)을 모두 종강격(從强格)이라고 말하기도 한다.
- 종격(從格)이 되면 하나의 오행으로 치우치니 한 분야에서 뛰어날 수 있다.
- 오행이 골고루 갖추어지면 뛰어나진 못해도 다양한 경험을 하며 살

265

삼하三夏 정화丁火

수 있다.

●어느 것이 좋거니 나쁘다고 말할 수 없다.

●주어진 팔자대로 살면서 하고 싶은 일을 하면 행복하다.

●무과(武科)에 응시하여 벼슬을 하였다.

時	日	月	年
丁	丁	丁	壬
未	巳	未	子

●丁壬합으로 壬水가 약화되었다.

●壬水가 기능을 못해 나약하고 무능했다.

●丁壬 합거(合去)가 된 것이다.

●합거(合去)는 천간이 합하여 고유의 기능을 하지 못한 것을 말한다.

●처자(妻子)에 의존한 사람이다.

삼추(三秋) 丁火는 기(氣)가 약해지는 때이니 더욱 甲木이 필요하다. 가을에는 金이 왕(旺)하니 庚金으로 甲木을 쪼개어 丁火를 도우면 좋다. 가을철에는 丙火도 약하니 丙火가 丁火의 빛을 빼앗는 병탈정광(丙奪丁光)의 현상은 일어나지 않는다. 가을·겨울에는 丙火가 조후(調候) 때문에 필요하다. 그래서 가을 丁火에 甲庚丙이 출간(出干)하면 상격(上格)이다.

두 개의 丙火가 하나의 丁火의 빛을 가리는 병탈정광(丙奪丁光)의 현상이 일어나는 때는 여름뿐이다. 단 두 개의 丙火에 하나의 丁火가 있으면 비겁이 쟁재(爭財)하여 소년 시절 곤궁하고 형극(荊棘)을 겪게 된다. 이때는 지지에 水가 있어서 두 개의 丙火를 제압해야 좋다.

삼추(三秋) 丁火에는 甲庚丙을 병용(併用)하는데 월(月)에 따라 약간의 차이가 있다. 申월에는 申 중에 庚金이 있으니 甲木과 丙火를 쓰고, 酉월에는 甲木과 庚金과 丙火를 모두 사용한다. 申酉월에 甲木이 없으면 마지못해 丙火로 말린 乙木도 사용하는데, 이를 고초인등(枯草引燈)이라고 한다. 乙木은 음목(陰木)이라 丙火가 있어야 습기를 말려 丁火를 생(生)하는 역할을 할 수 있다.

戌월 丁火에는 오직 甲木과 庚金을 사용한다. 甲木과 庚金의 관계는 丙火와 壬水처럼 부자(父子) 관계와 같고, 乙木이 丙火를 떠날 수 없는 것은 모자(母子) 관계와 같기 때문이다.

戌월 丁火에 甲庚丙이 모두 투(透)하면 과거에 급제한다. 그러나 甲木 대신 乙木을 쓰면 부귀(富貴)가 모두 작거나 또는 부(富)는 있으나 귀(貴)가 없는 경우가 많다.

삼추(三秋) 丁火에 壬水나 癸水가 중(重)할 때는 戊土로 제(制)해야만 부귀(富貴)가 빛난다. 丁火에 水가 많으면 관살이 강해 꺼질 수 있으니 戊土로 제(制)해야 한다. 강한 水를 제(制)할 때는 己土는 안 되고 戊土가 좋다.

申월 丁火에 많은 庚金이 있으면 재다신약(財多身弱), 부옥빈인(富屋貧人)으로 처가 가권(家權)을 쥔다. 이때 壬水가 많아서 庚金을 설기(洩氣)하고 丁壬합의 화기(化氣)인 木이 水를 설기(洩氣)하면서 일간을 도우면 부귀(富貴)하다. 가을 丁火에 庚金이 많을 때 壬水가 없으면 떠돌아다니는 하천(下賤)한 명(命)이다.

酉월 丁火에 많은 辛金이 있고 庚金이 없을 때 비겁인 火도 없다면 기명종재(棄命從財)가 되어 부중취귀(富中取貴)한다. 즉, 과거급제는 아니어도 이도(異途)로 공명(功名)을 이룬다. 丁火는 辛金을 보면 순수하여 진종(眞從)을 한다. 종격(從格)은 대개 가족이나 주변 사람의 도

움으로 출세하니 이도(異途)라고 한다. 종재(從財)가 되면 水가 처가 되고, 木이 자식이 된다. 『난강망』에서는 종재(從財)가 되면 재(財)가 생하는 것을 처로 삼고, 재(財)가 극하는 것을 자식으로 삼고 있다.

戌월 丁火에 많은 戊土가 있으면 丁火의 기운이 설기(洩氣) 되어 약해지니 甲木이 없다면 상관상진(傷官傷盡)이 된다. 상관상진이 되면 부귀(富貴)가 예사롭지 않다. 이때 甲木이 있으면 문장이 뛰어나고 청귀(淸貴)하여 과거시험에 합격할 수 있다. 甲木을 용(用)할 때는 庚金이 적으면 안 되고, 이때는 水가 처가 되고 木이 자식이 된다.

時	日	月	年
戊	丁	丙	辛
申	丑	申	亥

● 申월의 丁火는 정재격이다.

● 월지에서 辛金이 투(透)하여 편재격이다.

● 하지만 丙辛 합거가 되어 辛金이 제 역할을 못하니 다시 정재격이다.

● 『자평진전』식 격(格)의 구분이다.

● 『자평진전』에서는 정재와 편재는 구분을 하지 않고 재격이라고 하였다.

● 일간이 뿌리가 없으나 운(運)에서 올 것이다.

● 대부(大富)한 명(命)이다.

時	日	月	年
戊	丁	丙	辛
申	卯	申	亥

- 庚金과 甲木을 모두 장간에 갖추었다.
- 작은 벽갑인정(劈甲引丁)이다.
- 천간의 합은 각 글자가 제 역할을 온전히 못한다.
- 몸은 있지만 마음은 빼앗긴 것과 같다.
- 지방고시에 1등 합격하였다.

時	日	月	年
丙	丁	丙	辛
午	酉	申	卯

- 丙辛합과 卯申원진 그리고 午酉파가 있다.
- 戌운에 申酉戌 방합이 될 것이다.
- 정재격이다.
- 부(富)는 이루나 귀(貴)하지 못하다.

時	日	月	年
壬	丁	丙	辛
寅	亥	申	未

- 천간에 丙辛합, 丁壬합이 있다.
- 지지에는 申亥해와 寅亥합이 있다.
- 합이 많으면 나뿐만 아니라 다른 사람도 생각하니 인간적이다.

● 합된 글자는 합된 글자를 챙기느라 제 역할을 온전히 하지 못한다.

● 청나라 광서황제의 사주이다.

● 위 사주와 같다고 해서 모두 황제가 되는 것은 아니다.

時	日	月	年
丙	丁	甲	庚
午	未	申	辰

● 申월의 丁火에게 필요한 甲庚丙이 모두 투출(透出)하였다.

● 『난강망』식 풀이 방법이다.

● 천간의 글자가 모두 통근하여 힘이 있으면 좋다.

● 申월에 庚金이 투(透)하여 재격(財格)이다.

● 상서(尙書) 벼슬을 하였다.

時	日	月	年
丁	丁	癸	己
未	巳	酉	未

● 칠살이 있지만 년간(年干)의 식신(食神)에 의해 제압당했다.

● 일간(日干)의 천을귀인이 월지(月支)를 차지하여 더욱 좋았다.

● 월간(月干) 癸水의 천을귀인은 일지(日支) 巳火이다.

● 귀인(貴人)을 서로 주고받는 호환귀인(互換貴人)이다.

● 丑운에는 巳酉丑이 되고 午운에는 巳午未가 된다.

● 원수(元首)를 지낸 청나라 원항성(袁項城)의 사주이다.

삼추三秋 정화丁火

時	日	月	年
壬	丁	丙	庚
寅	未	戌	午

●午戌반합과 戌未형 그리고 寅未귀문이 있다.

●일간과 합이 되는 壬水는 정관으로 일간과 유정(有情)하다.

●옥당(玉堂)에 올라 청귀(淸貴)하였다.

<坤命>

時	日	月	年
丙	丁	甲	己
午	卯	戌	亥

●戌亥천문과 卯戌합과 午卯파가 있다.

●천간에는 甲己합이 있다.

●용(用)의 영역인 사주풀이를 할 때는 신살도 크게 도움이 된다.

●모든 신살이 모두에게 작용되지 않지만 맞는 경우도 많다.

●독감 바이러스가 퍼진다고 모두가 독감에 걸리지는 않는다.

●신살도 신약(身弱)하거나 심약(心弱)할 때 작용력이 강하다.

●대부(大富)하였다는 사주이다.

時	日	月	年
甲	丁	甲	甲
辰	未	戌	子

- 戌월의 丁火가 약하니 인성 甲木에 의존한다.

- 丁火는 甲木이 있어야 오래 지속될 수 있다.

- 戊寅대운 甲木 인성이 힘을 얻어 부총통이 되었다.

- 庚辰대운, 정계에서 은퇴한 중화민국 부총통 여원홍(黎元洪)의 사주
  이다.

時	日	月	年
丁	丁	壬	戊
未	丑	戌	辰

- 지지가 전부 辰戌丑未로 土이다.

- 丑未충, 辰戌충, 丑戌형이 있다.

- 土는 변화를 나타낸다.

- 명나라 태조 주원장(朱元璋)의 팔자이다.

- 팔자가 특이하면 특이한 삶을 사는 경우가 많다.

- 특이한 삶이란 삶의 파도가 심한 경우를 말한다.

- 이런 팔자에서 유명인들이 나온다.

- 오행을 골고루 갖춘 사주는 순탄한 삶을 산다.

삼추三秋 정화丁火

삼동(三冬) 丁火

삼동(三冬) 丁火는 미약하고 차가우니 오직 甲木과 庚金을 용(用)한다. 甲木을 쓸 때는 庚金이 적어서는 안 된다. 겨울철 丁火는 난로에 해당하니 甲木만 있으면 金水가 많아도 상격(上格)이 될 수 있다.

삼동(三冬) 丁火에 甲庚이 양투(兩透)하면 과갑(科甲)이지만 己土를 보면 甲己합으로 甲木이 무용(無用)하게 되니 평상인이다. 삼동(三冬) 丁火는 甲木을 보면 좋고 甲木을 쓰기 위해서는 庚金이 있어야 한다.

삼동(三冬) 丁火에 丙火가 하나 있다면 지지의 水에 의존해야 한다. 이때 지지에 발수(發水)의 근원이 되는 金이 있으면 벼슬이 검경이나 감사원에 해당하는 오태(烏台)에 임명되는 경우가 많다. 만일 金은 있으나 水가 극제(剋制)되면 빈한(貧寒)한 선비이고, 水는 있으나 金이 없으면 청고(淸高)한 명(命)이 된다.

삼동(三冬) 丁火에 丙火가 많으면 겨울철에도 병탈정광(丙奪丁光)

이 일어나니 癸水로 丙火를 억제해야 한다. 만일 丙火를 제(制)할 癸水가 전혀 없으면 쓸모없는 무리가 된다. 두 개의 丙火가 丁火의 빛을 빼앗을 때 년간(年干)에 癸水가 있고 지지에도 金水가 득소(得所)하면 현달하여 곡식을 바치고 이름을 얻는 납속주명(納粟奏名)이 된다.

중동(仲冬) 丁火에 水가 많고 癸水가 왕(旺)할 때 인비(印比)가 없다면 기명종살(棄命從殺)이 되어 이로(異路)로 공명(功名)을 이룬다.

삼동(三冬) 丁火에 丁火 비견이 천간에 출간(出干)하면 격국을 이루기 어려우니 평상인일 뿐이고 육친도 좋지 않다. 그러나 水가 많을 때 戊土가 출간(出干)하여 癸水를 파(破)하면 형제 처자(妻子)를 두게 된다. 이처럼 戊土를 쓰면 火가 처가 되고 土가 자식이 되며, 甲木을 쓰면 水가 처가 되고 木이 자식이 된다.

삼동(三冬) 丁火의 사주에 丙丁火가 많으면 역시 癸水를 써서 火를 제압해야 한다.

삼동(三冬) 丁火는 甲木을 중히 여기고 庚金으로 보좌하며 癸水와 戊土는 상황에 따라 참작하면 좋다. 水가 많으면 戊土를 쓰고 火가 많으면 癸水를 쓴다. 癸水를 쓰는 경우에는 金이 처가 되고, 水가 자식이 된다.

時	日	月	年
癸	丁	癸	庚
卯	未	亥	寅

- 寅亥합과 亥卯未 삼합이 있다.
- 보통 팔자의 강약을 따져 강하면 식재관, 약하면 인비를 용신으로 한다.

- 그리고 중화를 이루는 운을 찾아 좋고 나쁨을 따진다.
- 이때 용신은 억부용신이다.
- 억부용신은 음양의 균형을 조절해 주는 글자를 말한다.
- 음양의 조화가 이루어졌다고 모두 잘 사는 것은 아니다.
- 억부용신은 단지 활동할 환경이 좋아졌을 뿐이다.
- 위 사주는 인성이 강한 평범한 명(命)이다.
- 인성이 강하면 식재(食財)가 약해지니 대개 답답함을 느낀다.

時	日	月	年
辛	丁	癸	癸
亥	亥	亥	亥

- 丁火는 강한 水기운에 복종할 수밖에 없다.
- 시간의 辛金도 水를 생하고 있다.
- 종살격(從殺格)이다.
- 시랑(侍郎) 벼슬을 하였다.
- 水의 기운을 거역하는 운(運)은 좋지 않다.

時	日	月	年
庚	丁	丁	乙
戌	未	亥	卯

- 亥卯未 삼합과 戌未형이 있다.
- 亥월의 丁火는 정관격이지만 亥卯未 삼합에 乙木이 투(透)하여 인수격이다.

- 팔자의 격(格)이 큰 의미를 갖는 것은 아니다.
- 운(運)에 의해 변할 수 있기 때문이다.
- 관인(官印)을 써서 장원급제(壯元及第)를 하였다.

時	日	月	年
丁	丁	癸	癸
未	丑	亥	丑

- 亥월에 癸水가 투(透)하여 칠살격이다.
- 亥 중의 甲木도 장생으로 힘이 있으니 반드시 통변에 활용한다.
- 왕의 작위(爵位)를 받고 고봉진증(誥封晉贈)을 받았다.
- 고봉진증(誥封晉贈)은 벼슬하는 사람의 조상에게도 작위(爵位)를 준다는 의미이다.

時	日	月	年
癸	丁	丁	庚
卯	卯	亥	戌

- 戌亥천문과 亥卯반합이 있다.
- 亥월의 丁火는 정관격인데 亥卯반합으로 인수격도 겸한다.
- 丁火가 庚金을 보고 亥 중 甲木을 보았다.
- 관인(官印)을 써서 甲운에 과거급제를 하였다.

277

時	日	月	年
庚	丁	甲	戊
戌	未	子	戌

- 甲木과 庚金이 함께 투(透)하였다.
- 벽갑인정(劈甲引丁)을 이룬 것이다.
- 子未원진과 戌未형도 있다.
- 형충이나 원진 등은 살아가는 환경의 역동성을 나타낸다.
- 역동성을 가진 사람들은 변함없는 삶을 싫어할 수도 있다.
- 팔자에 따라 가치관이 다르므로 남의 삶에 참견해서는 안 될 것이다.
- 주승상(周丞相)의 사주이다.

時	日	月	年
壬	丁	甲	戊
寅	酉	子	午

- 甲木은 투(透)하고 庚金은 지장간(支藏干)에 있다.
- 子午충과 子酉파 그리고 寅酉원진이 있다.
- 형충이 있는 거친 팔자가 세파를 이기고 경쟁력이 길러질 수 있다.
- 큰 나무는 비바람을 견뎌야 한다.
- 청나라 세종의 사주이다.

時	日	月	年
甲	丁	乙	戊
辰	未	丑	子

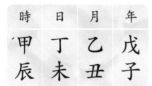

- 子丑합과 丑未충이 있다.
- 丁火는 甲木을 보아야 오래 탈 수 있다.
- 시랑(侍郞) 벼슬을 하였다.

時	日	月	年
乙	丁	癸	壬
巳	巳	丑	辰

- 甲木이 없으므로 丙火를 써서 乙木을 말린다.
- 말린 乙木으로 丁火를 돕는다고 하여 고초인등격(枯草引燈格)이라고 한다.
- 소송(訴訟)을 만들어 득(得)을 보는 송곤(訟棍)에 능하다.

時	日	月	年
甲	丁	辛	辛
辰	卯	丑	卯

- 丑월의 丁火에 필요한 庚金과 丙火가 없다.
- 축축한 乙木운(運)이 오자 丁火가 꺼져 죽었다.
- 辰戌丑未는 환절기와 같아 개성이 뚜렷하지 않다.
- 환절기에는 초반과 후반의 기운이 다르다.
- 그래서 잡기격(雜氣格)이라고 한다.
- 기(氣)가 잡(雜)하다는 뜻이다.

삼춘(三春) 戊土

삼춘(三春) 戊土는 丙火가 따뜻하게 하지 않으면 생존하지 못하고, 甲木의 소벽(疏闢)이 없으면 신령(神靈)하지 못하고, 癸水의 자윤(滋潤)이 없으면 만물이 성장하지 못한다.

삼춘(三春) 戊土는 甲木과 丙火와 癸水가 모두 투(透)하면 조정(朝廷)에서 일품의 재상(宰相)이 되고, 세 글자 중 두 글자가 투(透)하고 하나는 암장(暗藏)되면 역시 과거합격자의 명단(名單)인 금방(金榜)에 이름을 올린다. 甲丙癸 중에서 하나가 투(透)하고 두 글자가 암장(暗藏)되면 이도(異途)로 공명(功名)을 이룰 수 있다.

寅卯월에는 丙火를 먼저 쓴 후 甲木을 취하고 그 다음으로 癸水를 쓴다. 辰월은 戊土의 시기이니 甲木을 먼저 쓰고 다음으로 丙火를 쓰고, 그 다음으로 癸水를 쓴다. 辰의 지장간에는 癸水가 있으니

癸水는 시급하지 않다.

寅卯월 戊土에 甲木과 癸水가 있는데 한기(寒氣)를 제거할 丙火가 없으면 부귀(富貴)를 얻기가 힘들다. 寅卯월 戊土에 甲木는 있는데 甲木과 癸水가 없으면 봄 가뭄이 들어 만물이 재앙을 맞은 것과 같으므로 한평생 사는 것이 힘들고 노력해도 공(功)이 없다.

寅卯월 戊土에 丙火가 많고 甲木도 있을 때 癸水가 없으면 처음에는 좋으나 후에는 곤궁(困窮)하게 된다.

寅월 戊土가 지지에 화국(火局)을 이룰 때 壬癸水가 없으면 승도(僧徒)의 명(命)으로 외롭고 가난하게 산다. 만일 癸水가 투(透)하면 귀(貴)가 있고, 壬水가 투(透)하면 부(富)가 있다. 水를 쓸 때는 水의 다소(多少)를 잘 살펴야 한다. 火土가 강하면 水도 강해야 한다.

봄철 戊土에 많은 甲木이 있고 丙火가 없으면 평상인이다. 이때 하나의 庚金이 투(透)하면 甲木을 제(制)할 수 있어서 좋다.

봄철 戊土가 수국(水局)을 이루고 甲木이 출간했을 때 또 庚金이 투출(透出)하면 부귀쌍전(富貴雙全)이다.

寅월 戊土에 庚金이 없을 때 인비(印比)인 火土도 없으면서 종살(從殺)이 되지 못하면 흉액(凶厄)이 있거나 도적이 된다. 그러나 寅월 戊土는 종살(從殺)이 힘들다. 그 이유는 寅 중 戊土가 장생이고, 원래 양간(陽干)은 인비(印比)가 조금이라도 있으면 종살(從殺)이 힘들기 때문이다.

寅월 戊土에 일지가 午火이면 寅午 화국(火局)으로 양인이 국(局)을 이루어 천수(天壽)를 다하지 못한다.

삼춘三春 무토戊土

卯월 戊土에 많은 乙木이 있어 관살(官殺)이 무리를 이루고 있는 경우에는 庚金이 와도 합(合)이 되기 때문에 乙木을 제(制)하기 힘들다. 이렇게 되면 겉으로는 강직한 척하지만 속으로는 간사한 사람이니 말과 마음이 다른 사람이 된다.

卯월 戊土에 甲木이 하나 있고 庚金이 없으면 식신(食神)이 없으니 의욕이 없고 게으르며 먹기를 좋아한다. 卯월 戊土에 丙火도 많고 甲木도 많으면 마땅히 癸水와 庚金을 잘 참작해서 용(用)해야 한다.

辰월 戊土에 甲木과 癸水가 투(透)하면 과거에 급제하고, 丙火와 癸水가 투(透)하면 생원(生員)이다. 辰월 戊土에 甲木과 癸水가 함께 암장(暗藏)되면 부(富)를 논할 뿐이고, 癸水만 있으면 이도(異途)로 발달한다. 그러나 丙甲癸가 하나도 없으면 하천(下賤)하다.

辰월 戊土에 丙火가 많고 癸水가 없으면 파종(播種)을 할 수가 없으니, 이렇게 되면 선부후빈(先富後貧)이 된다.

辰월 戊土에 火가 많을 때 壬水가 투(透)하면 선빈후부(先貧後富)하다. 壬水 대신 癸水가 투(透)하면 신분이 처음에는 천하지만 후에는 영달한다. 辰월 戊土에 壬水가 암장(暗藏)되면 의식이 족할 뿐이고, 癸水가 암장(暗藏)되면 이름만 남기니 운(運)이 도와야 한다.

辰월 戊土가 지지에 화국(火局)을 이루고 癸水가 투(透)하면 부귀(富貴)하다. 癸水 대신 壬水가 투(透)하면 부귀(富貴)를 힘들게 얻는다. 그 이유는 癸水는 우주의 우로(雨露)인 단비와 같고, 壬水는 강호(江湖)의 물과 같기 때문이다.

辰월 戊土가 지지에 목국(木局)을 이루고 또 甲乙木이 출간(出干)

하면 관살회당(官殺會黨)이라고 이름 붙인다. 관살회당(官殺會黨)이 되면 식신인 *庚金*이 투(透)하여 관살(官殺)을 제(制)할 때 부귀(富貴)해진다. 만일 *庚金*이 없다면 천박한 사람이 되니 차선책으로 火를 써서 강한 木의 기운을 설기(洩氣)해야 한다.

辰월 *戊土*가 木이 많을 때 인비(印比)의 투출(透出)이 없으면 종살(從殺)이 되니 부귀(富貴)하다. 지지에 목국(木局)이 있을 때 인비(印比)인 火土가 있으면 염조(炎燥)하니 *癸水*가 투(透)해야 귀격(貴格)이다. 이때 *癸水*도 없고 火도 없고 金도 없으면 土와 木이 싸우게 되어 복부(腹部)에 질병이 있거나 생활고를 겪는다.

辰월 *戊土*가 甲木을 쓰는 경우에는 水가 처가 되고, 木이 자식이 된다. *丙火*를 쓰는 경우에는 木이 처가 되고, 火가 자식이 된다.

時	日	月	年
庚	戊	庚	丙
申	辰	寅	寅

- 寅월의 戊土에 필요한 丙癸甲이 모두 있다.
- 卯운이나 子운이 오면 寅卯辰이나 申子辰이 된다.
- 방합과 삼합의 차이도 구별하고 있어야 한다.
- 방합은 가족의 합이고 삼합은 사회적인 합이다.
- 지장간 중기와 지장간 말기의 차이이다.
- 명리의 이론은 『나이스 사주명리(이론편)』에 설명되어 있다.
- 대장군(大將軍)이 되었다.

삼춘三春 무토戊土

時	日	月	年
丙	戊	乙	癸
寅	寅	卯	未

- 丙火와 癸水가 투(透)하였다.
- 甲木은 암장(暗藏)되었다.
- 시랑(侍郎) 벼슬을 하였다.

時	日	月	年
壬	戊	乙	癸
子	寅	卯	未

- 丙火와 甲木이 지장간(支藏干)에 있다.
- 壬水와 癸水가 천간에 투(透)하였다.
- 과거에 급제하였다는 사주이다.
- 용신(用神)의 종류로는 격국용신, 억부용신 그리고 조후용신 등이 있다.
- 용신이란 그때그때 상황마다 필요한 글자를 말한다.
- 상대방의 묻는 말에 따라 용신은 달라질 수 있다.
- 직업을 물을 때와 재물을 물을 때 용신이 같을 수 있겠는가?

時	日	月	年
乙	戊	癸	丁
卯	寅	卯	未

- 卯未반합 등 관살(官殺)이 강하다.
- 무과(武科)에 급제한 사주이다.

時	日	月	年
庚	戊	戊	己
申	辰	辰	未

- 합록격(合祿格)이다.
- 합록격은 戊土 일간이 庚申시일 때 이루어지는 것으로 허자론의 일 부이다.
- 시간의 庚金은 乙木을 합하여 오고 지지의 申金은 寅木을 충하여 온다.
- 시주의 간지가 힘을 합하여 木, 즉 관(官)을 불러 온다는 이론이다.
- 허자론에는 지나친 상상력이 개입되어 있는 경우가 많다.
- 또 허자론은 팔자의 일부 글자로만 격(格)을 정하니 설득력이 떨어 진다.
- 辰이나 未 중의 乙木을 정관으로 쓰면 되는 것이다.
- 촉왕의 명(命)이다.

삼춘三春 무토戊土

時	日	月	年
丁	戊	戊	甲
巳	申	辰	午

- 辰월 戊土에 필요한 甲木이 투(透)하고 癸丙은 암장(暗藏)되었다.
- 辰월에 戊土가 투(透)하여 土가 강하다.
- 土가 강할 때는 甲木으로 제하면 좋다.
- 子운이 오면 申子辰이 되어 水가 강해질 것이다.
- 청나라 성조(聖祖)의 팔자이다.

時	日	月	年
戊	戊	庚	乙
午	辰	辰	亥

- 辰월 戊土에 필요한 丙甲癸가 모두 암장(暗藏)되었다.
- 암장된 글자는 장간의 글자가 운(運)에서 천간으로 올 때 그 힘을 발휘한다.
- 乙庚합, 辰亥귀문, 그리고 辰辰형이 있다.
- 辰월에 戊土가 투(透)하여 비겁이 무척 강한 사주이다.
- 비겁이 강하면 주체적으로 일을 처리할 수 있다.
- 독단적일 수도 있다.
- 징기스칸의 사주이다.

時	日	月	年
甲	戊	戊	己
寅	寅	辰	未

- 辰월에 戊己土가 투(透)하여 록겁격이다.

- 록겁격은 건록과 겁재의 합성어로 비겁이 강하다는 의미이다.

- 시간의 甲木도 강하니 록겁용살(祿劫用殺) 격(格)으로 성격되었다.

- 정시(庭試)에 급제하였다.

삼춘三春 무토戊土

심하(三夏) 戊土

巳월 戊土

巳월 戊土는 土가 강하니 甲木으로 소벽(疏劈)하고 다음으로 丙火와 癸水를 취하여 보좌한다. 巳월 戊土에 丙火와 甲木이 투출(透出)하면 조정(朝廷)의 관리가 되고, 丙火와 癸水가 함께 투(透)하면 과거에 급제한다. 그러나 하나만 투(透)하고 나머지 하나는 암장(暗藏)되어도 보통 이상은 된다.

巳월 戊土에 많은 丙火 있으면 화염토조(火炎土燥)가 되어 승도(僧徒)의 무리이다. 이때 하나의 癸水가 투(透)하고 壬水가 암장(暗藏)되면 공명(功名)이 있다. 지지에 癸水가 암장되면 의식(衣食)은 충족되지만 골육(骨肉)에 형극(荊棘)이 있다.

巳월 戊土가 癸水를 써서 화격(化格)이 되어 손상되지 않으면 부귀(富貴)가 가볍지 않다.

巳월 戊土의 지지에 금국(金局)이 있고 천간에 癸水가 있다면 이 것은 윤택해진 土가 金을 생성(生成)하는 것이니 개인의 부귀(富貴)에만 그치지 않고 이도(異途)로 임금의 은덕(恩德)을 입는다. 癸水를 쓸 때는 金이 처가 되고 水가 자식이 된다.

時	日	月	年
丙	戊	癸	辛
辰	午	巳	亥

- 년월지에 巳亥충이 있다.
- 巳亥충도 어디에 위치하느냐에 따라 다르다.
- 년월의 충(沖)은 경쟁력으로 작용하지만 일시지의 충(沖)은 고통이 될 수 있다.
- 巳월에 丙火가 투(透)하여 편인격이다.
- 옥당(玉堂)에 들어가 명성(名聲)을 날렸다.

時	日	月	年
丁	戊	丁	癸
巳	午	巳	丑

- 火 인성이 강하니 신강한 팔자이다.
- 년주의 癸丑이 강한 火土를 제(制)하기에는 역부족이다.
- 수재(秀才)로서 생원(生員)이 되었을 뿐이다.

삼하三夏 무토戊土

午월 戊土

午월 戊土는 화염토조(火炎土燥)하므로 癸水로는 부족하기 때문에 壬水를 용(用)하고 다음으로 甲木을 취한다. 그 다음으로 丙火를 쓴다. 삼하(三夏) 戊土는 壬癸水가 있어야 하나 특히 午월은 癸水보다는 壬水가 좋다.

삼하(三夏) 戊土는 土가 강해지니 甲木을 용(用)하지만 水가 없으면 甲木도 쓸모가 없다.

午월 戊土에 壬甲이 양투(兩透)하면 군신경회(君臣慶會)라고 하여 과거급제가 자연스럽고 지위와 권세가 높이 드러난다. 다시 년간(年干)에 辛金이 투(透)하면 벼슬이 일품(一品)에 이른다.

時	日	月	年
壬	戊	甲	辛
子	寅	午	未

- 午월 戊土가 壬甲이 양투(兩透)하였다.
- 인왕살고(印旺殺高)하니 문무(文武)를 겸하는 출장입상(出將入相)의 명(命)이다.
- 명성(名聲)이 사방에 전파되었다.

午월 戊土가 지지에 화국(火局)을 이루고 癸水가 투(透)하면 한 잔의 물로 큰 불을 끄려는 것과 같다. 이렇게 되면 열심히 학문을 하지만 명성(名聲)을 얻지 못하고 안질(眼疾)이 있을 수 있다. 癸水

대신 壬水가 투(透)하면 부귀(富貴)하다.

午월 戊土에 土와 木이 중중(重重)하고 水가 전무(全無)하면 승도 (僧徒)의 명(命)으로 외롭고 가난하다. 午월 戊土에 壬水가 있으면 좋은데 水가 약할 때는 申 中 庚金이 壬水를 도우면 상격(上格)이다. 壬水를 쓰는 경우에는 金이 처가 되고, 水가 자식이 된다.

時	日	月	年
甲	戊	庚	甲
寅	寅	午	寅

● 午월의 戊土이니 양인격(陽刃格)이다.

● 양인격(陽刃格)이 칠살을 보아 성격(成格)되었다.

● 양인격이 칠살로 격(格)을 이룰 때는 칠살도 강해야 한다.

● 부귀수복(富貴壽福)을 누리고 명리쌍전(名利雙全)했다는 사주이다.

時	日	月	年
戊	戊	戊	戊
午	午	午	午

● 팔자가 양인(陽刃)으로만 되어 있다.

● 특이한 팔자는 특이한 삶을 산다.

● 어떻게 특이하게 살아왔는지는 본인만 안다.

● 상담할 때는 어떤 특이한 삶을 살아왔는지 물어보면 된다.

● 관운장(關雲長)의 사주이다.

時	日	月	年
甲	戊	庚	甲
寅	申	午	寅

●寅午반합에 寅申충이 있다.

●양인격(陽刃格)에 칠살의 힘도 강하다.

●양인용살(陽刃用殺)로 성격된 사주이다.

●가평장(賈平章)의 사주이다.

未월 戊土

未월 戊土는 건고(乾枯)하게 되니 먼저 癸水를 쓰고 다음으로 丙火와 甲木을 쓴다. 그래서 未월 戊土는 癸水와 丙火가 양투(兩透)하면 과거에 급제한다. 癸水만 있고 丙火가 없으면 甲木을 보아야 수재(秀才)를 기대할 수 있고, 癸水만 있고 丙火와 甲木이 없으면 귀(貴)는 없어도 대략 부(富)는 있다.

未월 戊土에 癸水가 없고 丙火만 있으면 귀(貴)는 없어도 의식(衣食)은 풍족하다. 未월 戊土에 癸水가 투(透)하고 辛金이 출(出)하면 문서를 작성하는 도필지재(刀筆之才)로 이로(異路)로 간다. 未월 戊土에 癸水와 丙火가 없으면 평상인이며, 癸丙甲이 모두 없으면 하천한 무리이다.

未월 戊土의 사주에 土가 많을 때 하나의 甲木이 투(透)하고 庚辛金을 보지 않으면 신중한 사람으로 비록 이름은 날리지 못해도 문장으로 세상을 놀라게 한다. 이때 壬癸水가 있으면 부귀(富貴)하지만 水가 없으면 부귀(富貴)하기 어렵다.

未월 戊土가 癸水를 쓰는 경우에는 金이 처가 되고 水가 자식이 되며, 丙火를 쓰는 경우에는 木이 처가 되고 火가 자식이 된다. 甲木을 쓰는 경우에는 水가 처가 되고, 木이 자식이 된다.

時	日	月	年
癸	戊	己	戊
丑	辰	未	戌

- 지지가 모두 土로만 되었다.
- 천간에도 세 개의 土가 있어 비겁이 강한 사주이다.
- 비겁이 강하면 재관(財官)이 약해진다.
- 이러한 팔자 또한 특이하다.
- 土는 변화를 상징하니 많은 변화를 겪을 팔자이다.
- 수도(修道)에 정진하는 명(命)이다.

時	日	月	年
乙	戊	丁	壬
卯	申	未	戌

- 戌未형과 卯申귀문이 있다.
- 귀문과 원진은 비슷한 성향을 띠니 둘 다 겸한 글자도 많다.
- 정신적 섬세함, 촉의 발달, 신경 예민 등으로 나타난다.
- 辰戌丑未월에 태어난 사주는 성향이 뚜렷하지 않다.

삼하三夏 무토戊土

- 환절기와 같아 처음과 나중 기운이 다르기 때문이다.
- 未월에 乙木과 丁火가 투(透)했으나 丁火는 합이 되었다.
- 乙木을 써서 정관격이다.
- 벼슬이 칠품 이상에 오르지 못했다는 사주이다.

<坤命>

時	日	月	年
丙	戊	己	戊
辰	戌	未	戌

- 土가 일곱 개 글자이다.
- 특이한 사주는 특이한 삶을 산다.
- 戌未형과 辰戌충이 있다.
- 土는 시소의 중간 받침대와 같아 지나치면 답답해진다.
- 자식이 없었고 부귀(富貴)를 누리지도 못했다고 한다.

時	日	月	年
辛	戊	己	戊
酉	午	未	申

- 土가 많으니 비겁이 강한 사주이다.
- 일간이 강할 때는 식상으로 흐르면 좋다.
- 시주의 상관으로 흘러 순발력이나 창의력이 좋다.
- 상관을 용신으로 쓰면 관(官)이 약해진다.
- 팔자에 강한 글자를 용신으로 쓰는 것이 좋다.

- 잘할 수 있기 때문이다.
- 팔자에 없는 글자를 찾다가 없는 글자를 직업으로 쓰는 경우도 있다.
- 팔자에 없는 글자를 쓰면 노력해도 한계가 있다.
- 장원급제하였으나 자식이 없었다.

삼하三夏 무토戊土

삼추(三秋) 戊土

申월 戊土

申월은 점차 한기(寒氣)가 나오는 때이니 申월 戊土는 먼저 丙火를 쓰고 다음으로 癸水를 쓰고 甲木은 그 다음이다. 그래서 申월 戊土에 丙甲癸가 투(透)하면 부귀(富貴)가 극품에 이른다. 그러나 申월 戊土에 丙甲癸가 모두 투(透)할 수는 없고 壬甲丙은 투(透)할 수 있다. 이 경우에 癸水는 지장간에라도 있어야 한다.

申월 戊土에 癸水가 암장(暗藏)되고 丙火가 투(透)하면 수재 이상이다. 丙火와 甲木이 양투(兩透)하고 辰 중 癸水를 써도 부귀(富貴)를 잃지 않는다.

申월 戊土에 丙火는 없고 癸水와 甲木만 투(透)하면 청아한 사람으로 부(富)가 천금(千金)에 이른다. 癸水와 甲木이 없으면 보통사람에 지나지 않고, 丙火만 있어도 처는 현명하고 자식은 효도한다. 申월 戊土에 丙甲癸가 모두 없으면 하류(下流)의 명(命)이다.

申월 戊土가 지지에 수국(水局)을 이루어도 기명종재(棄命從財)로 간주해서는 안 된다. 申과 辰 중에는 戊土가 암장되어 있기 때문이다. 이때는 甲木으로 강한 수기(水氣)를 설기(洩氣)하는 것이 좋은데, 이렇게 甲木이 투출(透出)하면 제법 부귀(富貴)가 있다.

申월 戊土에 丙火는 없고 癸甲이 투(透)하면 청고하고 거부일 수 있다.

土는 화왕(火旺)하면 유용하지만 수왕(水旺)하면 쓸모가 없다. 그래서 申亥 속의 戊土는 약하고, 丙火가 있어야 제 역할을 한다. 土가 따뜻해지면 다음으로 水가 있어야 木을 키울 수 있다.

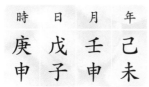

時	日	月	年
庚	戊	壬	己
申	子	申	未

- 申子반합에 壬水가 투(透)하여 水가 강하다.
- 강한 水기운을 土가 제(制)하고 있다.
- 사각로(謝閣老)의 사주이다.

時	日	月	年
壬	戊	戊	壬
午	辰	申	寅

- 申월에 壬水가 투(透)하여 재격(財格)이다.

- 식신생재(食神生財)가 되었다.
- 子운이 오면 申子辰 수국이 되어 재(財)가 더욱 강해질 것이다.
- 태수(太守) 벼슬을 하였다.

時	日	月	年
癸	戊	甲	庚
丑	寅	申	寅

- 寅申충과 戊癸합이 있다.
- 申월에 庚金이 투(透)하여 식신격이다.
- 申월에 癸水도 투(透)하여 재(財)와도 인연이 깊다.
- 선빈후부(先貧後富)하였다.
- 자식도 많았다.

時	日	月	年
丙	戊	丙	辛
辰	子	申	酉

- 丙辛합과 申子辰 삼합이 있다.
- 戌운에 申酉戌로 金이 강해질 것이다.
- 申월의 戊土는 식신격이다.
- 申子辰 삼합으로 재격으로 변했다.
- 식신생재(食神生財)를 쓴다.
- 천사(天師)가 되었다.

酉월 戊土

酉월 戊土는 차가우니 먼저 丙火가 필요하고, 다음으로 癸水를 기뻐한다. 즉 선병후계(先丙後癸)이고, 甲木의 소토(疏土)는 필요하지 않다. 그래서 酉월 戊土에 丙癸가 모두 투(透)하면 과거에 급제하고, 丙火만 투(透)하고 癸水가 암장(暗藏)되면 성균관에 들어간다. 또 癸水가 투(透)하고 丙火가 암장(暗藏)되면 재물을 써서 관(官)을 취하게 된다.

만일 丙火는 암장(暗藏)되고 癸水가 없거나 또는 지장간(支藏干)에 癸水가 많아도 투(透)하지 않으면 평상인이다. 酉월 戊土의 팔자에 丙癸가 전무(全無)하면 떠돌이 팔자이다.

酉월 戊土의 천간에 모두 辛金이 투(透)하고 丙丁火가 없으면 상관격(傷官格)이 되어 청수(淸秀)하다. 이렇게 되면 무과(武科)가 제격이다. 이때 癸水가 있으면 부귀(富貴)하다.

酉월 戊土가 지지에 수국(水局)을 이루고 壬癸水가 출간(出干)하면 재다신약(財多身弱)이 되어 어리석고 나약하다. 이때 천간에 비겁이 있어서 재(財)를 분산시키면 의식(衣食)은 있다.

가을의 土는 약해지므로 丙丁火가 출간(出干)해야 좋다.

時	日	月	年
壬	戊	己	丁
子	子	酉	酉

● 酉酉형과 子酉파가 있다.

삼추三秋 무토戊土

- 팔자에 있는 형(刑)과 파(破)는 동(動)할 때 근묘화실 순서로 수시로 일어난다.
- 酉월에 戊土로 상관격이다.
- 재(財)도 강하니 상관생재(傷官生財)가 된다.
- 어느 도통제의 사주이다.

時	日	月	年
丁	戊	己	壬
巳	午	酉	戌

- 酉월의 戊土는 상관격이다.
- 火 인수가 강하니 상관용인(傷官用印)이 된다.
- 어느 승상(丞相)의 사주이다.

時	日	月	年
庚	戊	己	壬
申	午	酉	午

- 戊土 일간이 庚申시이면 합록격이다.
- 합록격은 일종의 허자론이다.
- 시간의 庚金이 乙木을 불러오고, 시지의 申金은 충으로 寅을 불러온다.
- 시주의 庚申이 식신이니 전식합록격(專食合祿格)이라고도 한다.
- 『자평진전』식으로는 酉월에 庚金이 투(透)하여 식신격이다.
- 사춘방(史春芳)의 사주이다.

時	日	月	年
乙	戊	己	壬
卯	戌	酉	戌

● 卯戌합이 있다.

● 申운에 申酉戌 방합이 된다.

● 일간이 뿌리가 있고 시주의 정관도 힘이 있다.

● 모시랑(某侍郎)의 사주이다.

戌월 戊土

戌월은 戊土가 권리를 잡으니 甲木을 먼저 쓴 후에 癸水를 취한다. 癸水를 쓸 때 합화(合化)는 꺼린다. 金이 있을 때는 癸水를 먼저 용(用)하고 다음으로 丙火를 취해 간지가 배합(配合)되면 土의 생의(生意)가 살아난다. 이렇게 되면 청운의 꿈을 안고 나아가게 된다.

戌월 戊土에 丙火는 없고 癸水만 있을 때 甲木이 투(透)하지 않으면 부(富)는 작지만 의식(衣食)은 있다. 丙癸는 없고 甲木만 있으면 의식(衣食)으로 그친다. 戌월 戊土에 癸甲은 없고 丙火만 있으면 보통인 또는 승도(僧徒)의 명(命)이다.

戌월 戊土의 팔자에 수국(水局)이 있고 壬癸水가 투간(透干)하면 戊土가 있어야 한다. 戊土가 투(透)하면 부(富)하다.

戌월 戊土의 지지에 화국(火局)이 있으면 화염토조(火炎土燥)가 되어 좋지 않다.

戌월 戊土에 金水가 양투(兩透)하면 청고(淸高)하고 약간의 부귀(富貴)는 있다. 戊土는 메마른 땅이니 水가 없으면 일생이 곤고(困苦)하다.

時	日	月	年
丙	戊	甲	己
辰	辰	戌	酉

● 戌월의 戊土에게 필요한 丙火와 甲木이 천간에 있다.

● 甲己합과 辰戌충 그리고 辰辰형이 있다.

● 申운이 오면 申酉戌 방합이 이루어질 것이다.

● 이렇게 운(運)에 따라 강약도 격국도 변한다.

● 효렴(孝廉)으로 천거되었다.

時	日	月	年
癸	戊	庚	丁
亥	戌	戌	亥

● 戊癸합과 戊亥 천문이 있다.

● 일간과 합은 유정(有情)한 것이고, 천문(天門)은 하늘과 소통이 된다는 신살이다.

● 향교의 학생인 상생(庠生)이 되었다.

● 후에 대부(大富)하였다.

時	日	月	年
壬	戊	戊	丙
子	寅	戌	戌

- 戌월 戊土에 필요한 丙火는 투(透)하고 癸甲은 지장간(支藏干)에 있다.
- 戌월의 戊土는 12운성 묘(墓)이다.
- 묘(墓)는 묘지에 있는 것과 같아 움직일 수 없으니 정신적으로 쓴다.
- 午운이 오면 寅午戌 삼합과 子午충이 일어날 것이다.
- 향시(鄕試) 합격자인 공생(貢生)일 뿐이다.

時	日	月	年
乙	戊	庚	丁
卯	寅	戌	酉

- 申운이 오면 申酉戌이 된다.
- 辰운이 오면 寅卯辰이 된다.
- 운(運)에 따라 팔자는 변한다.
- 戌월에 庚金이 투(透)하고 수운(水運)으로 가니 식신생재(食神生財)
  가 되었다.
- 백수에서 출발하여 대부(大富)하게 되었던 사주이다.

時	日	月	年
己	戊	戊	丙
未	辰	戌	子

- 土의 글자가 여섯 개이다.

삼추三秋 무토戊土

- 년지의 子水 때문에 종격이 되지 못했다.
- 그러나 土의 종격은 순수하지 못하다.
- 土의 성질이 일관성이 없기 때문이다.
- 土는 환절기나 커브길처럼 변화를 상징한다.
- 벼슬이 소보(少保)였다.
- 소보(少保)는 우의정에 해당하는 태보(太保)의 보좌이다.

삼동(三冬) 戊土

亥월 戊土

土의 용도는 木을 키우기 위함이니 亥월 戊土도 甲木을 먼저 쓰고 다음으로 丙火를 취한다. 亥월에는 甲木이 장생하니 丙火가 있으면 따뜻함을 얻어 좋다. 그래서 亥월 戊土의 사주에는 甲丙이 양투(兩透)하면 부귀(富貴)하고 권세가 있다.

亥월에는 지장간(支藏干)에 甲木과 壬水가 있으니 하나의 丙火만 높이 투(透)해도 이름을 날린다.

亥월 戊土가 지지에 庚金을 만나면 입반(入泮)으로 그친다. 그러나 庚金이 없고 지지에 甲木이 암장(暗藏)되고 丙火가 투(透)하면 과거에 급제한다. 庚金이 있을 때 丁火가 출하여 庚金을 제(制)하면 이로(異路)로 공명(功名)을 이루거나 작은 벼슬을 얻는다.

삼동三冬 무토戊土

亥월 戊土에 庚丁이 투(透)하지 않고 甲丙이 지지에 암장(暗藏)되어도 역시 부귀(富貴)하다.

亥월 戊土에 丙火와 壬水가 투(透)했을 때 戊土가 있어 壬水를 제(制)하면 부중취귀(富中取貴)한다. 亥월 戊土에 壬水와 甲木이 모두 없으면 승도(僧徒)의 명(命)이다.

時	日	月	年
戊	戊	癸	癸
午	辰	亥	卯

● 戊癸합과 亥卯반합 그리고 辰亥귀문이 있다.

● 亥월에 癸水가 투(透)하여 정재격이다.

● 亥卯반합으로 관(官)도 약하지 않다.

● 재관격(財官格)으로 본다.

● 정확히 말하면 천간은 재격(財格)이고 지지는 관격(官格)이다.

● 관(官)의 일을 하면서 재(財)를 생각한다고도 할 수 있다.

● 부윤(府尹)이라는 벼슬을 하였다.

時	日	月	年
庚	戊	辛	壬
申	寅	亥	申

● 申亥해와 寅亥합 그리고 寅申충이 있다.

● 亥월에 壬水가 투(透)하여 재격(財格)이다.

● 식상인 庚辛金도 투(透)했으니 재용식상(財用食傷)으로 볼 수 있다.

● 일간을 돕는 火운에 크게 발달하였다.

時	日	月	年
丙	戊	丁	乙
辰	戌	亥	卯

● 亥卯반합과 戌亥천문 그리고 辰戌충이 있다.

● 亥卯반합에 乙木이 투(透)하여 정관격이다.

● 격(格)은 팔자에서 가장 강한 세력으로 잡는다.

● 삼합이나 방합이 있으면 격(格)으로 삼을 수 있다.

● 반합이 되고 해당 오행이 천간에 투(透)했을 때도 격(格)으로 삼을 수
  있다.

● 양방(兩榜)에 합격하였다.

● 양방(兩榜)은 문과(文科)와 무과(武科)를 말한다.

時	日	月	年
丁	戊	癸	癸
巳	子	亥	酉

● 亥월 戊土에 필요한 丁火는 투(透)하고 丙火는 암장(暗藏)되었다.

● 겨울에 丙火는 태양의 물상이고 丁火는 난로의 물상이다.

● 亥월에 癸水가 투(透)하여 재격(財格)이다.

● 戊癸합으로 일간은 재(財)와 유정(有情)하다.

● 거상(巨商)인 왕모씨의 사주이다.

子丑월 戊土

子丑월은 아직은 추운 때이니 水와 土가 얼어 있는 시기이다. 子丑월 戊土는 丙火를 전용(專用)하고 甲木으로 보좌하면 좋다. 그래서 丙火와 甲木이 양투(兩透)하면 벼슬이 높다. 丙火가 투출(透出)하고 甲木이 암장(暗藏)되면 채근(採芹)이나 봉록(俸祿)은 있다. 반대로 丙火가 암장(暗藏)되고 甲木이 출(出)하면 관리 정도는 한다.

子丑월 戊土에 丙火는 있고 甲木이 없으면 부호(富豪)이고, 甲木은 있고 丙火가 없으면 청빈(淸貧)하다. 子丑월 戊土에 丙甲이 전혀 없으면 하천(下賤)하다.

子丑월 戊土는 약한데 사주에 많은 丙火가 있고 운(運)에서 火土를 만나면 약한 것이 다시 강해진다. 이때 하나의 壬水가 투(透)하면 청고(淸高)하고 관록(官祿)이 있다. 壬水가 투(透)하지 않고 결핍되면 승도(僧徒) 또는 외롭고 쓸쓸한 명(命)이다.

子丑월 戊土에 많은 水土가 있을 때 丙火가 없으면 답답하다. 이때 월시(月時)에 癸水가 투(透)하면 戊癸합이 되어 우아한 풍류(風流)를 지닌 선비가 된다. 戊癸합으로 火기운이 나오기 때문이다.

子丑월 戊土에 壬水가 많을 때 비겁을 보지 못하면 종재(從財)가 된다. 만약 비겁인 土가 있고 甲木이 출(出)해도 역시 부귀(富貴)하다. 그러나 얼어 있는 땅에 丙火가 없으면 비록 甲木이 있다고 해도 내허외실(內虛外實)하게 된다.

子丑월 戊土에 두 개의 癸水가 월(月)과 시(時)에 투출(透出)하면 쟁합(爭合)이 되니 분주한 사람이다. 이때 하나의 己土가 천간에 나타나 癸水를 제(制)하면 오히려 충의(忠義)가 있고 자신을 희생하고 남을 따르게 된다.

　子丑월 戊土의 년간(年干)과 월간(月干)에 辛金이 투출(透出)하면 토금상관(土金傷官)이 되어 이로공명(異路功名)을 기대할 수 있다. 이때는 상관생재(傷官生財)가 되어 水가 용(用)이 되니 金을 처로 삼고, 水를 자식으로 삼는다.

時	日	月	年
壬	戊	壬	壬
子	子	子	子

- 일간을 제외한 모든 글자가 水이다.
- 강한 水의 기운에 종(從)해야 한다.
- 순수한 종재격(從財格)이다.
- 진종(眞從)이 꼭 좋다는 말은 아니다.
- 나무가 크면 바람잘 날 없다.
- 모든 일에는 빛과 그림자가 있다.
- 태사(太史) 벼슬을 하였다.

時	日	月	年
乙	戊	壬	壬
卯	子	子	申

- 子월의 戊土에게 필요한 丙火와 甲木은 지장간(支藏干)에 있다.
- 申子반합과 子午충 그리고 午卯파가 있다.

309

● 申子반합에 壬水가 투(透)하여 재격(財格)이다.

● 시주에는 乙卯가 있어 관(官)이 자리를 잡았다.

● 재관격(財官格)이다.

● 갈참정(葛參政)의 사주이다.

時	日	月	年
丙	戊	戊	庚
辰	子	子	戌

● 子월의 戊土에 필요한 丙火가 투(透)하였다.

● 겨울철은 추우니 丙火가 우선이다.

● 子월에 子辰반합이 있으니 재격(財格)이다.

● 오방안(吳榜眼)의 사주이다.

時	日	月	年
甲	戊	戊	庚
寅	寅	子	辰

● 子辰반합이 있어 재격(財格)이다.

● 시간의 甲木도 튼튼한 뿌리가 있어 살(殺)도 강하다.

● 세력에 종(從)하는 종세격(從勢格)이라고도 할 수 있다.

● 그러나 월간에 戊土가 있어 순수하지는 않다.

● 甲木이 투(透)하고 丙火는 암장(暗藏)되었다.

● 이어사(李御使)의 팔자이다.

時	日	月	年
癸	戊	辛	丙
丑	子	丑	子

- 지지가 꽁꽁 얼어 있는 팔자이다.
- 丙辛합과 子丑합이 있다.
- 丙辛합수가 되어 종격(從格)이 되었다.
- 겨울의 丑土는 土의 역할을 거의 못한다.
- 청나라 관리 팽옥린(彭玉麟)의 사주이다.

時	日	月	年
癸	戊	乙	癸
丑	申	丑	卯

- 겨울에 필요한 火가 없다.
- 戊癸합화의 火기운이 소중하다.
- 丑월에 癸水가 투(透)하여 재격(財格)이다.
- 월간에 乙木도 뿌리를 두고 투(透)하여 관(官)도 강하다.
- 재관격(財官格)으로 성격되었다.
- 벼슬이 안찰(按察)에 이르렀다.

311

삼춘(三春) 己土

寅월 己土

寅월은 아직 한기(寒氣)가 있어 전원(田園)이 얼어 있는 것과 같으
니 寅월 己土는 丙火를 존신(尊神)으로 삼는다. 寅월 己土가 丙火를
얻으면 만물이 자생(自生)하지만 壬水는 己土의 병(病)으로 작용하
니 꺼린다. 己土는 壬水를 만나면 니토(泥土)로 변해 근묘(根苗)가
모두 상(傷)한다. 壬水가 있을 때는 戊土로 제(制)하여 己土를 보호
해야 한다. 戊土가 천간에 있으면 금마옥당(金馬玉堂)에 오르지만,
만일 戊土가 없어 壬水를 제(制)하지 못하면 평상인이다.

寅월 己土의 사주에 甲木이 많을 때 庚金이 출간(出干)하고 癸水
와 丙火가 함께 투(透)하면 명리쌍전(名利雙全)이다. 만일 甲木이 많
을 때 庚金이 없으면 잔질(殘疾)이 있어 폐인(廢人)이 될 수 있으니

이때는 丁火로 甲木을 설(洩)해야 한다. 寅월 己土가 丙火를 만나고 庚金이 천간에 투(透)하면 준수하다.

寅월 己土에 많은 火가 있을 때는 水가 없어도 장애가 없다. 왜냐하면 寅월 己土는 한습(寒濕)하므로 丙火로 따뜻하게 해야 두터운 복록(福祿)이 있기 때문이다. 만일 癸水가 투출(透出)하면 과거에 급제하지만, 戊土도 투(透)하여 癸水를 합하면 평상인이다.

寅월 己土에 많은 戊土가 있을 때 甲木이 투(透)하여 제(制)하면 명성(名聲)이 높아진다. 그러나 乙木은 소토(疏土)가 불가능하니 甲木 대신 乙木이 있으면 간교하게 남을 속이는 소인(小人)에 지나지 않는다. 丙火를 쓰는 경우에는 木이 처가 되고, 火가 자식이 된다.

時	日	月	年
癸	己	丙	己
酉	未	寅	巳

- 寅월 己土에 필요한 丙火와 癸水가 함께 투(透)하여 귀격(貴格)이다.
- 寅巳형과 寅未귀문이 있다.
- 寅巳형이 동(動)하여 개고(開庫)되면 년간의 己土는 甲己합거로 사라질 것이다.
- 비견이 사라지니 형제나 동료가 떠나간다는 의미가 된다.
- 寅월에 丙火가 투(透)하여 인수격이다.
- 십간론에서 己土와 丙火의 관계도 좋다.
- 명예를 소중히 여기는 사주가 된다.

時	日	月	年
甲	己	丙	甲
子	丑	寅	子

- 寅월의 己土에게 필요한 甲木과 丙火는 투(透)하고 癸水는 지장간(支藏干)에 있다.
- 甲己합과 子丑합이 있다.
- 寅월에 甲木과 丙火가 투(透)하여 관인격(官印格)이 되었다.
- 청나라 재상 유용(劉鏞)의 사주이다.
- 과거에 급제하여 재상직에 올라 평생 관운(官運)을 누렸다.

時	日	月	年
辛	己	丙	甲
未	巳	寅	子

- 위 사주와 비슷하니 관인격(官印格)이다.
- 일지와 시주가 다르므로 삶의 후반은 차이가 있을 것이다.
- 寅월의 己土에게 필요한 甲木과 丙火가 투(透)하고 癸水는 지장간(支藏干)에 있다.
- 과거에 급제한 후 평생 벼슬을 지냈다.
- 자손도 과거급제하였고, 수(壽)는 90세를 넘겼다.
- 식신과 비견이 시주에 있어 건강을 오래 유지할 수 있다.

卯월 己土

卯월 己土는 甲木에 좋은 땅이니 甲木이 투(透)하고 癸水로 윤택(潤澤)하게 하면 좋다. 이때 己土가 있어 甲己합이 되는 것을 꺼린다. 卯월 己土에 甲木과 癸水가 출간(出干)하면 과거에 급제하고 丙火까지 투(透)하면 권세(權勢)가 더 올라간다. 그러나 己土가 싫어하는 壬水를 보면 말단 관직에 머문다.

卯월 己土에 庚金이 있어 甲木을 제(制)하거나 壬水가 출간(出干)하고 土가 중중(重重)하면 평범하다. 이때 丙火가 투(透)하면 소부(小富)하고 丙火가 암장(暗藏)되어도 의록(衣祿)은 있다.

卯월 己土의 지지에 목국(木局)이 있을 때 庚金이 투(透)하면 부귀(富貴)하다. 이때 乙木이 많으면 乙庚합이 되어 庚金이 제 역할을 못해 교활하고 간사해질 수 있다. 운(運)까지 동남(東南)으로 가면 金이 더욱 약해지니 예측하지 못할 재앙이 있을 수 있다. 이때는 丁火로 乙木의 기(氣)를 누설시켜야 한다. 丁火를 써서 乙木을 설기(洩氣)하면 나쁘지는 않으나 소인(小人)으로 그친다.

卯월 己土의 지지에 목국(木局)이 있고 또 木이 투(透)하여 있을 때 비겁과 인수(印綬)가 없으면 종살(從殺)이 되어 귀(貴)하다.

卯월 己土에 甲丙癸가 하나도 없으면 하격(下格)이다.

時	日	月	年
辛	己	癸	壬
未	巳	卯	午

- 己土에게는 木과 水와 火가 필요하다.
- 甲木과 丙火와 癸水가 좋다.
- 癸水는 투(透)하고 甲丙은 암장(暗藏)되었다.
- 卯월의 己土로 칠살격이다.
- 운(運)의 천간이 甲乙로 가면 관살(官殺)은 더욱 강해질 것이다.
- 『자평진전평주』에 나오는 대만의 참모총장을 지낸 정잠(程潛)의 사주이다.

時	日	月	年
乙	己	乙	癸
丑	巳	卯	卯

- 癸水는 투(透)하고 甲丙은 암장(暗藏)되었다.
- 卯월에 두 개의 乙木이 투(透)하여 칠살격이다.
- 장원급제(壯元及第)하였다.

時	日	月	年
庚	己	乙	癸
午	巳	卯	卯

- 떨어져 있는 乙庚합은 성립되기 힘들다.
- 원칙없이 이랬다저랬다 하면 안 된다.

- 卯월에 乙木이 투(透)하여 칠살격이다.
- 백성을 보살피는 지방행정관인 무군(撫軍)이 되었다.

辰월 己土

辰월 己土도 먼저 丙火를 쓰고 癸水를 써서 土가 따뜻하고 윤택해지면 甲木으로 소토(疏土)한다. 그래서 辰월 戊土의 팔자에 丙癸甲이 모두 투(透)하면 궁전에서 관직을 얻게 되고, 세 가지 중 하나만 투(透)해도 과갑(科甲)은 틀림없지만 투(透)한 글자는 득지(得地)해야 한다. 이때 庚金은 병(病)이 된다.

辰월 己土에 丙火와 甲木이 있고 癸水가 없으면 부(富)는 있으나 귀(貴)는 없다. 甲木과 丙火는 없고 癸水만 있으면 의금(衣衿)은 있다. 만일 丙火와 癸水가 있고 甲木이 없으면 재능만 있는 인재(人才)이다. 辰월 戊土에 丙火와 癸水가 전무(全無)하면 세속적인 사람이다.

辰월 己土에 한 무리의 乙木이 있을 때 金의 제복(制伏)이 없으면 가난하고 요절(夭折)한다. 칠살을 제(制)하지 못하기 때문이다.

時	日	月	年
丙	己	甲	壬
寅	卯	辰	子

- 辰월의 己土에게 필요한 丙甲癸가 모두 있다.
- 子辰반합과 寅卯辰 방합이 있다.

317

- 甲己합으로 일간은 정관과 유정(有情)하다.
- 관(官)이 힘이 있어 벼슬이 일품(一品)에 이르렀다.

時	日	月	年
甲	己	壬	辛
子	巳	辰	未

- 辰월에 甲木과 壬水가 투(透)하였다.
- 재관(財官)이 투(透)한 것이다.
- 재관(財官)을 쓰려면 일간이 힘이 있어야 한다.
- 일간의 뿌리가 많아 힘이 있다.
- 부자(富者)의 사주이다.

時	日	月	年
壬	己	甲	壬
申	卯	辰	子

- 子辰반합이 있다.
- 떨어져 있는 申을 취하여 申子辰이라고 하면 안 된다.
- 卯辰해와 卯申원진이 가로 막고 있는 것이다.
- 辰월에 甲木과 壬水가 투(透)하여 재관격(財官格)이다.
- 辰월이니 잡기재관격(雜氣財官格)이라고 한다.
- 장원급제하였다.

삼하(三夏) 己土

여름철 己土는 巳午未월 모두 큰 차이가 없다. 여름의 논밭은 마르기 쉬우므로 단비인 癸水가 우선이다. 그리고 戊土든 己土든 土는 항상 丙火가 있어야 한다. 그래서 癸水가 우선이고 다음으로 丙火이다. 癸水가 없으면 가뭄이 들고, 丙火가 없으면 생명을 키울 수 없다.

여름 己土에 丙火와 癸水가 양투(兩透)하고 辛金이 癸水를 생(生)하면 수화기제(水火旣濟)가 되어 부귀(富貴)하다. 이때 戊癸합이 되지 않으면 장원급제(壯元及第)한다. 만일 丙火만 있고 癸水가 없을 때는 壬水를 쓸 수는 있으나 크게 발전하지는 못한다.

여름 己土에 丙火가 많으면 土가 마른다. 그리고 癸水의 근원인 辛金이 있더라도 丁火의 극(剋)을 받으면 외롭고 의지할 곳이 없게 된다. 여름 己土에 丙火가 중(重)할 때 한 방울의 水도 없으면 늙어서도 외롭고 가난하다.

여름 己土에 壬水가 있고 또 庚辛金을 보면 고독하지는 않으나 안질(眼疾)이 두렵고 심장이나 신장, 간장에 질환이 있을 수 있다. 이때 壬水가 유근(有根)하고 辛金이 득지(得地)하면 괜찮다.

여름 己土에 壬癸水가 함께 출(出)하여 火를 파(破)하고 土를 윤택(潤澤)하게 하면 총명하고 빼어나서 부중취귀(富中取貴)하니 전화위복(轉禍爲福)이 된다. 癸水를 쓰는 경우에는 金이 처가 되고, 水가 자식이 된다. 丙火를 쓰는 경우에는 木이 처가 되고, 火가 자식이 된다.

時	日	月	年
甲	己	丁	癸
戌	卯	巳	酉

- 巳酉반합과 卯戌합이 있다.
- 巳월의 己土에 필요한 癸水가 투(透)하고 丙火는 암장(暗藏)되었다.
- 巳월에 丁火가 투(透)하여 편인격이다.
- 편인 丁火는 癸水로 손상되었다.
- 십간론에서 丁火와 癸水와의 관계는 좋지 않다.
- 촛불에 비가 오는 물상이다.
- 巳酉반합으로 식상의 기운이 강하다.
- 식상은 기존의 것을 따르지 않고 새로운 것을 추구하는 개혁정신이 있다.
- 민국 초기 절강성의 장(長)을 지낸 저보성(褚輔成)의 사주이다.

時	日	月	年
戊	己	己	己
辰	巳	巳	巳

● 팔자가 火土로만 된 종강격이다.

● 辰 중 癸水가 거슬리기는 하지만 장간에서 戊癸합이 되어 있다.

● 巳 중 庚金은 식상으로 작용한다.

● 辰 중 癸水는 재성으로 작용한다.

● 대부(大富)했다는 사주이다.

時	日	月	年
庚	己	辛	乙
午	巳	巳	丑

● 巳월의 己土가 火가 많으니 메마를 수 있다.

● 다행히 丑 중 癸水가 조절을 해주고 있다.

● 巳에서 庚辛金이 투(透)하여 식상격이다.

● 강한 火가 식상을 인극식으로 제(制)하니 지위가 방백(方伯)에 이르렀다.

● 방백(方伯)은 관찰사(觀察使)이다.

<坤命>

時	日	月	年
乙	己	癸	丙
亥	亥	巳	申

삼하三夏 기토己土

- 巳申형과 巳亥충 그리고 亥亥형이 있다.
- 살아가면서 많은 우여곡절을 겪었을 것이다.
- 巳월에 丙火가 투(透)하여 인수격이다.
- 癸水도 뿌리가 튼튼하니 재성도 강하다.
- 재(財)와 인수가 나란히 있으면 재극인 현상이 일어난다.
- 火의 기운이 너무 강할 때는 癸水가 좋은 작용을 한다.
- 乙木이 투(透)하여 관(官)도 강하다.
- 천간의 글자가 모두 통근하여 힘이 있다면 좋은 팔자이다.
- 재(財)가 관(官)을 생(生)하는 팔자이다.
- 일품(一品) 정승의 부인이 되었다.

時	日	月	年
庚	己	辛	乙
午	巳	巳	丑

- 巳월에 庚辛金이 투(透)하여 식상이 강하다.
- 지지의 강한 火기운이 인극식으로 식상을 통제한다.
- 손포정(孫布政)의 사주이다.

時	日	月	年
丁	己	戊	癸
卯	巳	午	丑

- 戊癸합과 丑午원진이 있다.
- 午월에 丁火가 투(透)하여 편인격이다.

● 火土가 강한 사주에 년지의 丑土는 많은 도움이 된다.

● 戊癸합으로 癸水는 도움이 안 된다.

● 『자평진전평주』에 나오는 장계직(張季直)의 팔자이다.

時	日	月	年
辛	己	癸	乙
未	亥	未	亥

● 未월에 乙木이 투(透)하여 편관격이다.

● 월간의 편재가 칠살을 생(生)하니 칠살은 더욱 강해진다.

● 未월에 己土를 음간의 양인(陽刃)이라고 한다.

● 일간이 힘이 있으니 칠살을 이겨낸다.

● 칠살은 시간의 식신 辛金으로도 제(制)할 수 있으나 거리가 멀다.

● 교통부 장관을 지낸 사주이다.

時	日	月	年
甲	己	癸	乙
子	未	未	亥

● 子未원진과 甲己합이 있다.

● 甲己합은 일간이 정관과 유정(有情)하다는 뜻이다.

● 未월에 甲乙木이 투(透)하여 관살(官殺)의 힘이 강하다.

● 월간의 癸水 편재가 칠살을 돕는다.

● 일간 己土가 未에 뿌리를 단단히 두었으니 칠살의 공격을 견딜 수 있다.

● 조선 이성계의 사주이다.

삼하三夏 기토己土

時	日	月	年
乙	己	丁	壬
亥	卯	未	寅

● 亥卯未 삼합과 丁壬합이 있다.

● 丁壬합도 木으로 화(化)하니 종살격(從殺格)이다.

● 『자평진전평주』에 나온 오정방(伍廷芳)의 사주이다.

삼추(三秋) 己土

삼추(三秋) 己土는 만물이 수장(收藏)되는 때로 외면은 허(虛)하고 내면은 실(實)하다. 한기(寒氣)가 강해지는 때이니 丙火로 따뜻하게 해주고 癸水로 적셔주면 좋다. 癸水는 金의 기운을 누설할 수 있고 丙火는 金의 기운을 제압할 수 있으므로 土를 보강할 수 있게 된다. 그렇게 되면 가을의 생물도 무성해진다. 그래서 삼추(三秋) 己土는 癸水와 丙火가 투(透)하면 과거에 급제할 수 있다.

癸水는 없고 두 개의 丙火가 투(透)하면 이도(異途)로 현달하거나 또는 무직(武職)에서 권위를 날린다. 丙火는 있는데 壬癸水가 없으면 己土가 메말라 가도사문(假道斯文)으로 편법을 잘 쓰고 성실함이 없다. 가을 己土에 壬癸水만 있고 丙火가 없으면 재능은 있으나 의식(衣食)만 충족될 뿐이다.

가을 己土가 지지에 금국(金局)을 이루고 癸水가 투(透)하여 유근

(有根)하면 부중취귀(富中取貴)한다.

삼추(三秋) 己土가 지지에 사고(四庫)가 있을 때 甲木이 투(透)하여 土를 제(制)하면 부유(富裕)하지만 만일 甲木이 부족하면 외롭고 가난하다. 그러나 지지에 사고(四庫)를 만날 때 甲木은 있는데 癸水가 없고 金이 결핍되면 덕(德)을 쌓아야 과거에 급제한다.

가을 己土가 지지에 화국(火局)을 이루었을 때 水가 없다면 간악한 무리가 된다.

추월(秋月) 己土에 丙火가 투(透)하고 癸水가 암장(暗藏)되었을 때는 水의 원신(原神)인 金의 생(生)을 받아야 고위직에 오른다. 이때 壬水가 보좌하면 부귀(富貴)하고 의기(義氣)가 넘치며 명성(名聲)을 날린다. 이러한 사람은 강개심(慷慨心)과 재략(才略)이 있다. 그러나 이때 戊土가 水를 파(破)하면 흉액(凶厄)이 있고 빈천(貧賤)하다.

酉월 己土의 지지에 금국(金局)이 있을 때 丙丁火가 출(出)하여 金을 제(制)하지 않으면 의지할 곳 없는 외로운 사람이다. 이때 丙火가 투(透)하고 丁火가 암장(暗藏)되면 己土를 생(生)하는 원신(原神)이 있으니 오복(五福)을 갖추고 이름을 천하에 날린다.

삼추(三秋) 己土는 결론적으로 癸水를 먼저 용(用)하고 다음으로 丙火를 쓰며 辛金으로 癸水를 보좌하면 좋다. 戌월에는 土가 성(盛)하므로 甲木으로 소토(疏土)하고 나머지는 상황을 보고 판단한다.

時	日	月	年
辛	己	壬	甲
未	亥	申	子

- 申子반합에 壬水가 투(透)하여 재(財)가 강하다.
- 팔자에 강한 세력을 격(格)으로 삼으니 재격이다.
- 재(財)란 재물만을 의미하는 것이 아니고 식상 활동에 대한 결과물을 말한다.
- 亥 중의 甲木은 정관으로 작용한다.
- 寅申巳亥 생지의 글자는 지장간 중기를 통변해 주어야 한다.
- 장승상(章丞相)의 사주이다.

時	日	月	年
壬	己	癸	甲
申	未	酉	寅

- 酉월 己土에 필요한 癸水는 투(透)하고 丙火는 암장(暗藏)되었다.
- 酉월에 己土는 식신격이다.
- 년주에는 관(官)이 우뚝 솟아 있다.
- 일간의 양쪽에는 재(財)가 있다.
- 일간이 강한 힘으로 식재관(食財官)을 자유자재로 쓸 수 있다.
- 제독(提督)의 사주이다.

時	日	月	年
乙	己	辛	癸
亥	卯	酉	酉

- 酉酉형과 卯酉충 그리고 亥卯반합이 있다.
- 월주가 辛酉로 식신이 강하다.

327

- 亥卯에 乙木이 투(透)하여 칠살도 강하다.
- 식신과 칠살이 힘이 있으니 식신제살(食神制殺)로 성격되었다.
- 丙火대운에 제독(提督)이라는 큰 벼슬을 했다.
- 유제태(劉提台)의 사주이다.

時	日	月	年
壬	己	甲	己
申	丑	戌	巳

- 戌월의 己土에 필요한 丙火와 癸水가 모두 암장(暗藏)되었다.
- 암장되었다는 것은 잠재된 능력은 있다는 의미이다.
- 운(運)에서 도와줄 때 실현시킬 수 있을 것이다.
- 火운에 장원(壯元)에 급제하였다.

時	日	月	年
庚	己	庚	丁
午	巳	戌	亥

- 戌亥천문과 巳戌원진이 있다.
- 신살은 나무의 가지와 같아 체(體)의 영역보다는 용(用)의 영역에서 많이 쓰인다.
- 丙火와 壬水가 암장(暗藏)되었다.
- 일간 양쪽에 있는 庚金 상관은 丁火로 단련되고 있다.
- 상관의 기질이 강한 사주임을 알 수 있다.
- 장개석(蔣介石) 총통의 사주라고 한다.

삼동(三冬) 己土

삼동(三冬) 己土는 丙火로 따뜻하게 해야 생의(生意)가 있다. 丙火를 존신(尊神)으로 하고 甲木은 참작한다. 삼동(三冬) 己土는 戊土와 癸水를 용(用)하지 않지만 초겨울에는 壬水가 왕(旺)하니 戊土로 제(制)하면 좋다. 戊土는 亥월에만 사용한다.

겨울 己土는 丙丁火를 우선 쓰는데 丁火만으로는 해동(解東)하거나 한기(寒氣)를 제거하기에는 어려우니 丙火를 쓴다.

삼동(三冬) 己土에 하나의 丙火가 투(透)하고 또 丙火가 암장(暗藏)되었을 때 甲木이 투(透)하면 과갑(科甲)에 준한다. 丙火가 투(透)하지 않고 암장되어 있을 때 손상되지 않으면 의식(衣食)은 있다.

겨울 己土에 壬水가 많을 때 戊土가 투출하여 水를 제(制)하면 부중취귀(富中取貴)하지만, 戊土가 없다면 부옥빈인(富屋貧人)이다.

삼동(三冬) 己土에 壬水가 출간(出干)하면 밭이 물에 잠긴 것과 같으니 이런 사람은 고독하고 가난하다. 이때 火가 있으면 외롭지 않고 土를 보면 가난하지 않다. 그래서 삼동(三冬) 己土는 火土가 있어야 부귀격(富貴格)이다.

겨울 己土에 많은 癸水가 있을 때 비겁이 없으면 종재(從財)가 되니 과거급제는 아니더라도 임금의 은혜가 있고 부귀(富貴)하다. 종재(從財)가 되면 木이 처가 되고 火가 자식이 된다. 만일 비겁이 있어 종재(從財)가 안 되고 비겁이 쟁재(爭財)하면 평상인이고 처자(妻子)가 주도권을 잡는다.

겨울 己土에 많은 戊己土가 있을 때 甲木이 투(透)하여 土를 제(制)하면 부귀(富貴)하다.

삼동(三冬) 己土에 한 무리의 庚辛金이 있으면 丙火를 용(用)하고 丁火로 보조(補助)를 해야 한다. 丙火가 암장(暗藏)되면 부귀(富貴)하다.

<乾命>

時	日	月	年
乙	己	丁	乙
亥	亥	亥	丑

● 지지는 온통 水이다.

● 초운인 子운에 亥子丑이 되어 水는 더욱 강해진다.

● 월간의 丁火는 편인이고 乙木은 편관이다.

● 연월일간이 목생화(木生火), 화생토(火生土)로 흐른다.

● 살(殺)이 인(印)을 생(生)하고 인(印)이 일간을 생(生)하고 있다.

- 살인(殺印)을 쓰는 조시랑(趙侍郞)의 사주이다.

時	日	月	年
丙	己	辛	壬
寅	巳	亥	申

- 丙火는 투(透)하고 甲木은 지장간(支藏干)에 있다.
- 겨울철에 己土는 丙火로 조후하면 좋다.
- 申亥해, 巳亥충, 寅巳형이 있다.
- 현실적인 삶은 굴곡이 심했다.
- 지지의 형충파해(刑沖破害)는 경쟁력으로 작용할 수 있다.
- 천간의 흐름은 火土金水가 시간에서 년간으로 역행하고 있다.
- 귀(貴)가 극품에 이르렀다.

時	日	月	年
戊	己	甲	戊
辰	巳	子	戌

- 甲木이 투(透)하고 丙火는 지장간(支藏干)에 있다.
- 조후는 장간에 있어도 좋다.
- 子월의 己土는 재격이다.
- 겁재의 글자가 많다.
- 겁재는 많은 재(財)를 취하기도 하고 잃기도 한다.
- 재(財)의 굴곡이 크다.
- 재산이 상당히 많았다고 한다.

삼동三多 기토己土

時	日	月	年
甲	己	乙	戊
戌	未	丑	戌

- 지지가 모두 土의 글자로 비겁이 강한 사주이다.
- 자기 독단적인 언행을 할 수 있다.
- 천간의 甲乙木이 지지의 土를 제(制)하고 있으니 희신(喜神)이다.
- 정편관(正偏官)이 좋게 작용하고 있는 것이다.
- 대통령을 지낸 사주라고 한다.

時	日	月	年
甲	己	癸	壬
戌	丑	丑	申

- 지지에 土가 강한데 甲木이 소토(疏土)하고 있다.
- 甲己합은 일간이 정관과 유정(有情)하다는 의미이다.
- 년월에 드러난 재(財)를 바탕으로 관(官)을 취했다.
- 시랑(侍郞)의 벼슬을 하였다.

時	日	月	年
己	己	癸	壬
巳	卯	丑	子

- 丑월에 壬癸水가 투(透)하여 재격이다.
- 일지에는 관(官)이 있다.

●재(財)를 바탕으로 관(官)을 쓴다.

●운(運)에서 관(官)이 올 때 좋았다.

●장원급제(壯元及第)하였다.

삼동三多 기토己土

寅월 庚金

寅월 庚金은 木이 왕(旺)한 때이니 土가 있어도 모두 죽으므로 金을
생(生)할 수 없다. 그리고 아직 한기(寒氣)가 제거되지 않았으므로 먼
저 丙火를 쓴다. 또 土가 두터우면 庚金이 매몰될까 염려되므로 甲木
으로 소토(疏土)해야 한다. 그래서 寅월 庚金은 丙火와 甲木이 양투(兩
透)하면 과거에 급제하고 이름을 날린다. 丙火와 甲木 중 하나만 투
(透)해도 생원(生員)이나 공감(貢監)은 한다. 丙火가 암장(暗藏)되고 甲
木이 투(透)하면 이로(異路)로 공명(功名)을 이룬다.

寅월 庚金의 사주 중에 土가 많을 때 甲木이 투(透)하여 土를 제(制)
하면 귀(貴)하고, 甲木이 암장(暗藏)되면 부(富)하다. 甲木을 쓸 때는 庚
金이 출(出)하면 안 된다.

寅월 庚金에 丁火가 출간했을 때 戊己土가 더해지고 水가 없으면 부귀(富貴)하다. 寅 중에 甲木이 있으니 병(病)이 되는 水가 없으면 관성인 火가 힘을 얻게 된다. 이렇게 되면 재(財)가 왕(旺)하여 관(官)을 생부(生扶)하므로 부귀(富貴)하다. 만일 火가 많을 때는 土를 쓴다. 土를 쓰는 경우에는 火가 처가 되고, 土가 자식이 된다.

寅월 庚金이 지지에 화국(火局)을 보았을 때 壬水가 뿌리를 얻고 투(透)하면 크게 부귀(富貴)하다. 壬水의 뿌리가 없는 경우에는 소부귀(小富貴)하며, 만약 지지에 화국(火局)이 있을 때 水가 없으면 잔질(殘疾)이 있다.

寅월 庚金이 木을 상(傷)하게 할 때는 丙丁火가 출간(出干)해서 金을 제(制)해야 한다. 丙丁火가 출간(出干)하지 않고 장간에도 丁火가 없으면 평상인이다. 이때 癸水가 나타나 火를 제(制)하면 안 되고, 癸水가 있으면 戊土가 癸水를 제(制)해야 좋다. 戊土가 癸水를 제(制)하지 못하면 평상인이다.

寅월 庚金은 결론적으로 丙火와 甲木이 있으면 상격(上格)이고 丁火가 있으면 그 다음이다. 춘금(春金)에 火가 많으면 요절(夭折) 또는 빈한(貧寒)하다. 庚金은 火의 제련(製鍊)을 가장 기뻐하지만 火가 태과(太過)하면 떠도는 신세가 된다.

時	日	月	年
庚	庚	壬	壬
辰	申	寅	子

● 丙火와 甲木이 지장간(支藏干)에 있다.

●초년에는 곤고(困苦)했으나 동남운(東南運)에 입반(入泮)하였다.

時	日	月	年
辛	庚	壬	壬
巳	辰	寅	寅

●丙火와 甲木이 지장간(支藏干)에 있다.

●양시랑(楊侍郎)의 사주이다.

時	日	月	年
丙	庚	庚	辛
戌	戌	寅	巳

●丙火는 투(透)하고 甲木은 지장간(支藏干)에 있다.

●火가 강할 때는 水가 있어야 한다.

●水가 없으니 승도(僧徒)의 명(命)이다.

時	日	月	年
丁	庚	壬	壬
丑	子	寅	午

●寅午 화국(火局)에 丁火가 투(透)하였다.

●壬水가 통제하고 있다.

●김정일의 사주이다.

卯월 庚金

卯월은 봄이 무르익는 때이다. 庚金은 丁火가 있어야 쓸모가 있으니 卯월 庚金도 丁火를 쓰고 그 다음으로 甲木을 쓴다. 卯월 庚金에 丁火 대신 丙火를 쓰는 경우에는 힘써 노력해야 부귀(富貴)를 얻는다.

卯월 庚金에 丁火와 甲木이 천간에 투(透)하고 지지에서 庚金이 甲木을 다듬으면 대귀(大貴)하다. 庚金과 甲木은 壬水와 丁火와 마찬가지로 음양(陰陽)의 중화를 이루어 좋은 관계가 된다. 만일 지지에서 庚金을 보지 못하면 비록 丁火와 甲木이 함께 투(透)했다 하더라도 평상인이다.

봄철의 丁火는 왕(旺)하지도 쇠(衰)하지도 않으므로 甲木을 써서 丁火를 보좌하면 좋다. 이때 庚金은 丁火가 필요하고, 丁火는 甲木이 필요하니 함께 있으면 좋다. 만일 甲木 대신에 乙木이 많다 하더라도 乙木은 습하여 丁火를 손상시키니 도움이 되지 않는다.

그러므로 丁火와 甲木이 있다 하더라도 庚金이 없으면 평상인이고, 丁火와 甲木은 있는데 甲木이 천간에 투출하지 않으면 역시 평상인이다. 丁火는 투(透)했지만 庚金과 甲木이 없으면 공감(貢監) 정도는 한다. 丁火가 없고 丙火가 있으면 이로(異路)로 공명(功名)을 이룬다.

卯월 庚金에 많은 甲乙木이 있을 때 庚金이 출간(出干)하여 재(財)를 파괴하면 좋지 않다. 봄에는 木이 강하니 쇠자충왕왕신발(衰者冲旺旺神發) 현상이 일어나기 때문이다. 金이 없고 木이 많으면 종재격(從財格)이 되어 부귀(富貴)하지만, 이때 비견이 있으면 종재(從財)가 되지 못하니 외롭고 가난하다.

삼춘三春 경금庚金

卯월 庚金이 丁火를 용(用)하면 甲木이 처가 되는데, 庚金이 또 있어 甲木을 제(制)하면 해로(偕老)하기 힘들다.

卯월 庚金은 土로 덮이는 것을 싫어하니 중(重)한 戊己土가 있으면 甲木이 투(透)해야 좋다.

時	日	月	年
丁	庚	己	庚
丑	寅	卯	申

- 丁火가 투(透)하고 甲木은 암장(暗藏)되었다.
- 卯월의 庚金은 재격이다.
- 己土 인수가 투(透)하여 베풀기를 좋아한다.
- 부(富)를 통하여 귀(貴)를 얻었다.

時	日	月	年
甲	庚	己	庚
申	子	卯	午

- 甲木과 丁火가 투출(透出)하여 벽갑인정(劈甲引丁)을 이루었다
- 재(財)와 관(官)을 써서 무과(武科)에 수석으로 합격하였다.

時	日	月	年
丁	庚	辛	辛
亥	辰	卯	酉

- 丁火가 투출(透出)하고 甲木이 암장(暗藏)되었다.

- 卯酉충과 寅亥합이 있다.
- 충(沖)이나 천간의 세 개의 金들은 무과(武科)에 어울린다.
- 시간에 정관이 있다.
- 무과(武科)에 장원급제(壯元及第)하였다.

時	日	月	年
丁	庚	辛	丙
亥	辰	卯	申

- 丁火가 투출(透出)하고 甲木은 암장(暗藏)되었다.
- 庚金은 丁火와 甲木으로 벽갑인정(劈甲引丁)을 이룬다.
- 글자의 위치에 따라 격(格)의 고저(高低)가 결정된다.
- 대귀(大貴)하였지만 후사(後嗣)가 없었다.

時	日	月	年
庚	庚	丁	己
辰	申	卯	亥

- 丁火가 투(透)하고 甲木이 지장간(支藏干)에 있다.
- 亥卯반합과 卯申원진이 있다.
- 子운이 오면 申子辰으로 水기운이 강해질 것이다.
- 소년 시절 등과하여 평생 관직에 있었다.
- 장관에 올랐다.

辰월 庚金

辰월 庚金은 戊土가 사령하니 甲木으로 먼저 소토(疏土)하고 그 후로 丁火를 쓴다. 庚金은 丁火가 있어야 쓸모가 있다. 덜 익은 과일을 완전히 익게 하는 것이 丁火이다. 또 辰월의 왕(旺)한 土는 甲木의 소토(疏土)가 필요하다. 그래서 辰월 庚金은 甲木과 丁火가 필요하고, 두 글자 중 하나만 부족해도 참된 부귀(富貴)가 없다. 庚金에 丁火가 없으면 요절(夭折)하거나 빈한(貧寒)하고, 신약(身弱)할 때 재(財)가 많으면 부귀(富貴)가 오래가지 못한다.

辰월 庚金의 사주에 丁火와 甲木이 양투(兩透)하고 비겁이 없으면 과갑(科甲)이지만 이때는 운(運)이 도와야 한다. 甲木이 투(透)하고 丁火가 암장(暗藏)되면 채근(採芹)이나 습개(拾芥)는 하니 먹고는 산다. 甲木이 암장(暗藏)되고 丁火가 투(透)하면 이로(異路)로 공명(功名)을 이룬다. 丁火와 甲木이 모두 암장(暗藏)되고 庚金의 제(制)가 없으면 부중취귀(富中取貴)하고 도필(刀筆)로 살아간다.

辰월 庚金에 甲木이 있고 丁火가 없으면 평상인이고, 丁火가 있고 甲木이 없으면 세상물정에 어두운 선비이다. 丁火와 甲木이 모두 없으면 하천(下賤)하다.

辰월 庚金의 사주에 하나의 甲木이 있을 때 丁火 대신 丙火가 있으면 무직(武職)에서 관직을 얻는다. 이때는 壬癸水를 보지 않아야 한다. 水는 火를 괴롭히기 때문이다.

辰월 庚金이 지지에 토국(土局)을 이루었을 때 甲木이 없으면 빈천(貧賤)하거나 승도(僧徒)가 된다. 이때 甲木 대신에 乙木을 보면 간사한 소인(小人)이다.

辰월 庚金의 지지에 화국(火局)이 있고 癸水가 투(透)하면 부귀(富貴)하다. 지지에 화국(火局)이 있고 丙丁火가 출간했을 때는 壬水가 강한 火를 제(制)해야 길(吉)하다. 만일 水의 제(制)가 없으면 庚金은 화염(火炎)에 싸여 잔질(殘疾)이 있거나 요절(夭折)할 수 있다.

時	日	月	年
壬	庚	庚	庚
午	申	辰	子

● 지지에 申子辰이 있고, 壬水가 투(透)하여 水기운이 강하다.

● 午火가 없었으면 종아격(從兒格)이 될 수 있었다.

● 시지의 午火가 조후를 담당하는 중요한 역할을 한다.

● 벼슬이 태사(太師)에 이르렀다.

時	日	月	年
庚	庚	庚	庚
辰	申	辰	辰

● 土金으로만 되어 종강격(從强格)이다.

● 특이한 사주는 특이한 삶을 산다.

● 사병에서 장군이 되었다.

삼하(三夏) 庚金

巳월 庚金

巳월 庚金은 12운성 장생이 된다. 巳월은 여름이 시작되니 壬水를 써서 중화를 이룬다. 그 다음 丙火와 戊土로 보좌하면 좋다. 그래서 巳월 庚金의 팔자에 壬水와 戊土와 丙火가 모두 갖추어지면 과거에 급제한다. 세 가지 중 한두 가지만 투(透)해도 보통사람 이상이다.

巳월 庚金에 많은 丙火가 있으면 가살위권(假殺爲權)이 된다. 가살위권은 칠살이 정관처럼 팔자에서 좋은 역할을 한다는 뜻이다. 巳월 庚金의 사주에 庚辛金이 투(透)해 신왕(身旺)하고 강한 丙火를 볼 때 가살위권의 가능성이 크다.

巳월 庚金에 많은 丙火가 있을 때 壬水로 丙火를 제(制)하지 못하면 인의(仁義)가 없고 청고함이 거짓이며 처자(妻子)를 형극(荊棘)한다. 그러나 壬水가 丙火를 제(制)하면 영화(榮華)가 있고, 壬水가 지지에 암장(暗藏)되면 부귀(富貴)하고 이름은 있으나 실속은 없다.

巳월 庚金이 지지에 금국(金局)을 이루면 일간이 강해지니 丙火는 金을 단련하지 못하므로 丁火를 써야 좋다. 丁火가 투(透)하면 길(吉)하고 丁火가 없으면 쓸모없는 사람이다. 그렇다고 丁火가 세 개 이상 나타나면 金을 너무 제(制)하게 되니 분주하고 파란이 많다. 강한 金을 丁火로 제(制)할 때 壬癸水가 丁火를 상(傷)하게 하면 흉(凶)하다. 그렇지만 丁火가 너무 많다면 水로 火를 차단하는 것이 좋으니, 팔자를 볼 때는 항상 운(運)과 함께 전체적인 상황을 보아야 한다.

巳월 庚金은 壬水와 丙火와 戊土를 쓰되 마땅히 병(病)을 분별하여 약(藥)을 찾아 써야 한다. 예를 들어 丙戊가 강하면 水를 쓰고, 金이 강하면 火를 쓰는 것이다. 다른 팔자를 볼 때에도 항상 고려해야 할 사항이다.

巳월 庚金이 丁火로 단련되어 그릇을 이룬 경우에는 운(運)이 다시 火로 가면 해롭다. 火의 제련도 적당해야지 지나치면 金이 상(傷)하는 것이다. 庚辛金이 화왕(火旺)을 만나면 녹을 염려가 있으니 남방이 두렵지만 辰巳 방향에서는 영화롭다. 辰은 火를 흡수하고 巳는 金의 생지이기 때문이다.

時	日	月	年
庚	庚	丁	癸
辰	寅	巳	卯

●庚金과 丁火는 투(透)하고 甲木은 암장되었다.

- 丙火는 지지에 암장(暗藏)되었다.
- 巳월에 丁火가 투(透)하여 정관격이다.
- 정관이 년간의 癸水로 훼손되었다.
- 그러나 癸水가 힘이 없어 큰 훼손은 아니다.
- 악통제(岳統制)의 명(命)이다.

時	日	月	年
辛	庚	乙	壬
巳	戌	巳	午

- 辛金이 투(透)하고 丙丁火가 지장간에 있다.
- 酉월에 庚金이 양인이지만 庚金이 辛金을 보아도 양인의 기질은 있다.
- 시간의 辛金은 세 개의 지지에 통근하고 있다.
- 가살위권(假殺僞權)으로 군 수뇌부를 지냈다.

午월 庚金

午월은 丁火가 강렬한 때이니 壬水를 전용하고 癸水를 그 다음으로 쓴다. 壬水가 투(透)하고 癸水는 암장(暗藏)되었을 때 장간에서 水를 돕는 庚辛金을 만나면 과거에 급제한다. 이때 戊己土가 천간에 투출(透出)하여 水를 제(制)하면 좋지 않다. 그러나 戊土가 드러나지 않고 암장(暗藏)되면 유림(儒林)의 수사(秀士)이다.

午월 庚金의 사주에서 壬水가 지장간(支藏干)에 있고 金의 생조(生

助)를 받을 때 다시 金이 출간(出干)하면 학문에 밝은 사람이 된다. 만일 癸水가 출간(出干)하고 辛金도 투(透)하면 이로(異路)로 영화(榮華)를 누린다.

午월 庚金의 지지에 화국(火局)이 있을 때 이를 제(制)하는 水가 결핍(缺乏)된 경우에는 고생만 하며 떠돌아 다니게 된다. 만일 지지에 화국(火局)을 이루고 충분한 壬癸水가 火를 제(制)한다면 재물을 바치고 관직을 사게 된다.

午월 庚金의 지지가 화국(火局)일 때 戊己土가 투(透)하면 강한 火의 기운이 土로 흘러 통관되니 길(吉)하다. 그러나 壬癸水가 강한 火를 제(制)하지 못하거나 戊己土가 강한 火를 설기(洩氣)시켜 통관(通關)시키지 못한다면 요절(夭折)하거나 외롭고 가난하다.

午월 庚金은 결론적으로 사주에 水가 없으면 상격(上格)이 아니다. 그리고 木火만 있고 水土金이 없으면 종살(從殺)인지 살펴본다.

時	日	月	年
壬	庚	庚	己
午	戌	午	未

- 午未합과 午戌반합이 있다.
- 午월에 己土가 투(透)하여 인수격이다.
- 지지에 관살의 기운이 강하다.
- 현실적인 스트레스라고 할 수 있다.
- 선빈후부(先貧後富)하였다.
- 장수(長壽)하고 자식도 많았다.

345

時	日	月	年
丙戌	庚午	丙午	壬申

- 午戌반합이 있고 丙火도 투(透)하여 칠살이 강하다.
- 군수(郡守)가 되었다.
- 군수(郡守)는 정관을 쓰면 좋겠지만 칠살을 쓰는 군수도 있다.
- 군인이나 검경과 같은 기질을 가진 군수(郡守)이다.

未월 庚金

未월은 삼복생한(三伏生寒)의 때로 庚金은 未에서 12운성 관대가 된다. 먼저 丁火를 써서 庚金을 다듬고 그 다음에 甲木을 취한다. 그래서 未월 庚金에 丁火와 甲木이 양투(兩透)하면 이름을 날리고 몸이 영화롭다. 그러나 癸水가 있어 丁火를 상(傷)하게 하면 안 된다.

未월 庚金에 甲木만 있고 丁火가 없으면 속인(俗人)이고, 丁火만 있고 甲木이 없으면 생원(生員)은 한다. 그러나 丁火와 甲木이 모두 없으면 하천한 사람이다. 木은 있으나 丁火가 투(透)하지 않고 지지에서 水를 보면 훈육이나 교육을 하는 선비가 되고, 이때 丁火가 손상되지 않으면 장사를 한다.

未월 庚金이 지지에 토국(土局)을 이루면 먼저 甲木을 써서 소토(疏土)하고 다음에 丁火를 쓴다. 甲木이 투(透)하면 문장으로 현달(顯達)하고, 丁火가 투(透)하면 도필(刀筆)로 이름을 날린다.

未월 庚金의 사주에 金이 많고 두 개의 丁火가 이를 제(制)하면 이로(異路)로 공명(功名)을 이룬다.

時	日	月	年
丁	庚	乙	丙
亥	申	未	辰

- 庚金을 단련할 丁火는 투(透)하고 甲木은 암장(暗藏)되었다.
- 未월에 丙丁火가 투(透)하여 관살(官殺)이 강하다.
- 젊은 나이에 과거급제하였다.

時	日	月	年
壬	庚	乙	丙
午	寅	未	午

- 未월에 庚金은 인수격이다.
- 丙火가 투(透)하여 칠살격으로 변한다.
- 칠살과 인수를 동시에 쓸 수 있는 사주이다.
- 뿌리없는 일간은 인수에 의존한다.
- 재능이 뛰어났고, 현령(縣令) 벼슬을 하였다.

時	日	月	年
甲	庚	己	癸
申	子	未	巳

- 未월에 己土가 투(透)하여 인수격이다.

삼하三夏 경금庚金

●甲木은 투(透)하고 丁火는 암장되었다.

●申子반합에 癸水가 투(透)하여 상관의 기운도 강하다.

●인수로 힘을 길러 식재(食財)를 쓸 수 있는 사주이다.

●木火운에 크게 발전하였다고 한다.

時	日	月	年
癸	庚	乙	丙
未	辰	未	辰

●지지가 온통 土이다.

●未월에 庚金은 인수격이다.

●未에서 乙木이 투(透)하여 인수용재(印綬用財)로 쓸 수 있다.

●팔자에서 주어진 글자는 모두 쓸 수 있다.

●심지어 없는 글자를 찾으려고 노력하다가 직업을 삼는 경우도 있다.

●팔자에 강한 세력을 쓰는 것이 삶의 효율을 높일 수 있다.

●천간에 하나의 丙火가 있고, 두 개의 丁火가 암장(暗藏)되었다.

●癸水를 취하여 살(殺)을 제압한다.

●열심히 일하여 집안을 일으켰다.

삼추(三秋) 庚金

申월 庚金

申월 庚金은 건록(建祿)으로 굳세고 예리하다. 그래서 丁火로 다듬
고, 甲木으로 丁火를 도우면 좋다. 丁火 대신 丙火를 쓰면 부귀(富貴)하
더라도 丁火보다는 못하다. 가을의 金은 단단하고 예리한 것이 좋으니
壬癸水로 설기(洩氣)하면 좋지 않다.

申월 庚金은 木火가 국(局)을 이루어 庚金을 제련(製鍊)하면 수복
(壽福)이 높이 쌓이고, 丁火와 甲木이 모두 투출(透出)하면 청운(靑雲)
의 꿈을 실현한다. 만일 丁火만 있고 甲木이 없으면 재주만 뛰어나고,
甲木만 있고 丁火가 없으면 평상인이다.

申월 庚金에 丁火와 甲木이 모두 없으면 무용지물(無用之物)이니
남의 하수인 노릇이나 한다. 申월 庚金은 丁火로 제련(製鍊)하는 것이

최우선이다.

申월 庚金이 지지에 수국(水局)을 이루고 丁火는 없고 丙火가 있을 때 甲木이 없다면 우매하고 나태하다. 왜냐하면 수국(水局)을 이루어 왕(旺)해진 水가 火를 제압하기 때문이다.

申월 庚金의 지지에 수국(水局)이 있을 때, 만일 甲木이 출간(出干)하여 丁火를 살리면 공감(貢監)이나 생원(生員)은 한다. 丁火만 있고 甲木이 약해도 의식(衣食)은 풍성하다.

申월 庚金의 지지에 토국(土局)이 있으면 소토(疏土)를 위해 甲木을 먼저 쓰고 丁火를 쓴다.

申월 庚金이 지지에 화국(火局)을 보면 火와 金이 균형을 이루어 부귀(富貴)하고 권세(權勢)가 있다.

申월 庚金은 金이 강한데 木까지 투출(透出)되면 신강재강(身强財强)으로 실업가의 명(命)이다.

申월 庚金에 申酉戌이 지지에 있으면 종혁격(從革格)이 되니 부귀(富貴)하게 된다. 金이 양인(陽刃)을 만나고 화운(火運)으로 가면 부귀영화(富貴榮華)를 누린다.

時	日	月	年
丙	庚	丙	辛
戌	子	申	酉

● 申子반합과 丙辛합이 있다.

● 일간도 강하고 水 식상도 강하다.

● 칠살 丙火의 뿌리가 약한 맛이 있다.

●운(運)이 火로 갈 때 군대의 수장(首長)이 되었다.

●북양(北洋)의 영수(領袖) 왕사진(王士珍)의 사주이다.

時	日	月	年
庚	庚	庚	戊
辰	子	申	子

●지지에 申子辰 수국(水局)이 있다.

●강한 金의 기운이 水로 흘러간다.

●곽통수의 명(命)이다.

酉월 庚金

酉월 庚金은 양인으로 庚金의 강예(剛銳)함이 극에 이르니 丁火와 甲木을 용(用)한다. 丁火와 甲木을 쓰고 酉월에는 조후상 丙火도 적어서는 안 되니, 만일 丁火와 甲木이 투출(透出)하고 다시 하나의 丙火를 보면 공명(功名)이 뛰어나다.

酉월 庚金의 사주에 형충(刑沖)이 없으면서 丁火와 甲木이 투출(透出)하고 丙火가 암장(暗藏)되면 양인가살(陽刃駕殺)이 되어 출장입상(出將入相)하고 충신이 된다. 출장입상이란 문무(文武)를 갖추어 전쟁 때는 장수로 활약하고 평상시에는 재상이 되어 정치를 하는 사람을 말한다.

酉월 庚金의 사주에 丙火가 중중(重重)하고 하나의 丁火가 높이 투

(透)하면 역시 과거에 급제한다. 丙火는 출간(出干)하고 丁火가 암장(暗藏)되면 이로(異路)로 공명(功名)을 이룬다.

酉월 庚金은 丙丁火의 관살혼잡(官殺混雜)을 기피하지 않는다. 酉월 庚金은 한기(寒氣)가 심해지는 때이므로 丙火로 한기(寒氣)를 제거하고 丁火로 庚金을 제련하면 좋다. 칠살과 양인이 균등하게 만나면 귀(貴)가 왕후(王侯)에 이른다. 칠살과 양인은 무직(武職)과 인연이 있다.

酉월 庚金의 사주에서 甲木이 지지에 암장(暗藏)되고 火가 투(透)했을 때 水가 투(透)하지 않으면 청고(淸高)하게 되어 의금(衣衿)은 있다.

酉월 庚金의 사주에 丁火가 암장(暗藏)되고 丙火를 거듭 보면 살(殺)이 중중(重重)하게 된다. 그러나 양인격(陽刃格)은 일간의 뿌리가 강하니 종살(從殺)은 되지 않는다.

酉월 庚金의 사주에 하나의 丙火만 투(透)하면 자질은 뛰어나지만 부자(富者)는 아니다. 酉월 庚金의 지지에 甲乙木이 중중(重重)하면 쓸모없는 사람이다.

酉월 庚金은 결론적으로 金이 왕(旺)하고 木이 쇠(衰)하는 때이니 丁火가 아니면 庚金을 제(制)할 수 없으니 쓸모가 없다. 丙丁火가 하나도 없다면 기예와 예술하는 부류이다.

- 벽갑인정(劈甲引丁)을 이루는 丁火가 투(透)하고 甲木은 암장되었다.
- 조후를 위한 丙火도 암장되었다.

- 강한 일간의 金기운이 亥子인 식상으로 흘렀다.
- 청말민초(淸末民初) 시기의 서법가(書法家)인 주고미(朱古薇)의 사주
  이다.

時	日	月	年
丙	庚	丁	辛
子	午	酉	卯

- 酉월의 庚金으로 양인격(陽刃格)이다.
- 지지는 子午卯酉로 되어 있다.
- 丁火와 丙火가 투(透)하고 甲木은 암장되었다.
- 양인격(陽刃格)에 관살(官殺)이 모두 투출(透出)하였다.
- 건륭(乾隆) 황제의 사주이다.

時	日	月	年
戊	庚	丁	丙
寅	午	酉	辰

- 丙丁火가 모두 투(透)하고 甲木은 암장되었다.
- 辰酉합과 午酉파 그리고 寅午반합이 있다.
- 관살(官殺)의 힘이 강하지만 양인(陽刃)이니 견뎌낼 수 있다.
- 어느 군수(郡守)의 사주이다.

時	日	月	年
戊	庚	癸	甲
寅	寅	酉	午

- 甲木은 뿌리를 두고 투(透)하고 丙丁火가 암장되었다.
- 양인(陽刃)이 재(財)와 관살(官殺)의 견제를 받고 있다.
- 목동지(穆同知)의 사주이다.

時	日	月	年
丙	庚	丁	丙
子	子	酉	子

- 천간에 丙丁火가 모두 투(透)하였다.
- 양인(陽刃)과 관살(官殺)의 대립이다.
- 관살(官殺)의 뿌리가 오는 운(運)에 좋아질 것이다.
- 어느 승상(丞相)의 명(命)이다.

時	日	月	年
丁	庚	乙	乙
亥	午	酉	巳

- 丁火가 투(透)하고 甲木과 丙火는 암장되었다.
- 재(財)가 관(官)을 생(生)하니 양인(陽刃)에 대적할 수 있다.
- 부사(副使) 벼슬을 하였다.

戌월 庚金

戌월은 戊土가 사령(司令)하여 土가 두터우니 甲木으로 소토(疏土)하고 난 후에 壬水를 쓴다. 壬水를 용(用)할 때는 己土로 탁해지는 것을 꺼린다.

戌월 庚金은 甲木과 壬水가 함께 투출(透出)하면 과거에 급제한다. 甲木이 투(透)하고 壬水가 암장(暗藏)되면 향시(鄕試)에서 장원(壯元)을 기대할 수 있고, 甲木이 암장(暗藏)되고 壬水가 투(透)하면 낮은 공직인 늠공(廩貢)의 지위는 가능하다.

甲木은 있고 壬水가 없으면 오직 학문만 하고, 壬水는 있고 甲木이 없으면 학문과 의식(衣食)은 있으나 평범하다. 그러나 戌월 庚金에 壬水와 甲木이 모두 없으면 하격(下格)이다.

戌월 庚金의 지지에 수국(水局)이 있을 때 丙火가 투(透)하여 金水의 한기(寒氣)를 제(制)하면 재주가 높아 무리에서 뛰어나고 향리(鄕里)에서 이름을 날린다. 이때 癸水를 보면 丙火가 손상되니 癸水를 보지 않는다면 과거급제를 기대할 수 있다.

戌월 庚金에 戊土가 많아서 金이 왕(旺)할 때 甲木과 壬水가 전혀 없으면 비록 의록(衣祿)은 있으나 오래가지 못한다.

戌월 庚金에 庚金과 戊土가 많고 壬水와 甲木이 없으면 우매하고 완고한 무리가 된다.

時	日	月	年
甲	庚	戊	辛
申	申	戌	酉

- 申酉戌 방합이 있다.
- 강한 金을 단련할 丁火는 장간에 있고 甲木은 투(透)하였다.
- 초운인 丁酉운에 벽갑인정을 이룬다.
- 상서(尙書) 벼슬을 하였다.

時	日	月	年
辛	庚	丙	庚
巳	戌	戌	寅

- 丙火가 투(透)하고 丁火와 甲木은 암장되었다.
- 일간이 丁火와 甲木과 庚金일 때는 벽갑인정(劈甲引丁)을 최고로 친다.
- 물론 세 글자의 힘의 균형을 보아야 한다.
- 벼슬이 지방장관인 방백(方伯)에 이르렀다.

時	日	月	年
辛	庚	戊	辛
巳	申	戌	酉

- 申酉戌 방합에 두 개의 辛金이 투(透)하여 일간이 무척 강하다.
- 시지의 巳火만 없으면 종왕격(從旺格)이 될 수 있었을 것이다.
- 巳申형합으로 巳火도 약해졌다.

●태위(太衛) 벼슬을 하였다.

삼추三秋 경금庚金

삼동(三冬) 庚金

亥월 庚金

亥월은 추우니 난로인 丁火와 태양인 丙火가 모두 필요하다. 그래서 亥월 庚金은 丁火와 甲木이 양투(兩透)하고 지지에 수국(水局)이 없으면 과거에 합격한다. 이때 丙火가 투(透)하지 않고 지지에 암장(暗藏) 되어도 선인(仙人)으로 임금과 교분을 나눌 수 있다. 지지에 亥子를 보면 水가 강해지니 土가 출간(出干)해서 제(制)해야 공명(功名)이 있다.

己土는 壬水에게 도움이 되지 못하지만 己壬이 있으면 甲木에게는 좋은 터전이 된다.

亥월 庚金은 丁火가 있으면 귀(貴)하고 丁火 대신 丙火가 있으면 부(富)하다. 丙火가 투(透)하고 丁火 암장(暗藏)에 甲木이 투(透)하면 이로 공명으로 무직(武職)으로 간다. 만일 丙火만 있고 丁火가 장간(藏干)에

도 없으면 태양만 있고 난로가 없는 것과 같으니 현달(顯達)하지 못한
다. 그리고 丁火가 암장(暗藏)되고 甲木이 투(透)하면 무직(武職)으로
간다. 또한 亥월 庚金에 丁火와 丙火와 甲木이 모두 없으면 하천(下賤)
하다.

亥월 庚金의 사주에 金水가 혼잡하고 丙丁火가 전혀 없으면 어리석
은 사람이다.

亥월 庚金의 지지에 금국(金局)이 있으면서 火가 없으면 승도(僧徒)
의 팔자이다. 서(書)에 말하기를 "수냉금한(水冷金寒)하면 丙丁火가 필
요하다."라고 하였다.

時	日	月	年
壬	庚	辛	丁
午	子	亥	亥

- 벽갑인정(劈甲引丁)을 이루는 丁火는 투(透)하고 甲木은 암장되었다.
- 亥월에 壬水가 투(透)하여 식신격이다.
- 시찰 담당인 염방(廉訪) 벼슬을 하였다.

時	日	月	年
乙	庚	丁	乙
酉	午	亥	酉

- 亥월 庚金에 丁火가 투(透)하고 甲木과 丙火는 암장(暗藏)되었다.
- 겨울철에는 丙火가 조후를 담당한다.
- 겨울철의 태양과 같다.

●필요한 글자를 모두 갖추었으니 귀격(貴格)이다.

子월 庚金

子월은 몹시 추울 때이니 子월 庚金은 丁火와 甲木을 취하고 다음으로 丙火를 용(用)한다. 子월 庚金에 丁火와 甲木이 양투(兩透)하고 丙火가 암장(暗藏)되면 과거에 급제하고, 丙火가 없어도 의금(衣衿)은 있다. 물론 丁火는 庚金을 다듬는데 필요하고, 甲木은 丁火를 보좌하는데 필요하다. 丙火는 겨울이니 조후 때문에 필요하다.

子월 庚金에 丁火는 있고 甲木이 없다면 부중취귀(富中取貴)하고, 甲木이 있고 丁火가 없으면 평상인이다. 겨울철 庚金에게는 甲木보다 丁火가 우선이고 甲木은 丁火를 보좌해 줄 뿐이다.

子월 庚金에 丙火가 투(透)하고 丁火가 암장(暗藏)되면 이도(異途)로 명망(名望)이 있다. 丁火가 암장(暗藏)되고 甲木이 있으면 무관학교에 입학할 수 있다.

子월 庚金에 丁火 대신 丙火가 중중(重重)하면 부(富)는 허락하지만 청고(淸高)하지는 않다. 丙火와 戊土는 寅에서 장생(長生)이니 만일 丙火도 있고 지지에 寅이 한두 개 있는 경우에는 부(富)하기는 하지만 귀(貴)하지는 않다. 만일 丙火를 쓸 때 癸水를 보면 가난한 선비에 불과하다.

子월 庚金의 지지에 수국(水局)을 이루고 丙丁火를 보지 않으면 금수상관(金水傷官)이 되어 청아(淸雅)하고 의록(衣祿)은 넉넉하지만 자식얻기는 힘들다. 지지에 수국(水局)이 있을 때 戊土가 출간(出干)하면 귀격(貴格)이다.

子월 庚金의 사주에 丙丁火가 태다(太多)하면 관살혼잡(官殺混雜)으로 좋지 않다. 만일 운(運)까지 동남운(東南運)으로 가면 관살(官殺)이 더욱 강해지니 견디기 힘들다.

子월 庚金은 청(淸)하고 냉(冷)한데 청랭(淸冷)이 지나치면 처량(凄凉)하다. 子월 庚金에 많은 金水가 있을 때 火土운으로 가지 않으면 일생이 외롭고 가난하며 유랑(流浪) 방탕(放蕩)하여 성공을 바라기 힘들다. 음양(陰陽)이 균형을 이루지 못한 결과이다.

時	日	月	年
丁	庚	甲	戊
丑	午	子	申

- 申子반합과 子午충 그리고 丑午원진이 있다.
- 벽갑인정(劈甲引丁)을 이루는 丁火와 甲木이 투(透)하였다.
- 丙火는 암장(暗藏)되었다.
- 조후를 담당하는 글자는 지장간에 있어도 된다.
- 모 승상(丞相)의 사주이다.

<坤命>

時	日	月	年
丙	庚	丙	己
子	子	子	未

- 丙火가 투(透)하고 丁火는 암장(暗藏)되었다.

- 甲木 대신 乙木이 암장되었다.

- 상관격이다. 상관도 천간의 글자에 따라 열 가지 종류가 있다.

- 金水상관은 조용하고 차분하며 재치가 있다.

- 채귀비(蔡貴妃)의 사주이다.

時	日	月	年
戊	庚	丙	甲
寅	辰	子	申

- 申子辰 수국(水局)이 있고 강한 水를 억제하는 戊土가 투(透)하였다.

- 庚金과 좋은 관계인 甲木과 조후를 담당하는 丙火도 투(透)하였다.

- 태수(太守)에 해당하는 황당(黃堂)의 벼슬을 한 사람이다.

時	日	月	年
庚	庚	壬	壬
辰	申	子	子

- 申子辰 수국(水局)이 있다.

- 종아격(從兒格)과 같다.

- 정란차격(井欄叉格)이라고도 한다. 정란차격은 庚子, 庚申, 庚辰 일주가 지지에 申子辰을 보았을 때를 말한다.

- 申子辰이 寅午戌을 불러와 재관(財官)을 취한다는 허자론의 일종이다.

- 상서(尙書) 벼슬을 하였다.

時	日	月	年
癸	庚	庚	辛
未	辰	子	亥

- 벽갑인정(劈甲引丁)을 이루는 丁火와 甲木이 지장간(藏干)에 있다.
- 申이 있었으면 정란차격(井欄叉格)이 되었을 것이다.
- 子월에 癸水가 투(透)하여 상관격이다.
- 상관격이 재(財)운으로 갈 때 상관생재(傷官生財)가 된다.
- 부(富)는 크나 귀(貴)는 작다.

時	日	月	年
戊	庚	戊	乙
寅	寅	子	卯

- 甲木과 丙火가 지장간(藏干)에 있다.
- 丁火가 없어 태양만 있고 난로는 없다.
- 子월에 庚金은 상관격이다.
- 木이 많으니 상관생재(傷官生財)가 된다.
- 寅 중의 丙火도 장생으로 강하다.
- 부(富)한 가운데 귀(貴)를 취했다.

丑월 庚金

丑월은 한기(寒氣)가 태중(太重)한 때이니 丑월 庚金은 먼저 丙火로 해동(解凍)하고 다음으로 丁火를 취해 연금(鍊金)해야 하며, 丁火를 쓰려면 甲木이 적어서는 안 된다. 그래서 丑월 庚金에 丙丁甲이 투(透)하면 과거급제는 아니어도 임금의 은혜를 입는다.

丑월 庚金에 丙火는 있고 丁火와 甲木이 없는 경우에는 부중취귀(富中取貴)한다. 丁火와 甲木이 있고 丙火가 없으면 재주가 특별한 사람일 뿐이다. 丙丁火는 있는데 甲木이 없으면 빈손으로 가업(家業)을 이루고 도필(刀筆)로 형통하는데 이때는 金이 결핍되어도 아름답다. 도필(刀筆)은 대나무에 글을 쓰는 능력으로 문장의 수려함을 의미한다.

丑월 庚金은 丙火로 조후하면 부(富)가 있고 丁火로 단련하면 귀(貴)가 있다. 丑월 庚金에 丙丁火가 없고 甲木만 있다면 부귀(富貴)와는 거리가 멀다. 丑월 庚金이 지지에 금국(金局)을 보았을 때 火가 없으면 승도(僧徒)의 무리이다.

<坤命>

時	日	月	年
癸	庚	己	庚
未	戌	丑	辰

● 지지가 모두 土이니 변화가 많은 삶이다.

● 월간에 己土가 투(透)하여 인수격이다.

● 인수격은 명예를 소중히 여긴다.

●인수는 인내, 학업, 인성(人性), 승진, 명예, 합격 등과 관련이 있다.

●자식궁인 시간에 자식성인 상관이 뿌리를 두고 투(透)했다.

●여명(女命)으로 부부가 해로(偕老)하였다.

●다섯 아들도 대귀(大貴)하였다.

時	日	月	年
甲	庚	丁	己
申	子	丑	巳

●쌍둥이 형제로 태어났다.

●형은 향시(鄕試)에 급제하고, 아우는 무재(茂才)가 되었다.

●무재(茂才)는 벼슬은 못하고 학교만 다닌 생원(生員)이다.

●아우는 酉시생으로 甲木이 없었다.

●시(時)가 다르지 않더라도 동일 사주가 다른 삶을 사는 경우가 많다.

時	日	月	年
丙	庚	乙	癸
子	寅	丑	酉

●丙火는 투(透)하고 甲木은 암장(暗藏)되었다.

●庚金을 단련해 줄 丁火는 없다.

●酉丑반합과 乙庚합이 있다.

●일간도 강하고 식재(食財)도 강하다.

●시간에는 일지에 통근한 칠살이 있다.

●절강성(浙江省)의 장(長)이었던 장재양(張載陽)의 사주이다.

365

寅월 辛金

寅월은 봄이 되었지만 아직 한기(寒氣)가 제거되지 않은 때이니 寅월 辛金은 己土를 쓰면 좋다. 寅월에는 水가 강하지 않으니 戊土는 무리이다. 寅월에는 甲木이 권세(權勢)를 잡으니 金은 내부로 들어가서 휴식을 취한다. 辛金은 壬水와 모자(母子)와 같아 좋은 관계를 이룬다. 寅월 辛金은 己土와 壬水가 양투(兩透)하고 지지에서 庚金이 甲木을 제(制)하면 과거에 급제한다.

寅월 辛金에 己土가 투간(透干)하고 지지에 甲木이 있으면 이로(異路)로 은영(恩榮)이 있지만, 만일 己土가 완전하지 못하면 군신실세(君臣失勢)가 되니 부귀(富貴)를 갖추기 어렵다. 寅월 辛金에 丙火가 투간(透干)하면 무관학교와 인연이 있고, 혹 壬水는 있지만 己土와 庚金을 보지 못하면 빈천(貧賤)하다.

寅월 辛金의 지지에 화국(火局)이 있고 己土가 壬水를 극하지 않으면 평범하다. 庚金과 壬水가 양투(兩透)하여 화국(火局)을 파(破)하고 제(制)하면 이름을 세상에 알린다.

寅월 辛金의 지지에 수국(水局)이 있을 때 丙火를 보지 못하면 금약침한(金弱沈寒)하게 되니 보통의 선비이다. 서(書)에 이르기를, "金水는 차고 한기(寒氣)가 깊어 처량(凄凉)하니, 소년 시절 우환을 면하기 어려우나 丙火를 얻어 따뜻해지면 부귀(富貴)하다."라고 하였다.

寅월 辛金은 먼저 한기(寒氣)를 제거하기 위해 己土를 용(用)하고 후에 壬水를 쓴다. 寅월에는 壬水도 약하니 庚金으로 보좌한다. 만일 丙火를 쓸 경우에는 주변을 잘 살펴야 한다.

辛金은 주옥(珠玉)이므로 불타는 丁火를 두려워한다. 홍로(紅爐)는 丁火를 말한다. 辛金이 丁火를 만나면 화소주옥(火燒珠玉)이 되어 좋지 않다. 辛卯일 戊子시가 되면 조양격(朝陽格)이라고 한다.

時	日	月	年
戊	辛	○	○
子	卯	寅	○

● 辛 일간이 戊子시를 만났을 때 조양격(朝陽格)이라고 한다.

● 육음조양격(六陰朝陽格)이라고도 한다.

● 조양(朝陽)은 양기(陽氣)가 시작되는 子시이기에 붙여진 이름이다.

● 시지의 子가 子巳특합으로 巳를 불러와 巳 중 丙火를 정관으로 쓴다는 이론이다.

삼춘三春 신금辛金

- 명리고전에서는 정관이나 정재를 좋다고 보았다.
- 출세한 사람들의 사주에 재관(財官)이 없으면 허자(虛字) 이론을 만들었다.
- 그러나 허자(虛字) 이론을 부정(否定)한 사람들이 많다.
- 공직 등 큰 조직 속에는 재관(財官)뿐 아니라 다양한 사람이 필요하기 때문이다.

時	日	月	年
己	辛	丙	丙
丑	酉	寅	辰

- 卯운이나 巳운이 오면 寅卯辰과 巳酉丑이 된다.
- 삼합이나 방합이 되면 팔자에 큰 변화가 일어난다.
- 년간과 일간의 丙火와 辛金처럼 떨어져 있는 것은 합으로 보지 않는다.
- 천간이든 지지든 떨어져 있는 글자는 효력이 거의 없다.
- 특히 가운데 글자에 따라 상황은 바뀌게 된다.
- 寅월에 丙火가 투(透)하여 정관격이 된 사주이다.
- 수재(秀才)의 사주이다.

時	日	月	年
丙	辛	壬	丁
申	巳	寅	酉

- 寅酉원진과 寅申巳 삼형이 있다.

- 천간에는 丁壬합과 丙辛합이 있다.
- 일간과의 합은 유정하고, 타간끼리의 합인 丁壬합은 합화 또는 합거 된다.
- 丁壬합에서 생기는 재(財)를 득(得)할 수 있다.
- 寅申巳 삼형이 동(動)하면 丙火 정관을 일간이 득(得)할 수 있다.
- 寅申巳 삼형이 동(動)하면 현실적인 소란함이 동반된다.
- 신봉통고(神峰通考)에 나오는 귀격 사주이다.

時	日	月	年
癸	辛	甲	戊
巳	卯	寅	申

- 일간 기준 월주가 甲寅이다.
- 재기통문호(財氣通門戶)의 사주이다.
- 寅申충은 어린 시절의 역동성을 나타낸다.
- 젊은 시절의 고생은 사서도 한다는 말이 있다.
- 년월지의 형충을 긍정적으로 볼 수 있다는 뜻이기도 하다.
- 국가 재정부장의 사주이다.

卯월 辛金

卯월 辛金은 양기(陽氣)가 화창하니 己土는 필요없다. 壬水를 존신 (尊神)으로 삼으니 土가 壬水를 훼손하면 안 된다. 戊己土가 있을 때는 甲木을 얻어 제복(制伏)하면 辛金이 매몰되지 않고 壬水도 혼탁하지 않으니 옥당(玉堂)에 오른다.

卯월 辛金은 土로 더러워지는 것을 싫어하니 甲木을 써서 土를 제 거한다. 土가 제거되지 않으면 金이 매몰되어 고집이 세고 어리석다.

卯월 辛金에 壬水와 甲木이 양투(兩透)하면 벼슬을 하거나 신분이 높지만 그렇지 않으면 시골의 향신(鄕紳)이 된다. 壬水가 투(透)하지 않고 亥水의 지장간(支藏干)에만 있을 때는 큰일은 힘들어도 작은 일 은 이룰 수 있다. 이때는 土의 방해가 없어야 한다. 亥水가 아닌 申 중 壬水를 얻은 자도 이도(異途)로 명망(名望)을 얻는다. 그러나 壬水가 팔자에 없으면 평상인이다.

卯월 辛金에 壬水와 戊土가 투(透)하고 甲木이 출간(出干)하지 않으 면 병(病)은 있지만 약(藥)이 없으니 평상인이다. 戊土가 투(透)하면 甲 木으로 제(制)해야 한다. 甲木 대신 乙木이 戊土를 파괴하면 제법 의금 (衣衿)은 있으나 거짓 명리(名利)뿐이고 매사에 어긋난다.

卯월 辛金에 많은 壬水가 있다면 음(陰)의 기운인 金水가 태과(太過) 하니 중화(中和)를 잃어 대략 의식(衣食)은 있으나 큰일은 하지 못한다. 만일 壬水가 중중(重重)하다면 戊土가 있어야 길(吉)하다.

卯월 辛金이 목국(木局)을 만나 壬水를 지나치게 설기(洩氣)할 때는 庚金이 있으면 부귀(富貴)하고, 없으면 평상인이다.

卯월 辛金이 지지에 화국(火局)을 이루면 金水가 모두 상(傷)하니 하류(下流)의 명(命)이다. 지지에 화국(火局)이 있을 때 두 개의 壬水가 출(出)하여 제(制)하면 부귀(富貴)해진다.

卯월 辛金이 많은 壬水를 만날 때 丙火가 없으면 현달(顯達)하더라도 먹고 살 양식이 없을 정도로 가난하다. 壬水와 丙火가 함께 투(透)해야 대부대귀(大富大貴)하다.

時	日	月	年
甲	辛	己	乙
午	酉	卯	卯

● 지지가 왕지로만 되어 있고 卯酉충과 午酉파가 있다.

● 辛金은 卯에서 제왕(帝旺)이다〔새로운 12운성〕.

● 음간이 제왕(帝旺)으로 힘이 있으니 아주 작고 단단하다.

● 일주 辛酉에서 辛金은 酉에서 태(胎)이다〔새로운 12운성〕.

● 음간이 태(胎)로 약하면 양간이 왕성하게 활동하는 시기이다.

● 양(陽)이 활동하면 커지고, 음(陰)이 활동하면 작아진다.

● 지방에서 실력자임을 알 수 있다.

● 지방관직인 태수(太守)를 지냈다.

時	日	月	年
丙	辛	己	乙
申	卯	卯	酉

● 丙辛합과 卯酉충이 있다.

삼춘三春 신금辛金

- 일간과 합이 되는 것은 일간이 추구하는 것이다.
- 卯월에 乙木이 투(透)하여 재격(財格)이다.
- 년월지의 卯酉충은 어린 시절 굴곡이 있었음을 알 수 있다.
- 사흉신에 속하거나 형충(刑沖)이 있어도 명성을 날리는 사람들이 많다.
- 시랑(侍郎) 벼슬을 하였다.

時	日	月	年
己	辛	丁	己
亥	巳	卯	未

- 卯未반합과 巳亥충이 있다.
- 卯未합이 있는 辛金은 재격(財格)이다.
- 재(財)가 관살(官殺)을 생(生)하는 구조는 대개 파격이 많다.
- 편관이 투(透)했지만 己土로 설기되고, 지지의 정관은 충(沖)이 되었다.
- 관(官)은 취하지 못하고 문학으로 이름을 날린 수재(秀才)였다.

時	日	月	年
己	辛	丁	甲
亥	未	卯	午

- 亥卯未 삼합에 甲木이 투(透)하여 재(財)가 주도권을 잡는다.
- 같은 삼합이라도 위치에 따라 차이가 있다.
- 인수에 의존하여 장원급제(壯元及第)하였다.
- 그러나 정신적인 스트레스는 심할 것이다.

- 고시에 합격했다고 모두가 귀격은 아니다.
- 강한 관살(官殺)의 힘을 이겨낼 수 있어야 고위직으로 갈 수 있다.

<坤命>

- 천간은 식상(食傷)으로만 되어 있고, 지지에는 재(財)가 강하다.
- 일간을 통제해 줄 관성이 없다.
- 관성은 법과 질서, 도덕, 예의 등이다.
- 일간이 힘이 없어 주체성도 없다.
- 한평생 음란(淫亂)하고 천박(淺薄)하고 외로웠다.

辰월 辛金

辰월 辛金은 戊土가 사령(司令)하여 辛金이 정기(正氣)를 받아 모왕자상(母旺子相)하다. 壬水를 먼저 쓰고 다음으로 甲木을 써서 土를 제(制)한다.

辰월 辛金은 壬水와 甲木이 양투(兩透)하면 부귀(富貴)하다. 壬水가 투(透)하고 甲木이 암장(暗藏)되면 생원(生員)의 자리는 하고, 甲木이 투(透)하고 壬水가 암장(暗藏)되면 부(富)하다. 그러나 壬水와 甲木이 모두 없으면 평상인이다.

辰월 辛金은 丙火가 일간을 탐합(貪合)하는 것을 꺼리니, 월시(月時)에 모두 丙火가 있으면 쟁합(爭合)이 된다. 이렇게 되면 강개하고 풍류심이 있어 세상 사람과 교우(交友)하는 팔자가 된다. 두 개의 丙火가 탐합(貪合)할 때 癸水가 출간(出干)하여 丙火를 제(制)하면 채근(採芹)은 가능하다.

辰월 辛金의 지지에 亥子水가 있고 또 申을 보면 옥당(玉堂)은 아니더라도 지위가 높아진다. 亥子申 모두 지장간(支藏干)에 壬水가 있다. 만일 戊土가 나타나서 水를 제(制)할 때 甲乙木이 없으면 청렴한 사람일 뿐이다.

辰월 辛金의 팔자가 지지에 사고(四庫)를 보았을 때 甲木으로 제(制)하지 않으면 우둔하고 완고하다. 辛金은 보석이나 서릿발에 비유되니 土로 더럽혀지는 것을 싫어하기 때문이다.

辰월 辛金의 사주에 火가 많을 때 水의 제복(制伏)이 없으면 화토잡란(火土雜亂)이 되니 승도(僧徒)의 팔자인데, 癸水를 보면 해소된다.

辰월 辛金에 비겁인 金이 많고 壬癸水가 약하면 요절(夭折)한다. 이때 甲木이 출간(出干)하면 귀격(貴格)을 이루지만 이때는 당연히 庚金이 甲木을 제(制)해서는 안 된다.

時	日	月	年
壬	辛	甲	壬
辰	酉	辰	子

- 子辰반합과 辰酉합이 있다.
- 팔자원국의 체(體)의 영역에서는 육합이 육합을 푼다.

- 지지의 辰酉辰 글자는 합으로 묶이지 않고 온전한 역할을 한다는 의미이다.
- 천간의 글자가 모두 통근하여 힘이 있으면 좋다.
- 마음 먹은 일이 현실에서 이루어질 수 있기 때문이다.
- 김일성 주석의 팔자라고 한다.

時	日	月	年
戊	辛	丙	癸
子	亥	辰	丑

- 辰월에 戊土가 투(透)하여 인수격이다.
- 丙申합으로 정관과 유정(有情)하다.
- 정관 丙火는 癸水에 의해 손상되었다.
- 필요한 글자가 손상되면 직위는 낮아지고 격(格)은 떨어진다.
- 청나라 중흥 공신 낙병장(駱秉章)의 사주이다.

삼춘三春 신금辛金

삼하(三夏) 辛金

巳월 辛金

巳월 辛金은 火의 조열함을 기피하고 壬水의 도세(陶洗)를 기뻐한다. 巳월 辛金의 지지에 금국(金局)이 있고 壬水와 戊土가 있을 때 甲木으로 제(制)하면 일청철저(一淸澈底)라고 한다. 일청철저(一淸澈底)는 물이 맑아 밑바닥까지 보인다는 뜻으로, 이렇게 되면 과거에 급제하고 공명(功名)을 이룬다.

巳월 辛金에 癸水가 투(透)하고 壬水가 암장(暗藏)되면 부(富)하기는 하지만 귀(貴)하지는 않다. 만일 壬癸水가 모두 암장(暗藏)되고 戊己土도 암장(暗藏)되면 부(富)도 별로 크지 않다. 만일 壬癸水가 모두 없고 반대로 火가 투(透)하면 고독한 홀아비가 된다.

巳월 辛金의 지지에 화국(火局)이 있을 때 이를 제(制)하면 길(吉)하지만 그렇지 못하면 흉(凶)하다. 무릇 화왕(火旺)할 때 水가 없으면 부득이 土로 설(洩)해야 한다.

巳월 辛金은 丙火보다 壬水를 좋아한다. 壬癸水가 모두 투출(透出)하고 형충(刑沖)이 없으면 길(吉)하다.

巳월 辛金에 壬水가 천간에 투(透)하지 않고 亥水에 암장(暗藏)되었을 때도 戊土가 출간(出干)하지 않으면 발달한다. 그러나 戊土가 투(透)하면 평상인이다. 戊土가 투(透)했을 때 甲木이 투(透)하면 의록(衣祿)은 있다. 甲木이 있어도 壬癸水가 없으면 외화내빈(外華內貧)으로 부귀(富貴)가 헛되다. 양(羊)이 범의 가죽을 쓴 양질호피(羊質虎皮)라는 말은 바로 이때 쓰는 말이다.

巳월 辛金에 壬癸甲이 전무(全無)하면 하격(下格)이다.

時	日	月	年
乙	辛	辛	乙
未	亥	巳	未

- 巳亥충이 있다.
- 午운에 巳午未가 되면 辛金은 녹을 수 있다.
- 辛金에 乙木은 편재이지만 辛乙 관계는 좋지 않다.
- 편재에도 10종류가 있어 천간에 따라 모두 다르다.
- 庚金이 甲木을 보는 편재는 십간론에서 좋은 관계로 본다.
- 무재(茂才)의 명(命)이다.
- 무재(茂才)는 재능은 있으나 생원(生員) 등으로 그친다.
- 가진 능력을 제대로 발휘하지 못한 것이다.

377

午월 辛金

午월은 丁火가 사령하는 때로 辛金은 유약하니 己土를 먼저 쓰고 다음으로 壬水를 쓰는 것이 좋다. 午월 辛金은 己土가 없으면 생존을 못하므로 壬水와 己土를 함께 쓴다. 己土는 강한 火의 기운을 설기(洩氣)하면서 약한 辛金을 돕는다.

午월은 화왕토조(火旺土燥)하니 壬水로 윤토(潤土)하면 己土가 약한 辛金을 생(生)할 수 있다. 己土는 金水를 탁하게 하지만 水와 결합하여 습니(濕泥)가 되면 乙木을 배양할 수 있고 辛金을 생(生)할 수 있어 유익하다.

壬水가 없으면 癸水도 쓸 수 있지만 癸水는 壬水보다 힘이 적다. 만일 지지에서 화국(火局)을 이루면 癸水는 거듭 만나도 구제되지 않지만 이때 壬水가 출현하면 생원(生員)은 한다. 午월 辛金의 지지에 화국(火局)이 있으면 壬水가 좋고 癸水는 세 개여도 힘들다.

壬水 대신 癸水가 있을 때 戊土를 보면 戊癸합이 되어 火가 강해지니 辛金은 불에 타 녹아내리고 午 중 己土는 메마르게 된다. 이렇게 되면 辛金은 己土의 생(生)을 받는 것이 아니라 도리어 매몰당하니 승도(僧徒)의 팔자가 된다. 이때 한두 개의 비견이 있으면 고독하지는 않다.

午월 辛金은 壬水와 癸水 그리고 己土가 모두 쓰인다. 壬水와 己土가 양투(兩透)하고 지지에서 癸水를 만났을 때 형충(刑沖)이 없다면 이름을 세상에 날린다. 비록 己土가 투(透)하지 않고 지지에 암장(暗藏)되어도 낮은 공직인 늠공(廩貢)은 한다.

午월 辛金에 壬水는 없고 己土만 있으면 이도(異途)로 간다. 癸水가 출(出)하고 이를 돕는 庚金이 있으면 의금(衣衿)과 은영(恩榮)이 있다. 午월 辛金의 팔자에 水土가 많으면 甲木이 있어야 좋다. 甲木은 水를 설기(洩氣)시키고 土를 극하는 역할을 한다.

　庚辛金이 여름에 태어나면 壬癸水가 득지(得地)해야 한다. 여름 庚辛 金생이 원국에 木火가 많고 金水가 무근(無根)한 경우에 운(運)에서 金 水를 만나면 패한다. 강한 세력에 거스르는 운(運)은 해롭다. 쇠자충왕 왕신발(衰者冲旺旺神發)이 되는 것이다.

時	日	月	年
辛	辛	甲	丙
卯	亥	午	子

- 子午충과 亥卯반합이 있다.
- 午월에 丙火가 투(透)하여 정관격이다.
- 亥卯반합에 甲木도 투(透)하여 정재도 힘이 있다.
- 심랑중(沈郎中)의 사주이다.

時	日	月	年
壬	辛	甲	丙
辰	亥	午	子

- 午 중의 丙火가 투(透)하여 정관격이다.
- 子午충이 동(動)하여 개고(開庫)되면 일간은 정관을 취하고 시간의 壬水는 합거된다.
- 월간의 정재 甲木도 통근되어 힘이 있다.

- 천간이 모두 통근하여 힘이 있는 사주가 좋은 사주이다.
- 한(漢)나라 때 문서 등을 담당한 중서(中書)의 벼슬을 맡았다.

時	日	月	年
甲	辛	壬	庚
午	酉	午	申

- 午월에 辛金은 편관격이다.
- 격(格)이란 팔자에서 가장 강한 세력을 말한다.
- 없는 세력을 찾으려 애쓰다가 직업으로 삼는 경우가 있다.
- 그러나 팔자에 강한 세력을 직업으로 쓰면 좋다.
- 丙戌대운에 정관이 투(透)하게 된다.
- 재관(財官)을 쓰려면 일간도 힘이 있어야 한다.
- 소과(小科)에 급제한 후 벼슬이 도지사에 올랐다.

未월 辛金

未월은 여름의 끝으로 辛金은 건조하고 메마르다. 그래서 未월의 辛金은 먼저 壬水로 씻고 庚金으로 보좌한다. 未월 辛金의 사주가 壬水와 庚金이 양투(兩透)하면 과갑(科甲)으로 공명(功名)을 이루고, 비록 壬水와 庚金이 천간에 출간(出干)하지 않고 암장(暗藏)되어도 영화(榮華)가 따른다.

未월은 土가 강하니 戊土가 출(出)하면 甲木으로 제(制)하면 좋고,

己土가 출간해도 甲木으로 제거하는데 합(合)이 되지 않도록 떨어져 있어야 한다. 甲己합이 되면 土가 생겨 辛金의 빛을 가리고 壬水를 탁(濁)하게 하니 하격(下格)이 된다.

戊土가 있어 甲木을 용(用)할 때 庚金이 출(出)하여 甲木을 극하면 파격이다. 庚金이 甲木을 극하기 때문이다. 다만, 未 중 己土가 壬水를 만나면 土가 습(濕)해져서 니토(泥土)가 되니 辛金을 도와줄 수 있다. 이때는 己土가 甲木을 보는 것은 불가하며, 甲木이 나타나면 평상인이다.

未월 辛金은 결론적으로 壬己庚은 천간에 투(透)하고 甲木이 없으면 귀격(貴格)이다. 午월 辛金이 己土와 壬水를 쓰는 것과 동일하다.

未월 辛金에 丁火와 乙木이 출간(出干)하고 다시 庚金과 壬水가 있으면 현귀(顯貴)하다. 丁火와 乙木이 투(透)했더라도 壬水가 없으면 귀하지 않다.

未월 辛金의 지지에 목국(木局)을 이루고 壬水가 투(透)했을 때는 庚金이 수원(水源)이 되어 壬水를 도와야 부귀(富貴)하다.

時	日	月	年
壬	辛	辛	甲
辰	酉	未	子

- 未월에 辛金은 편인격이다.
- 未에서 甲木이 투(透)하여 정재격으로 변했다.
- 『자평진전』에서는 이런 경우를 변해서 좋아졌다고 한다.
- 사흉신은 나쁘고 사길신은 좋다고 생각해서이다.
- 사흉신은 삶의 파도가 심하고, 사길신은 삶의 파도가 잔잔하다.

- 흉신이든 길신이든 하고 싶은 일을 하면서 살면 행복을 느낀다.
- 왕학사(汪學士)의 사주이다.

時	日	月	年
甲	辛	丁	壬
午	丑	未	辰

- 丁壬합과 丑未충, 丑午원진이 있다.
- 丁壬합의 글자들은 제 역할을 온전히 하지 못한다.
- 未월에 甲木이 투(透)하여 정재격으로 본다.
- 대귀(大貴)한 명(命)이다.

삼추(三秋) 辛金

申월 辛金

申월은 庚金이 사령(司令)하는 때로 辛金은 왕(旺)하다. 또 申 중에는 辛金에 필요한 壬水가 장생하니 戊土만 투(透)하지 않으면 나쁘지는 않다. 그러나 申 중에 암장된 戊土에 의해 약간 훼손되어 청렴하고 정직한 사람이지만 부유(富裕)하지는 못하다.

申월 辛金에 土가 있을 때 甲木이 없으면 병(病)은 있는데 약(藥)이 없으니 평상인이다. 土가 있을 때 甲木이 있으면 의금(衣衿)은 있다.

申월 辛金의 사주에 金이 많으면 水로 설기(洩氣)시키면 좋고, 申월 辛金에 庚金이 투(透)할 때에도 壬水로 설기(洩氣)하면 좋다. 庚金이 강하다고 丁火로 극하면 辛金이 다칠 위험이 있으니 壬水로 설기(洩氣)하는 것이다.

만일 많은 金水가 있어 水가 강해지면 戊土를 쓴다. 이때는 甲木이 戊土를 훼손하면 안 되지만, 甲木이 있더라도 庚金이 있어 甲木을 제(制)하면 자연스럽게 부귀(富貴)하다.

申월 辛金에 水가 많을 때는 戊土로 제(制)하면 좋지만, 水가 적을 경우에는 戊土로 제(制)하면 좋지 않다. 그러나 申월 辛金의 간지에 水가 많을 때 戊土도 중(重)하면 수복(壽福)이 있다. 서(書)에 이르기를, "水가 얕고 金이 많은 수천금다(水淺金多)하면 체전지상(體全之象)이 되니 壬水를 중히 여기고 甲木과 戊土를 참작하여 쓰는 것이 옳다. 癸水를 쓰면 안 된다."라고 하였다.

時	日	月	年
癸	辛	壬	甲
巳	卯	申	午

- 壬癸水와 甲木이 투(透)하였다.
- 水가 강하니 巳 중 戊土가 水를 제(制)하여 길(吉)하다.
- 명리고전들의 사주풀이는 충분하지 않다.
- 삶의 과정이나 주변 관계보다는 직책 중심으로 설명되어 있다.
- 일간 辛金 기준으로 壬水는 상관이니 상관격이다.
- 월간 壬水에게 辛金은 인수이다.
- 청년 시절에 명예를 추구하며 살았다는 뜻이 된다.
- 고정된 것은 없으니 기준을 바꿔가며 유연하게 풀이해야 한다.
- 벼슬이 사림(詞林)에 올랐다.

酉월 辛金

酉월 辛金은 제철을 맞아 왕(旺)함이 극에 달하여 壬水로 설기(洩氣)시키면 좋다. 金이 水를 보면 木이 火를 보는 것처럼 유통되기 때문이다. 만일 酉월 辛金이 戊己土를 보면 용신인 水가 극을 당하여 병(病)이 되니 甲木으로 土를 제(制)하면 좋다. 戊土가 없을 때는 甲木을 쓸 필요가 없다. 金과 土의 관계는 좋은 관계는 아니므로 꼭 필요한 경우가 아니면 쓰지 않는다.

酉월 辛金에 일점 壬水가 있어서 壬水를 용(用)할 때 甲木이 많아 水를 설기(洩氣)하면 용신이 무력해지므로 간사한 무리가 된다. 甲木이 많을 때 庚金이 있어 제(制)하면 인의(仁義)가 있다.

酉월 辛金에 세 개의 辛金과 하나의 壬水가 있을 때 甲木이 많고 庚金도 투(透)하면 대부귀(大富貴)하다. 이때 庚金을 훼손시키는 丁火가 없어야 인격이 우아하고 청고하며 의식(衣食)이 넉넉하다. 丁火는 壬水와 합(合)되어 용신을 기반(羈絆)시키기도 한다.

酉월 辛金에 한두 개의 辛金이 있고 壬水와 甲木이 하나씩 있을 때는 강한 힘이 자연스럽게 흘러가니 庚金이 甲木을 훼손하면 안 된다. 이때는 庚金이 출간(出干)하지 않아야 은영(恩榮)이 있다.

만일 두세 개의 辛金이 있고 하나의 壬水가 있을 때 戊土가 많으면 용신인 壬水가 제거되고 辛金이 두터운 土에 묻히니 이러한 사람은 어리석고 나약하다. 이때 하나의 甲木이 출(出)하여 戊土를 제(制)하면 사업을 하게 된다.

酉월 辛金에 많은 辛金과 하나의 壬水가 있을 때는 겁재인 庚金이

삼추三秋 신금辛金

어지럽게 섞이지 않아야 부중취귀(富中取貴)할 수 있다.

酉월 辛金에 많은 壬水가 金을 설기(洩氣)할 때 戊土가 출(出)하여 水를 제(制)하지 않으면 辛金이 물에 떠내려가게 되니 분주하고 고생하게 된다. 水가 많을 때 만일 지지에서 戊土를 만나 흐름을 멈추게 하면 재략이 있고 예술이 남보다 뛰어나다. 己土로는 壬水를 막지 못한다.

酉월 辛金의 지지에 금국(金局)이 있고 천간에 비견 辛金이 있을 때는 壬水로 설기(洩氣)시켜야 한다. 만일 壬水가 없다면 丁火를 용(用)한다. 이때 丁火도 없으면 악(惡)하고 완고(頑固)하며 무뢰한이 된다.

酉월 辛金의 팔자에 만일 하나의 壬水가 높이 투(透)하면 金을 설기(洩氣)하니 일청도저(一淸到底)가 되어 나라를 다스리는 재목이 된다.

酉월 辛金의 지지에 금국(金局)이 있고 戊己土가 투간(透干)했을 때 壬水가 투(透)하고 火가 없으면 백호격(白虎格)이 된다. 이때 운(運)이 서북(西北)으로 가면 크게 현달(顯達)하지만 자식을 두기는 어렵다. 만일 丙火가 투(透)하면 壬水가 있더라도 평상인이다.

酉월 辛金에 한두 개의 辛金과 많은 己土가 있으면 辛金이 빛을 잃어 승도(僧徒)의 명(命)이다. 혹시 천간에 己土가 투(透)하고 지지에 庚金과 甲木을 보면 일생이 편안하고 한가하다.

酉월 辛金에 戊土가 많으면 매금(埋金)되고 己土가 많으면 오금(汚金)되어 좋지 않다. 金이 가을에 태어나고 土가 중(重)하면 작은 칼 하나도 없을 정도로 몹시 가난하다. 土가 많을 때는 甲木으로 구제해야 한다. 土가 많을 때 장간에라도 甲木이 있으면 의록(衣祿)은 있다.

酉월 辛金에 많은 乙木이 있고 천간에서 庚金을 보지 않으면 재다신약(財多身弱)이 된다. 이때 하나의 庚金으로 乙木을 제(制)하면 부귀

(富貴)를 기약할 수 있지만, 만일 **乙庚**합이 되면 간사하다. 반대로 비견이 태다(太多)하면 재경비중(財輕比重)의 파격이 된다.

　六辛일(辛金 일간)이 **戊子**시를 만나면 조양격(朝陽格)이 되어 서방운이 좋다. 조양격(朝陽格)이 되면 화운(火運)을 좋아하지 않는다.

　庚辛金이 **巳酉丑** 금국(金局)을 보면 종혁격(從革格)이 되어 지위가 높고 권세(權勢)가 중(重)하다.

時	日	月	年
戊	辛	辛	戊
子	丑	酉	辰

- 辰酉합과 酉丑반합 그리고 子丑합이 있다.
- 辛 일간에 戊子시가 巳火를 불러와 巳 중 丙火를 관(官)으로 썼다.
- 육음조양격(六陰朝陽格)이라고 한다.
- 관직에 있는 사람이 관(官)이 없으면 허자로라도 불러 써야 한다는 이론이다.
- 왕대위의 명(命)이다.

時	日	月	年
戊	辛	辛	戊
子	酉	酉	辰

- 辛 일간에 戊子시이다.
- 시지(時支)의 子가 巳火를 불러와 巳 중 丙火를 정관(正官)으로 쓴다.
- 조양격(朝陽格)이다.

387

- 이미 허자(虛字)로 관(官)을 쓰고 있을 때 운(運)에서 오는 火운은 꺼린다.
- 장지현(張知縣)의 사주이다.

時	日	月	年
己	辛	癸	己
亥	未	酉	酉

- 같은 사주를 가진 두 명이 있었다. 한 사람은 문과(文科)로 가서 가난했고, 또 한 사람은 무과(武科)로 가서 부유(富裕)하였다.
- 동일한 사주라도 환경에 따라 다른 결과를 가져온다.
- 팔자가 타고난 것이라면 환경 또한 팔자에 영향을 미친다.
- 팔자로 모든 것을 알 수는 없다.
- 그러나 팔자가 갖는 기본 경향성은 동일하게 나타난다.
- 해바라기는 어디에 있어도 해바라기 속성을 가지고 있는 것이다.

時	日	月	年
丙	辛	己	丁
申	酉	酉	酉

- 辛金은 酉에서 태(胎)가 된다[새로운 12운성].
- 음간인 辛金이 약하니 양간인 庚金은 제왕(帝旺)으로 강하다.
- 양간이 활동할 때는 외형은 커지고 실속은 없다.
- 음간이 활동하면 외형이 줄어들면서 단단해지고 실속이 있게 된다.
- 지방관직인 태수(太守)를 지냈다.

時	日	月	年
壬	辛	己	丁
辰	亥	酉	卯

- 丁火와 壬水가 양투(兩透)하였다.
- 『난강망(欄江網)』은 월을 기준으로 각 일간이 귀격이 되기 위한 조건을 설명한다.
- 수많은 경우의 수 중에서 극히 일부만 나타낸다.
- 그리고 귀격 외에 일반인의 사주는 거의 언급하지 않고 있다.
- 문과(文科)에 급제(及第)하였다.

時	日	月	年
壬	辛	辛	戊
辰	丑	酉	申

- 酉丑 금국(金局)이 있고 戊土와 壬水가 투간하고 火가 없다.
- 이런 사주를 백호격(白虎格)이라고 한다.
- 백호격이 되면 서북운에 현달(顯達)한다.

戌월 辛金

戌월은 가을에서 겨울로 가는 때로 戊土가 사령한다. 그래서 甲木으로 소토(疏土)하고 난 후 辛金과 모자(母子) 관계인 壬水를 쓰면 좋다.

戌월 辛金에서 壬甲을 용(用)하는 것은 辰월과 마찬가지이다. 그러나 戊土는 건조하므로 壬水가 있어야 한다. 戊월 辛金에 壬甲이 양투(兩透)하고 지지에 水가 득소(得所)하면 과갑하고 부귀(富貴)하다. 戊월 辛金에 壬水가 투(透)하고 甲木이 암장(暗藏)되면 낮은 공직인 공감(貢監)이나 생원(生員)은 하는데 庚金이 있으면 평범하다. 戊월 辛金에 甲木이 투(透)하고 壬水가 암장(暗藏)되었을 때 지지에 戊土가 있으면 이도(異途)로 벼슬을 한다.

甲戌월 辛金에 壬水가 지장간(支藏干)에 있고 庚金이 있으면 甲木이 土를 극하여 거탁유청(去濁留淸)이 되므로 과거에 합격한다. 그러나 戊戌월 辛金은 지지에 甲木이 있더라도 명성(名聲)을 얻지 못한다. 甲木이 지지에 있으면 소토(疏土)가 힘들기 때문이다.

戊월 辛金의 사주에 土가 태다(太多)할 때 甲木이 출간(出干)하지 않으면 공명(功名)이 없다. 이때 甲木이 있고 하나의 壬水가 출(出)하여 甲木을 도우면 크게 발달하지는 못해도 부(富)는 있다.

戊월 辛金에 土가 많을 때 壬水와 甲木이 없고 시(時)나 월(月)에 丙火와 辛金이 많이 투(透)하면 귀(貴)하다. 이때 辰이 지지에 있으면 화격(化格)이 되어 대부대귀(大富大貴)하게 된다. 그러나 진정한 화격(化格)은 辰보다는 지지에 방국(方局)이 있어야 한다.

戊월 辛金에 木이 많고 土가 두터울 때 水가 없으면 평상인이다. 천간에 중(重)한 癸水를 보면 壬水처럼 도세(陶洗)의 공(功)은 없어도 사주가 맑아진다. 壬水는 부딪치고 씻어내는 충쇄(沖刷)의 작용이 있지만 癸水는 맑고 깨끗하여 윤택하게 하는 작용만 있다. 이러한 명조는 부(富)하기는 하지만 살아가면서 어려움을 겪는다.

戊월 辛金에 재성인 木이 많아도 水가 없으면 조토(燥土)인 戊土가 일간을 생(生)하지 못하니 신약하여 재물을 감당하지 못한다. 재다신약(財多身弱)이 되어 부옥빈인(富屋貧人)이다.

戌월 辛金 사주에 水가 없으면 하격(下格)이 될 가능성이 크지만 庚金이 투(透)하면 재관(財官)을 감당할 수 있다. 이때는 丁火가 용신이다.

戌월 辛金에 癸水가 투(透)했을 때 戌土가 있으면 합(合)이 되어 쓸모가 없다. 戌土 대신 己土가 있으면 습윤(濕潤)하여 金을 생(生)하니 작은 부귀(富貴)는 있다. 걱정되는 것은 己土가 많으면 壬水가 있어도 辛金이 더럽혀지니 귀격(貴格)을 이룰 수 없어서 탁부(濁富)가 된다.

戌월 辛金은 火土가 병(病)이 되고 水木이 약(藥)이 된다.

時	日	月	年
戊	辛	戊	丙
子	酉	戌	寅

● 甲木과 壬水가 암장(暗藏)되었다.
● 천간이 화생토(火生土), 토생금(土生金)으로 흘러간다.
● 午운이 오면 火가 무척 강해지니 관인(官印)이 좋아질 것이다.
● 장참정(張參政)의 사주이다.

時	日	月	年
壬	辛	戊	丙
辰	未	戌	戌

● 천간이 火土金水로 생생불식(生生不息)이다.
● 지지는 모두 土로만 되어 있어 변화가 많은 삶을 산다.

●똑같은 직책을 지냈다고 삶의 과정이 같지는 않다.

●살아가는 방식은 팔자에 따라 다르게 나타난다.

●주상서(朱尙書)의 사주이다.

時	日	月	年
戊	辛	壬	戊
子	酉	戌	戌

●戌월에 戊土가 투(透)하여 인수격이다.

●辰월에 戊土가 투(透)하여도 인수격이라고 한다.

●인수격에도 차이가 있음을 알 수 있다.

●특히 지지의 土는 모두 다르니 계절의 흐름을 생각하며 통변한다.

●申운이 오면 申酉戌이 되어 일간이 무척 강해질 것이다.

●효렴(孝廉)으로 천거(薦擧)되었다.

時	日	月	年
戊	辛	丙	乙
戌	亥	戌	巳

●『난강망(欄江網)』은 戌월의 辛金은 丙甲壬이 좋다고 설명한다.

●丙火가 투(透)하고 甲木과 壬水는 암장(暗藏)되었다.

●丙辛합이 있어 정관이 일간과 유정(有情)하다.

●亥 중의 壬水는 건록이고 甲木은 장생이다.

●亥 중 상관과 재(財)를 써서 상관생재(傷官生財)가 되었다.

●수백억 대 부자였다.

●투(透)한 정관이나 인수를 쓰지 않고 일지의 亥 중 甲壬을 썼다.

●팔자의 어느 글자를 쓰는가에 따라 삶의 방향이 달라진다.

●팔자에 없는 글자를 추구하다가 직업으로 삼기도 한다.

時	日	月	年
丁	辛	戊	丙
酉	未	戌	戌

●戊土를 써서 金을 생(生)한다.

●丙火를 써서 土를 따뜻하게 한다.

●『궁통보감』의 설명은 이것으로 끝이다.

●천간의 흐름이 화생토(火生土), 토생금(土生金)으로 흐른다.

●戌未형이 개고(開庫)되면 丙辛 합거가 일어날 것이다.

●지지의 형충파해나 신살 그리고 천간의 합이나 극에 의해 삶의 변화
가 일어난다.

亥월 辛金

亥월 辛金은 한기(寒氣)가 강하므로 먼저 丙火를 용(用)하고 다음으로 壬水를 취한다. 亥월 辛金은 丙火와 壬水가 양투(兩透)하면 과거에 급제한다. 대체로 금수상관(金水傷官)은 丙火를 반기는데, 辛金에 壬水와 丙火가 있으면 금백수청(金白水清)으로 귀격(貴格)을 이룬다.

亥월 辛金에 丙火가 투(透)하고 壬水가 암장(暗藏)되면 먹고는 살고, 丙火가 암장(暗藏)되고 壬水가 투(透)하면 천금(千金)의 부(富)가 있다. 壬水와 丙火가 모두 지장간(支藏干)에 있으면 총명한 선비일 뿐이다.

亥월 辛金에 丙火가 없고 戊土와 壬水가 있으면 부(富)를 축적하지만, 壬水가 많고 戊土가 없으면 水가 왕양(汪洋)하여 빈천(貧賤)하다. 戊土가 많고 壬水가 적어도 亥월이니 공명(功名)을 이루고, 甲木이 많고 戊土가 적으면 상관생재(傷官生財)가 되어 기술이나 예술로 축재(蓄財)한다.

亥월 辛金에 己土가 많고 戊土도 있을 때에는 壬水가 막혀 피곤해지고 金이 매몰당하니 성실한 사람일 뿐이다. 亥월 辛金에 壬癸水가 많고 戊土와 丙火가 없으면 고생하며 살아간다.

亥월 辛金은 먼저 壬水를 쓰고 다음으로 丙火를 쓰며 나머지는 참작한다.

時	日	月	年
戊	辛	乙	甲
子	未	亥	子

- 亥월에 甲乙木이 투(透)하여 재격(財格)이다.
- 월간 乙木 기준으로 辛金은 칠살이다.
- 청소년 시기에 칠살의 기질을 가지고 산다.
- 용(用)의 영역에서 팔자풀이를 할 때는 체(體)의 이론에 집착하면 안된다.
- 기본을 확실히 배운 후에는 자기만의 방식으로 유연하게 통변해야 한다.
- 나장원(羅狀元)의 명(命)이다.

時	日	月	年
丙	辛	辛	壬
申	亥	亥	辰

- 辛金과 좋은 관계인 丙火와 壬水가 투(透)하였다.
- 亥월에 壬水가 투(透)하여 상관격이다.
- 『자평진전』에서 격국을 정하는 방식이다.
- 그러나 팔자원국의 격국도 강약도 근묘화실에 따라 변한다.
- 또 대운이나 세운에 따라 영향을 받는다.
- 일간 辛金은 丙火와 합이 되니 정관과 유정(有情)하다.
- 청태종인 황태극(皇太極)의 사주이다.

子월 辛金

子월은 癸水가 사령하니 모든 것이 얼어붙는다. 子월 辛金의 사주에 癸水가 투(透)하면 辛金이 얼고 丙火가 곤(困)해지므로 癸水가 투(透)하는 것을 기피한다. 子월 辛金은 壬水와 丙火가 양투(兩透)하고 戊土와 癸水를 보지 않으면 비단옷과 금띠를 두른다. 만일 壬水가 암장(暗藏)되고 丙火가 투(透)해도 과거급제한다.

子월 辛金에 壬水가 많고 戊土가 있는데 丙火와 甲木이 출간(出干)하면 입신출세(立身出世)한다. 壬水는 많은데 戊土와 丙火가 없으면 金의 설기(洩氣)가 태과(太過)하여 가난한 선비가 된다. 壬水는 많고 甲乙木이 중중(重重)할 때 丙火가 없으면 가난하다.

子월 辛金이 지지에 수국(水局)을 만나고 癸水가 출간(出干)했을 때 두 개의 戊土가 水를 제(制)하면 부귀(富貴)하고 은영(恩榮)이 있지만 戊土가 없다면 평상인이다.

子월 辛金의 지지에 亥子丑이 있고 천간에 비겁이 출(出)했는데 丙火가 없으면 윤하격(潤下格)이 되어 부귀(富貴)하다. 윤하격(潤下格)이 되면 서북운(西北運)이 좋다.

子월 辛金의 사주에 庚辛金은 없고 甲乙木이 투(透)했을 때 戊土와 丙火가 없으면 승도(僧徒)의 명(命)이다.

子월 辛金의 지지에 목국(木局)이 있을 때 丁火가 출간(出干)했는데 또 戊土를 보면 공명(功名)이 뛰어난다. 그러나 겨울철 辛金은 丁火보다 丙火로 온난(溫暖)하게 하는 것이 바람직하다.

대개 팔자에 재관인(財官印) 삼자(三者)를 모두 갖추면 수복(壽福)이 가득하다.

時	日	月	年
丁	辛	壬	丁
酉	巳	子	亥

● 壬水는 투(透)하고 丙火는 암장(暗藏)되었다.

● 丁壬합으로 壬水와 년간의 丁火는 약해졌다.

● 丑운이 되면 亥子丑, 巳酉丑이 되어 金水가 강해질 것이다.

● 귀격(貴格)으로 서상서(舒尙書)의 사주이다.

丑월 辛金

丑월은 추운 때이니 丑월 辛金은 먼저 丙火를 쓰고 다음에 壬水를 쓴다. 그래서 丙火와 壬水가 양투(兩透)하면 금마옥당(金馬玉堂, 한림원)의 인물이 되고, 丙火와 壬水가 암장(暗藏)되면 생원(生員)은 한다.

丑월 辛金에 丙火는 있고 壬水가 없으면 부(富)는 참되지만 귀(貴)는 없다. 壬水가 있고 丙火가 결핍되면 하천(下賤)하고 가난하다. 丙火는 많고 壬水 대신 癸水가 있으면 장사하는 사람이다.

丑월 辛金의 사주에 水가 많을 때 戊己土가 출간(出干)하고 丙丁火가 있으면 반드시 의식(衣食)이 충분하고 일생이 안락하다.

丑월 辛金은 丙火를 먼저 용(用)하고 다음으로 壬水를 쓰며 戊己土는 그 다음이다.

時	日	月	年
庚	辛	辛	辛
寅	丑	丑	丑

- 丙火는 암장(暗藏)되었다.
- 壬水 대신 丑 중에 癸水가 있다.
- 축요사격(丑遙巳格)으로 보기도 한다.
- 丑이 巳를 불러와 정관을 취한다는 허자론이다.
- 장통제의 사주이다.

時	日	月	年
甲	辛	癸	壬
午	丑	丑	辰

● 壬水는 투(透)하고 丙火는 암장(暗藏)되었다.

● 丑辰파와 丑원진이 있다.

● 丑월에 壬癸水가 투(透)하여 식상격이다.

● 식상도 천간에 따라 여러 가지 종류가 있는데, 金水식상이다.

● 壬水가 丑에서 쇠(衰)이니 癸水는 丑에서 양(養)이다〔새로운 12운성〕.

● 청나라 시인 왕상기(王湘綺)의 사주라고 한다.

時	日	月	年
戊	辛	己	乙
子	丑	丑	丑

● 丑에서 戊己土가 투(透)하였다.

● 戊土는 丑에서 양(養)이고, 己土는 丑에서 쇠(衰)가 된다.

● 丑에서 戊土가 커지며 활동을 시작하고, 己土는 실내로 들어가 휴식하게 된다.

● 양(陽)이 활동하면 투자 지출이 일어나고, 음(陰)이 활동하면 소득이 생긴다.

● 관(官)이 없을 때는 子나 丑이 巳를 불러와 관(官)을 취한다는 허자론이 있다.

● 시랑(侍郞) 벼슬을 하였다.

삼동三冬 신금辛金

時	日	月	年
戊	辛	癸	丁
子	卯	丑	丑

● 辛金 일간이 戊子시가 되면 조양격(朝陽格)이 된다.

● 시지의 子水가 巳火를 불러 관(官)을 취한다는 것이다.

● 안찰(按察)이라는 벼슬을 하였다.

時	日	月	年
己	辛	丁	甲
亥	卯	丑	申

● 亥卯반합이 있고 丑월에 己土가 투(透)하여 편인격이다.

● 월간의 丁火는 운(運)에서 통근이 될 때 힘을 얻게 된다.

● 제군(制軍, 총독) 벼슬을 하였다.

삼춘(三春) 壬水

寅월 壬水

寅월에는 水의 성질이 유약(柔弱)하므로 寅월 壬水는 庚金을 원신 (原神)으로 용(用)한다. 그리고 아직은 한기(寒氣)가 있으니 丙火를 쓴 다. 壬水는 또한 戊土와도 좋은 관계이므로, 寅월 壬水에 庚金과 丙火 와 戊土 삼자(三者)가 모두 투(透)하면 과갑(科甲)으로 공명(功名)을 이 룬다.

壬水는 戊丙과 좋은 관계를 이룬다. 춘하(春夏)에는 庚金으로 수원 (水源)을 발하면 좋다. 봄철에는 金水가 약하니 金水가 태왕(太旺)해야 丙戊도 효율적으로 쓴다.

壬水 일간이 비겁인 水를 보지 않았다면 戊土를 사용할 필요가 없다. 그때는 庚金을 전용(專用)하고 丙火로 보좌한다.

丙火는 寅에 암장(暗藏)되어 있으니 庚金과 戊土가 지장간(支藏干)에 암장(暗藏)되면 임금의 은고(恩誥)가 있고, 하나의 庚金이라도 투(透)했다면 공감(貢監)은 한다.

寅월 壬水에 비겁이 있고 庚辛金이 있으면 일간이 왕(旺)해지니 제복(制伏)하는 것이 좋다. 그러므로 壬水가 왕(旺)할 때는 戊土가 투(透)하면 과거에 급제한다. 반대로 戊土가 투(透)하지 않고 암장(暗藏)되면 수재(秀才)이다. 그러나 寅월 壬水는 丙火가 투(透)하고 합(合)되지 않아야 좋다.

寅월 壬水가 지지에 많은 戊土를 만나고 또 甲木이 출간(出干)하면 '일장당관(一將當官) 군사자복(群邪自伏)'이라 하는데, 이 뜻은 한 명의 장군이 문을 지키니 많은 사악한 무리가 스스로 굴복하게 된다는 의미이다. 이렇게 되면 성품이 결백하고 용모가 뛰어나서 모든 관료 중에서도 명성(名聲)을 날린다.

寅월 壬水가 지지에 화국(火局)을 이루면 아깝게도 때를 만나지 못한 것이니 명리(名利)는 헛되지만 문장은 뛰어나다. 庚金을 쓰는 경우에는 土가 처가 되고, 金이 자식이 된다. 丙火를 쓰는 경우에는 木이 처가 되고, 火가 자식이 된다. 그리고 戊土를 쓰는 경우에는 火가 처이고, 土가 자식이 된다.

時	日	月	年
丙	壬	甲	戊
午	戌	寅	辰

● 寅午戌 화국(火局)이 되어 丙火의 세력이 무척 강하다.

● 戊土가 투(透)하였고, 庚金 대신 辛金이 암장(暗藏)되었다.

● 월주에 식신이 무척 강하다.

● 지지에 있는 寅午戌은 글자의 배치에 따라 火의 세기가 달라진다.

● 식재(食財)가 강한 사주임을 알 수 있다.

● 팔자에 강한 세력을 활용하여 살아가면 좋다.

● 절강성(浙江省)의 시재촌(施再邨)의 사주이다.

時	日	月	年
庚	壬	丙	己
子	寅	寅	巳

● 丙火와 庚金이 투(透)하였다.

● 戊土는 암장(暗藏)되었다.

● 卯운이나 申운이 오면 살아가는 환경이 변할 수 있다.

● 삼합이나 방합은 팔자를 흔들 정도로 강하기 때문이다.

● 부(富)는 이루었으나 귀(貴)는 이루지 못했다.

時	日	月	年
庚	壬	壬	壬
戌	寅	寅	午

● 庚金이 투(透)하고 丙戌는 암장(暗藏)되었다.

● 천간에는 金水가 강하고 지지에는 木火가 강하다.

● 수화기제(水火旣濟)의 모습이다.

● 寅午는 식재(食財)가 합(合)이 되니 일을 하면 결과를 얻는다는 의미

403

이다.

●도독(都督)을 지낸 사람의 명(命)이다.

●丙火와 庚金이 투(透)하였다.

●역시 식재(食財)가 합(合)이 되어 하는 일의 결과를 얻을 수 있다.

●일의 종류는 많으니 하고 싶은 일은 상대방에게 물어야 한다.

●선통제(宣統帝)의 사주이다.

卯월 壬水

卯월은 한기(寒氣)가 제거되는 때이니 卯월 壬水는 丙火보다 戊土와 辛金을 취한다. 庚金은 차선이다. 壬水가 약하면 庚辛金이 있어야 하는데 壬水는 庚金보다는 辛金과 더 좋은 관계가 된다. 그래서 卯월 壬水에 戊土와 辛金이 양투(兩透)하면 안탑(雁塔)에 이름을 올린다. 戊土가 투(透)하고 辛金이 암장(暗藏)되면 역시 은고(恩誥)가 있다.

卯월 壬水에 戊土와 辛金이 투(透)하지 않고 庚金이 출간(出干)하면 주로 부(富)하다. 卯월 壬水의 지지에 목국(木局)이 있고 庚金이 투(透)하면 금방(金榜)에 이름을 올리고, 庚金이 투(透)하지 않고 장간에만 있으면 이도(異途)로 벼슬을 한다. 즉, 卯월 壬水는 庚金으로 격(格)을 이루면 부(富)하고 戊土로 격(格)을 이루면 귀(貴)하다.

卯월 壬水에 木이 출(出)하고 火가 많으면 목성화염(木盛火炎)이 되어 일간이 약해지니 비겁이 필수적이다. 이때 비겁인 水가 투(透)하면 부귀(富貴)와 은영(恩榮)이 있지만, 水가 결핍되어 신약(身弱)하면 그렇지 않다.

卯월 壬水에 비겁인 水가 중중(重重)하면 戊土가 있어야 한다. 서(書)에, "水가 많을 때 土가 있으면 수복(壽福)이 완전하지만, 만일 水가 많을 때 戊土를 보지 못하면 수범목부(水泛木浮)가 되어 일생이 신고(辛苦)하고 운(運)까지 수운(水運)으로 가면 물에 빠져 죽는다."라고 하였다.

卯월 壬水에 식상인 甲乙木이 중중(重重)하고 비겁인 水가 없으면 타인에게 의지하며 스스로 이루는 것은 하나도 없다. 이때 인수인 庚辛金을 보면 가난과 굶주림은 면한다.

時	日	月	年
庚	壬	乙	戊
子	子	卯	午

- 戊土는 투(透)하고, 辛金 대신에 庚金이 투(透)하였다.
- 과갑(科甲)의 명(命)이다.
- 월주에 乙卯가 있으니 상관의 세력이 강하다.
- 상관은 순발력과 두뇌 회전이 좋은데 특히 水木상관이 그렇다.
- 겨울이 봄을 만나 신이 났기 때문이다.
- 월지의 卯木은 午卯파와 子卯형으로 손상되었다.
- 형충파해(刑沖破害)가 있으면 힘들기는 해도 경쟁력을 기를 수 있다.

- 역사에 이름을 남긴 사람들은 어려움을 극복한 사람들이다.
- 청나라 강유(剛柔)의 사주이다.

時	日	月	年
甲	壬	丁	甲
辰	寅	卯	戌

- 寅卯辰 목국(木局)이 있고 두 개의 甲木이 투(透)하였다.
- 丁壬합도 목기(木氣)를 만든다.
- 卯戌합으로 戌土의 역할은 약화되었다.
- 종격(從格)이나 화격(化格)으로 볼 수 있다.
- 일품(一品)의 귀(貴)를 누린 사주이다.

時	日	月	年
己	壬	己	庚
酉	申	卯	午

- 戊土 대신에 己土가, 辛金 대신에 庚金이 투(透)하였다.
- 일간 壬水의 좌우에 정관이 자리잡고 있다.
- 壬水와 己土의 관계는 기토탁임(己土濁壬)이 되어 좋은 관계는 아니다.
- 고위 관직을 지냈다고 모두 좋은 것은 아니다.
- 불명예로 물러난 경우도 많다.
- 팔자를 볼 때는 운(運)을 대입하여 삶의 흐름을 봐야 한다.
- 모지부(某知府)의 사주이다.

辰월 壬水

辰월은 戊土가 권리를 잡으니 辰월 壬水는 土에 막힐까 두렵다. 그래서 甲木으로 소토(疏土)하고 다음으로 庚金을 취한다. 만일 甲木과 庚金이 함께 투(透)하면 과거에 급제하고, 甲木이 투출(透出)하고 庚金이 암장(暗藏)되면 수재(秀才)로 명성(名聲)을 날린다.

辰월 壬水에 甲木의 뿌리가 있으면 준수하고, 癸水가 있어 甲木을 자윤(滋潤)하면 외적(外賊)을 막는 간성(干城)이 된다. 하나의 甲木만 지지에 숨어 있으면 부(富)하고, 하나의 庚金만 사주에 있으면 평상인이다. 그리고 辰월 壬水에 甲木이 없으면 사나운 무리가 되고, 庚金이 결핍되면 어리석고 완고한 무리가 된다.

辰월 壬水의 시간(時干)에 丁火가 투(透)하면 丁壬합이 木으로 화(化)하여 火를 돕지만 일간 壬水의 힘은 설기(洩氣)되니 평범하다. 시주(時柱)에 丁未가 있을 때에도 마찬가지이다. 화격(化格)에서는 화신(化神)을 생(生)하는 것을 용신으로 삼는다.

辰월 壬水의 지지가 사고(四庫)를 이루었을 때 소토(疏土)할 甲木이 결핍되면 살중신경(殺重身輕)이 되어 평생 살아가는 것이 힘들다. 이때 庚辛金이 있으면 통관 역할을 하여 신약(身弱)한 일간을 도우므로 길(吉)하다.

辰월 壬水에 水가 왕(旺)하고 庚金을 많이 보면 쓸모없는 사람이다. 이때는 丙火로 金을 제(制)해야만 좋아진다. 辰월에 丁火는 약하니 丙火를 쓴다.

辰월 壬水의 지지에 寅卯辰 목국(木局)이 있으면 庚金으로 제(制)해야 하고, 申子辰 수국(水局)이 있으면 戊土로 제(制)해야 한다.

時	日	月	年
乙	壬	壬	丙
巳	申	辰	子

- 甲木 대신 乙木이 투(透)하고 庚金은 암장(暗藏)되었다.
- 申子辰 삼합에 壬水가 투(透)하여 비견이 강하다.
- 삼합이라고 해도 글자의 위치에 따라 세기가 다르다.
- 辰월에 태어났으므로 子월에 태어난 것보다 약하다.
- 삼합이나 방합이 있으면 미약한 오행은 파괴되기 쉽다.
- 중국 재정부장(財政部長)을 지냈던 왕극민(王克敏)의 사주이다.

時	日	月	年
癸	壬	丙	癸
卯	申	辰	巳

- 戊土와 甲木은 지장간(支藏干)에 있다.
- 시간의 흐름에 따라 격(格)도, 강약도 변한다.
- 격은 년지와 월간, 월지와 일간, 일지와 시간의 순서로 변한다.
- 물론 대운에 의해서도 변할 수 있다.
- 격(格)의 변화를 보면서 주인공의 삶의 흐름을 파악해야 한다.
- 일상에서 일어나는 여러 가지 변화는 세운 등을 적용한다.
- 세운 등의 운과 팔자원국이 일으키는 형충파해회합 등으로 삶의 변

화가 일어난다.

● 중국 중앙연구원 원장을 지냈던 양행불(楊杏佛)의 사주이다.

時	日	月	年
甲	壬	甲	壬
辰	辰	辰	申

● 甲木이 투(透)하고 戊土가 암장(暗藏)되었다.

● 子운이 오면 申子辰이 되어 水가 무척 강해질 것이다.

● 강한 水의 기운이 식신으로 흘러 능력을 발휘할 것이다.

● 비겁이 강해야 주체적으로 자기 일을 할 수 있다.

● 벼슬이 제독(提督)에 이르렀다.

삼춘三春 임수壬水

삼하(三夏) 壬水

巳월 壬水

巳월은 丙火가 권세를 맡은 여름철이니 일간 壬水는 약하다. 그래서 巳월 壬水는 壬水와 辛金을 취한다. 辛金은 水의 근원이 되는데, 丙火가 투(透)하여 용신 辛金을 합거(合去)할 경우에는 庚金으로 보좌한다.

巳월 壬水에 壬水와 辛金이 양투(兩透)하면 과거급제 명단인 금방(金榜)에 이름이 붙고, 癸水와 辛金이 함께 투출(透出)했을 때 甲木까지 투(透)하면 이로(異路)로 영화(榮華)가 있다. 甲木이 없으면 부잣집의 손님에 불과하다.

巳월 壬水에 비견 壬水가 없고 木은 적은데 火가 많으면 기명종재(棄命從財)가 되어 처(妻)의 덕으로 치부(致富)한다. 癸水가 투(透)할 경우에는 종재(從財)가 안 되니 잔질(殘疾)이 있다.

巳월 壬水의 팔자에서 癸水를 용(用)할 때는 癸水가 巳 중 戊土와 암합하면 소용이 없으니 甲木이 투(透)해 戊土를 제압해야 좋아진다.

巳월 壬水에 金이 많고 득지(得地)하면 일간 壬水는 다시 강해지니, 이때는 巳 중 戊土를 용(用)하면 명리쌍전(名利雙全)이다. 아니면 이도(異途)로 귀(貴)를 누리기도 한다.

巳월 壬水에 하나의 甲木이 寅에 암장(暗藏)되면 寅巳형이 되어 암질(暗疾)이 있을 수 있고 명리(名利)가 다 헛되니 창업(創業)은 불가하다.

巳월 壬水에 甲乙木이 많을 때 庚金이 출간(出干)하면 귀하지만 庚金이 없다면 귀하지 않다. 巳월 壬水에 지지가 수국(水局)을 이루면 대귀(大貴)하다.

時	日	月	年
壬	壬	癸	丙
寅	戌	巳	辰

- 丙火는 투(透)하고 辛金은 암장(暗藏)되었다.
- 丙火는 癸水를 만나면 햇빛이 약해진다.
- 午운이 오면 寅午戌이 되어 火가 강해진다.
- 운(運)에 의해 강약도 변한다.
- 변하지 않고 고정되어 있는 것은 없다.
- 왕태복(王太僕)의 사주이다.

411

時	日	月	年
丙	壬	丁	癸
午	午	巳	酉

● 丙火는 투(透)하고 辛金은 암장(暗藏)되었다.

● 巳酉반합과 午午형이 있다.

● 일간과 합이 되는 丁火는 일간이 정재와 유정(有情)하다는 의미이다.

● 팔자에 재(財)가 많아 재다신약(財多身弱)이다.

● 재(財)가 재물만을 의미하는 것은 아니다.

● 호군사(護軍使)를 지낸 하풍림(何豊林)의 팔자이다.

時	日	月	年
乙	壬	乙	壬
巳	午	巳	寅

● 丙火와 庚金이 지장간(支藏干)에 있다.

● 寅巳형은 식신과 편재의 형(刑)이다.

● 일에 대한 결과를 얻는데 소란이나 소동이 따른다는 의미이다.

● 일간은 뿌리가 없다.

● 운(運)의 지지에서 金水를 보면 인비에 의존하여 강해질 것이다.

● 金水운에 총독(總督)이 되었다.

時	日	月	年
乙	壬	乙	壬
巳	申	巳	午

- 丙火와 庚金이 지장간(支藏干)에 있다.
- 巳申형이 있다.
- 형충파해(刑沖破害) 중에서 강도가 센 형충(刑沖)이 동(動)하면 개고 (開庫)가 된다.
- 개고(開庫) 현상이 일어나면 지장간의 글자가 튀어나와 많은 변화를 일으킬 것이다.
- 상서(尙書)의 벼슬을 하였다.

時	日	月	年
甲	壬	乙	丁
辰	辰	巳	丑

- 丙火와 辛金이 암장(暗藏)되었다.
- 巳월에 丁火가 투(透)하여 재격으로 본다.
- 酉운이 오면 巳酉丑 금국(金局)이 될 것이다.
- 세종대왕의 사주로 알려져 있다.

午월 壬水

午월은 丁火가 왕(旺)하므로 午월 壬水는 癸水를 취하여 용신(用神) 으로 삼고 庚金으로 보좌한다. 庚金으로 수원(水源)을 발(發)하고 癸水 로 강한 丁火를 손상시키는 것이다. 午월 壬水에 庚金이 없을 때는 辛 金도 사용할 수 있다.

午월 壬水에 庚金과 癸水가 양투(兩透)하면 과갑(科甲)이 필연이고 벼슬이 극품(極品)에 이른다. 庚金만 있고 壬癸水가 없으면 평상인이다.

午월 壬水의 지지에 화국(火局)이 있고 金水가 전무(全無)하면 재다신약(財多身弱)이 되니 부옥빈인(富屋貧人)이다. 이때 또 甲乙木이 많은 사람은 승도(僧徒)의 명(命)이다.

午월 壬水가 종재격(從財格)을 이루어도 水가 득지(得地)하지 않으면 상격(上格)으로 논하지 않는다. 조후(調候)는 가장 먼저 고려해야 할 사항이다.

時	日	月	年
己	壬	丙	丁
酉	寅	午	亥

● 壬水와 庚辛金이 지장간(支藏干)에 있다.

● 午월에 丙丁火가 투(透)하여 재(財)가 강하다.

● 재기통문호(財氣通門戶)이다.

● 재관(財官)을 취하는 것은 힘이 드니 일간이 강해야 한다.

● 일간은 운(運)에 따라 강약이 달라진다.

● 외무부 장관을 지낸 오조추(伍朝樞)의 사주이다.

時	日	月	年
辛	壬	壬	庚
亥	寅	午	午

● 庚金과 壬水가 양투(兩透)하였다.

- 午午형, 寅午반합, 寅亥합이 있다.
- 운(運)을 보는 용(用)의 영역에서는 팔자에 있는 형충회합이 모두 일어난다.
- 체용(體用)을 구분해서 팔자를 살펴야 한다.
- 체(體)는 건물이고, 용(用)은 건물의 용도이다.
- 상서(尙書) 벼슬을 하였다.

時	日	月	年
甲	壬	丙	丁
辰	寅	午	酉

- 癸水와 庚辛金이 지장간(支藏干)에 있다.
- 寅午반합에 丙丁이 투(透)하여 재(財)가 강하다.
- 재기통문호(財氣通門戶)이다.
- 재(財)가 재물만 나타내는 것이 아니다.
- 식상(食傷)에 대한 결과물이 재성이다.
- 태수(太守) 벼슬을 하였다.

未월 壬水

未월은 己土가 당권(當權)하여 壬水가 약해지니 未월 壬水는 辛金으로 보좌하고 甲木으로 土를 제(制)하면 좋다. 그래서 未월 壬水에 辛金과 甲木이 양투(兩透)하면 부귀(富貴)하고 청고(淸高)하다. 甲木이 암장

(暗藏)되고 辛金이 투(透)하면 향시(鄕試)에 합격하여 공감(貢監)이나 생원(生員)은 한다. 辛金이 암장(暗藏)되고 甲木이 투(透)하면 무직(武職)으로 간다.

未월 壬水에 甲木과 壬水가 양투(兩透)하여 상(傷)하지 않으면 나라를 다스리는 귀(貴)가 있고, 만일 甲木이 암장(暗藏)되고 壬水가 투(透)하여 파괴되지 않으면 작은 재주는 있다.

未월 壬水의 지지에 火土가 많으면 단지 청빈(淸貧)할 뿐이다. 未월에는 己土가 壬水를 탁하게 하니 甲木을 취하지만 癸水로 甲木을 윤택(潤澤)하게 해야 한다. 그래서 未월 壬水는 辛金으로 水를 보충하고 甲木으로 소토(疏土)하고 다음으로 癸水를 취한다.

未월 壬水에 많은 己土가 있으면 壬水가 탁해지니 사람됨이 간사하고 고빈(孤貧)하다. 이때 甲乙木이 투(透)하여 土를 제(制)하면 구제된다. 土가 생왕지에 있어 왕(旺)할 때는 木을 용(用)하여 제(制)하면 비로소 묘(妙)하다. 己土는 壬水를 탁하게 할 뿐 제(制)할 수는 없다. 壬水가 깨끗하고 청(淸)할 때는 지혜가 있으나 己土와 혼잡(混雜)되면 간교하고 남을 잘 속인다.

未월 壬水의 사주에 목국(木局)이 있으면 壬水의 설(洩)이 태과(太過)하여 약해지니 이때는 金水를 용(用)하면 귀(貴)하다. 水를 용(用)할 때는 金을 처로 삼고, 水를 자식으로 삼는다.

時	日	月	年
辛	壬	辛	己
亥	寅	未	卯

●辛金은 투(透)하고 甲木은 암장(暗藏)되었다.

●卯未반합과 寅亥합이 있다.

●삼합과 방합 그리고 육합을 구분해야 한다.

●형충파해(刑沖破害)의 차이를 먼저 공부해야 한다.

●학습에도 선후(先後)가 있다.

●선참국(宣參國)의 팔자이다.

時	日	月	年
辛	壬	己	戊
亥	申	未	午

●辛金이 투(透)하고 甲木은 암장(暗藏)되었다.

●午未합과 申亥해가 있다.

●未월에 戊己土가 투(透)하여 관성이 강하다.

●관성유리회(官星有理會)라고 한다.

●일찍 과거에 급제하여 문장(文章)으로 이름을 날렸다고 한다.

時	日	月	年
乙	戊	辛	己
巳	午	未	卯

●辛金이 투(透)하고 甲木은 암장(暗藏)되었다.

- 卯未반합과 午未합이 있다.
- 천간의 흐름이 토생금(土生金), 금생수(金生水), 수생목(水生木)으로 흐른다.
- 자연의 흐름에 따르는 사주가 좋다.
- 고시에 합격한 후 중국의 성장(省長)을 지냈다.

申월 壬水

申월은 庚金이 사령하는 때로 壬水 일간이 강하니 申월 壬水는 戊土를 써서 水를 제(制)하고 丁火로 戊土를 보좌하면 좋다. 장간의 戊土는 辰戌 속의 戊土는 유용하지만 申 中 戊土는 약하니 효율적이지 못하다. 월령(月令)의 庚金은 戊土를 설기(洩氣)하므로 丁火로 제(制)해야 戊土가 유용해진다. 申월 壬水는 戊土와 丁火가 함께 투(透)하면 과갑(科甲)하고 생원(生員)이 된다.

천간에 戊土가 투(透)하고 丁火가 午戌에 암장(暗藏)되어 있을 때는 은봉(恩封)은 기대한다. 이때 戊土가 癸水를 만나 戊癸합이 되면 안 된다. 만일 지지에 寅戌을 보고 년(年)에 丁火가 투(透)하면 의금(衣衿)은 기대할 만하다. 이때도 丁火는 壬水와 합(合)이 되지 않아야 한다. 丁火

와 戊土가 모두 지장간(支藏干)에 있으면 부중취귀(富中取貴)한다.

申월 壬水에 많은 壬水가 있을 때 丙火가 투간(透干)하면 가살위권(假殺爲權)이 되어 권위가 높다. 일간이 칠살의 공격을 견딜만한 힘이 있으면 살(殺)은 권(權)이 된다. 이때 丙火를 극하는 甲木이 장간에만 있으면 크게 꺼리지 않지만 甲木이 태다(太多)할 경우는 申 중의 庚金으로는 태다(太多)한 甲木을 제(制)하기 어려우므로 평상인이다. 그러나 申 중의 庚金이 지장간(支藏干)의 甲木을 어느 정도는 통제하니 없는 것보다는 나아서 의식(衣食)과 녹봉(祿俸)은 있다.

申월 壬水의 사주에 戊土가 많이 투(透)하면 甲木의 제(制)가 있어야 약간의 귀(貴)를 누린다. 만일 甲木이 없으면 평상인이다. 많은 甲木이 있고 다시 火가 많을 때 庚金이 출(出)하지 않으면 조상과 고향을 떠나 살아간다. 甲木과 많은 火가 있을 때는 지장간(支藏干)의 申 중 庚金으로는 구제가 불가능하기 때문이다.

申월 壬水는 戊土를 쓰고 丁火로 보좌하면 좋다.

時	日	月	年
壬	壬	戊	壬
寅	寅	申	寅

● 戊土가 천간에 투(透)하였다.

● 丁火 대신 丙火가 암장되었다.

● 子운이나 卯운이 오면 삼합이나 방합이 된다.

● 삼합이나 방합이 되면 그 세력이 강해져 미약한 오행은 피해를 본다.

● 마참정(馬參政)의 사주이다.

時	日	月	年
丙	壬	戊	丁
午	辰	申	亥

- 丁火와 戊土가 함께 투출(透出)하였다.
- 申亥해가 있다.
- 해(害)는 합을 방해하는 글자이다.
- 火의 생(生)을 받는 戊土의 힘이 강하다.
- 시주는 丙午로 재(財)가 강하다.
- 상서(尙書)가 되었다.

時	日	月	年
辛	壬	庚	癸
亥	辰	申	酉

- 辰 중 戊土가 있다.
- 亥申 속의 戊土는 약하다.
- 인수가 무척 강한 사주이다.
- 비겁이 강하면 독자적으로 살아가고, 인수가 강하면 도움을 받고 살아간다.
- 남에게 의지하여 부자(富者)가 되었다.

삼추三秋 임수壬水

時	日	月	年
壬	壬	庚	戊
寅	辰	申	寅

- 戊土가 투(透)하고 지장간(支藏干)에 丙火가 있다.

- 子운이나 卯운에 삼합이나 방합이 된다.

- 살아가면서 변화를 겪을 수 있는 팔자이다.

- 합국(合局)이 되면 미약한 오행은 큰 타격을 받는다.

- 안원(按院)이라는 벼슬을 하였다.

時	日	月	年
庚	壬	丙	辛
戌	寅	申	巳

- 丙火가 투(透)하고 丁火와 戊土는 암장(暗藏)되었다.

- 丙辛합과 寅申巳 삼형이 있다.

- 午운에 寅午戌 화국(火局)이 될 것이다.

- 운(運)에 따라 격국도 강약도 변하게 된다.

- 고정된 관념을 깨야 팔자를 보는 폭이 넓어질 수 있다.

- 과거급제하여 벼슬은 관찰사에 이르렀다.

酉월 壬水

酉월은 辛金이 권세(權勢)를 잡아 금백수청(金白水清)하니 酉월 壬水는 戊土를 꺼린다. 戊土가 있으면 甲木으로 제(制)하면 좋다. 甲木이 하나 투(透)하여 戊土를 제(制)하면 한원(翰苑)에 이름을 날린다. 甲木이 투(透)하면 공명(功名)이 현달(顯達)하지만 庚金이 나타나 甲木을 파괴하면 평상인이다. 甲木이 지지에 암장(暗藏)되고 庚金이 없으면 수재(秀才)이다. 申월 壬水는 水가 장생하여 강하니 戊土를 쓰지만, 酉월 壬水는 戊土를 용(用)할 수 없다.

酉월 壬水의 천간에 壬水가 있고 지지에 申亥를 보면 水가 강하니 이때는 甲木을 용(用)해서는 안 되고 戊土를 용(用)한다. 팔자를 볼 때는 항상 전체적인 상황을 봐야지 기계적으로 수학의 공식처럼 대입해서는 안 된다. 비록 亥 중 甲木이 있지만 申 중 庚金에 당하여 힘이 없으니 이런 사주는 수재(秀才)로 재능이 많은 사람이다.

酉월 壬水에 戊土가 없고 金水가 많으면 사람은 청(清)하지만 재능은 탁(濁)하니 곤고(困苦)한 한유(寒儒)이다.

酉월 壬水의 팔자에 甲木이 없어서 庚金을 용(用)하면 水의 근원이 있으니 하나의 水가 庚辛金을 세 번 보았다고 하여 독수삼범경신(獨水三犯庚辛)이라고 한다. 이렇게 되면 체전지상(體全之象)이 되어 부귀(富貴)하다.

酉월 壬水는 甲木을 진용하고 庚金을 차용한다. 甲木을 쓰는 경우에는 水가 처가 되고, 木이 자식이 된다.

時	日	月	年
甲	壬	乙	庚
辰	子	酉	午

● 甲木이 투(透)하고 庚金도 투(透)했으나 乙庚이 합되었다.

● 午酉파, 子酉파, 子辰반합이 있다.

● 운(運)에서 팔자가 동(動)하면 팔자에 있는 것은 모두 현상으로 나타난다.

● 일상의 여러 가지 변화는 운(運)의 글자 때문이다.

● 대운이 계절의 변화라면 세운이나 월운은 날씨의 변화와 같다.

● 대운의 흐름을 읽고 세운과 월운 순서로 살펴 가야 한다.

● 숲을 보고 난 후 숲 속의 나무를 보는 것이 좋다.

● 벼슬이 사림(詞林)에 이르렀다.

時	日	月	年
庚	壬	乙	壬
戌	子	酉	子

● 酉월에 庚金이 투(透)하여 편인격이다.

● 『자평진전』은 월지나 또는 월지에서 투(透)한 천간으로 격을 정한다.

● 어떤 사람을 보고 한마디로 설명하는 것과 같다.

● 그러나 구체적인 내용을 보려면 비식재관인(比食財官印)을 하나씩 살펴야 한다.

● 그리고 근묘화실(根苗花實)에 의한 격국의 변화도 살펴야 한다.

● 부(富)는 크지만 귀(貴)는 작았다는 사주이다.

時	日	月	年
己	壬	丁	丙
酉	子	酉	子

- 인비(印比)가 강한 사주이다.
- 신왕무의(身旺無依)하다.
- 일간을 제외한 천간은 뿌리가 없다.
- 통근하지 못한 천간은 미약하니 운(運)을 기다릴 수밖에 없다.
- 한평생 빈고(貧苦)하였다.

戌월 壬水

戌월은 土가 강한 계절이니 甲木으로 소토(疏土)하고, 추워지니 丙火로 보좌한다. 戌월 壬水에 壬水가 많고 丙火와 戊土가 천간에 투출(透出)했을 때 甲木이 투(透)하여 土를 제(制)하면 일장당관군사자복(一將當關群邪自伏)이라고 하여 극히 청귀(淸貴)하다. 한 명의 장수가 관문(關門)을 지키니 사악한 무리들이 스스로 굴복한다는 뜻이다.

戌월 壬水의 사주에 壬水가 왕(旺)할 때 丙火와 戊土가 천간에 투출(透出)하면 좋지만, 甲木만 있고 丙戊가 없으면 평상인이다.

戌월 壬水에 많은 戊土가 있을 때 시간(時干)에 甲木이 투(透)하면 옥당(玉堂)에 올라 청귀(淸貴)하게 된다. 甲木이 시간(時干)이 아닌 월간(月干)에 투(透)해도 과거에 급제한다. 만약 己土가 지지에 암장(暗藏)되어도 일방(一榜)은 하니 과거에 급제한다. 그러나 己土와 庚金이

섞여 혼란스럽지 않아야 한다.

戌월 壬水에 庚金이 투(透)했을 때 丁火가 결핍되면 빈천(貧賤)하다. 丁火가 투(透)하고 甲木도 있으면 약간 귀(貴)하다. 水가 많고 丙火가 결핍되었을 때 戊土를 용(用)하면 평상인이다.

戌월 壬水는 甲木을 쓰고 다음으로 丙火를 쓴다. 土를 쓰는 경우에는 火가 처이고, 土가 자식이다.

時	日	月	年
辛	壬	戊	丙
丑	戌	戌	寅

- 丙火가 투(透)하고 甲木은 지장간(支藏干)에 있다.
- 월주에 관성이 높이 투(透)하여 있다.
- 관성유리회(官星有理會)가 되어 관(官)과 인연이 깊다.
- 하참정(何參政)의 팔자이다.

時	日	月	年
甲	壬	戊	辛
辰	戌	戌	丑

- 지지가 모두 土이다.
- 하나의 甲木이 시간에 투(透)하였다.
- 월주에 관성이 강하다.
- 관성유리회(官星有理會)이다.
- 태사(太師)의 벼슬을 하였다.

時	日	月	年
甲	壬	戊	丙
辰	申	戌	子

●丙戊가 투(透)하고 甲木도 투(透)했다.

●월주에 관성이 강하다.

●청년 시절에 관(官)을 추구하며 살아간다.

●관성유리회(官星有理會)라고 한다.

●태수(太守)에 오른 명(命)이다.

427

亥월 壬水

亥월 壬水는 건록(建祿)으로 지극히 왕(旺)하니 戊土를 취하여 용(用)한다. 이때 戊土를 극하는 甲木이 있으면 안 되니 甲木이 있다면 庚金으로 제(制)해야 戊土가 상(傷)하지 않는다. 亥월 壬水에 甲木이 투(透)했을 때 戊土와 庚金도 온전히 투(透)하면 과거에 급제하여 지위가 드러나고 권세가 높아진다.

亥월 壬水의 사주에서 戊土를 용(用)할 때 甲木이 戊土를 제(制)하면 庚金이 있어야지 庚金의 구제가 없으면 단연코 가난하다. 亥월 壬水는 甲木이 있더라도 戊土가 암장(暗藏)되어 제복되지 않으면 생원(生員)을 할 뿐이다. 그러나 戊土와 庚金이 함께 투(透)할 때 甲木이 없는 경우에는 영달(榮達)하여 명성(名聲)이 드러난다. 이때의 庚金은 亥

중 甲木을 억제하기 위한 것이다.

亥월 壬水는 水가 강하니 戊土를 용신으로 하고 丙火로 보좌한다. 水가 강할 때는 戊土로 제(制)하고 丙火로 戊土를 도우면 부귀(富貴)하고 수복(壽福)이 완전하다.

亥월 壬水의 지지에 목국(木局)이 있고 甲乙木이 출간(出干)하였을 때 庚金이 투(透)하면 부귀(富貴)하지만 庚金이 없으면 평범하다.

亥월 壬水의 지지에 수국(水局)이 있을 때 戊己土를 보지 못하면 윤하격(潤下格)이 되어 서북운(西北運)에는 대부귀(大富貴)하지만, 동남운(東南運)에는 위급하다.

亥월 壬水의 사주에 丙火와 戊土가 양투(兩透)하고 火土운으로 가면 명리(名利)가 모두 온전하다. 丙火가 있고 戊土가 없으면 의록(衣祿)은 있고, 戊土가 있고 丙火가 없으면 명리(名利)를 기대하기 힘들다.

亥월 壬水는 戊土와 丙火를 용(用)하고 庚金은 차선으로 취한다.

時	日	月	年
乙	壬	乙	己
巳	子	亥	巳

● 戊丙庚이 모두 지장간(支藏干)에 있다.

● 지지의 형충파해(刑沖破害)는 경쟁력으로 긍정적으로 쓴다.

● 내각 총리를 지낸 주자제(周自齊)의 사주이다.

時	日	月	年
辛	壬	辛	壬
亥	子	亥	申

● 지지에 亥水와 子水가 있다.

● 사주에 강한 水를 제(制)할 戊土가 없다.

● 비겁이 강하면 자기 중심의 삶을 사는 것이 좋다.

● 승려가 되었다.

時	日	月	年
丙	壬	癸	戊
午	午	亥	辰

● 丙火가 투(透)하고 癸水는 戊土가 합하였다.

● 강한 水의 기운은 亥 중 甲木으로 흐른다.

● 寅申巳亥는 지장간 중기의 글자를 반드시 살펴야 한다.

● 재(財)는 돈만이 아닌 식상의 결과물이다.

● 원내각(袁內閣)의 사주이다.

時	日	月	年
庚	壬	乙	己
子	戌	亥	酉

● 戊土 대신 己土가 투(透)하고 亥 중 甲木을 제(制)할 庚金이 투(透)하였다.

● 『자평진전』에서는 乙木이 亥에 뿌리를 두니 상관격으로 본다.

- 상관이라고 관직에 못 가는 것이 아니다.
- 상관은 기획 등 창의력을 필요로 하는 부서에 적합하다.
- 왕총병(王總兵)의 사주이다.

時	日	月	年
庚	壬	丁	庚
戌	戌	亥	子

- 庚金이 투(透)하고 戌甲은 암장(暗藏)되었다.
- 지지의 戌亥子는 밝고 사람이 많은 곳은 아니다.
- 지지는 살아가는 환경을 나타낸다.
- 회원(會元)이 되었다.

子월 壬水

子월 壬水는 양인(陽刃)으로 亥월 壬水보다 더욱 왕(旺)하다. 그래서 먼저 戊土를 취하여 水를 제(制)하고 丙火를 차용한다. 丙火와 戊土가 양투(兩透)하면 부귀(富貴)하고 영화롭다. 戊土만 있고 丙火가 없으면 대략 부(富)하지만, 丙火만 있고 戊土가 없으면 일을 시작만 하고 끝을 맺어 이루지는 못한다.

子월 壬水의 지지에 수국(水局)이 있을 때 丙火가 출간(出干)하지 않으면 비록 戊土가 있더라도 평상인이다. 이때 丙火가 투(透)하여 득소(得所)하고 戊土가 지지에 암장(暗藏)되면 운(運)에서 쓰임을 만날

431

때 이름을 세상에 날린다.

子월 壬水의 지지에 화국(火局)이 있으면 신왕재왕(身旺財旺)으로 부자가 된다. 지지에서 화국(火局)을 만날 때 월시(月時)에 壬水 비견이 있고 년간(年干)에 丁火가 있으면 쟁재(爭財)가 되어 평상인이다. 이때 지지에 사고(四庫)를 이루어 水의 흐름을 막으면 부귀(富貴)하고 권세가 있다. 만일 시간(時干)에도 丁火가 출(出)하면 쟁합(爭合)으로 명리(名利)를 이루기 어렵다.

혹 子월 壬子일 丁未시면 과거급제는 아니어도 은영(恩榮)은 있다. 壬子일의 子 중 癸水가 일간을 돕고 丁火가 未土에 통근(通根)하여 득지(得地)하니 영화(榮華)가 있다.

時	日	月	年
丁	壬	○	○
未	子	子	○

● 일지의 子 중 癸水가 일간을 돕는다.

● 丁火는 未土에 통근하였다.

子월 壬水는 丙火와 戊土를 용(用)하면 상격(上格)이다.

時	日	月	年
丙	壬	丙	己
午	寅	子	酉

● 丙火가 투(透)하고 戊土 대신 己土가 투(透)하였다.

- 戊土는 지장간(支藏干)에 있다.
- 양인격의 강한 힘이 식재(食財)로 흐른다.
- 식재(食財)는 일을 하고 그 결과를 얻는다는 의미이다.
- 어느 승상(丞相)의 사주이다.

時	日	月	年
壬	壬	壬	壬
寅	寅	子	寅

- 戊土와 丙火가 寅에서 장생하고 있다.
- 천원일기격(天元一氣格)으로 시랑(侍郞)에 올랐다.
- 장간(藏干)에 戊丙이 있다.
- 양인의 강한 힘이 寅 중의 甲木과 丙火로 흐른다.
- 강한 힘은 설기(洩氣)하면 좋다.

時	日	月	年
甲	壬	壬	壬
辰	子	子	子

- 비천록마격(飛天祿馬格)이다. 비천록마격은 庚子, 辛亥, 壬子, 癸亥 일주에 해당하고 재관(財官)이 없어야 한다.
- 그리고 일지의 글자가 세 개 이상이면 충하는 글자를 불러와 재관(財官)으로 쓴다.
- 세 개의 子가 午를 불러와 午 중의 재관(財官)을 쓰는 것이다.
- 상서(尙書) 벼슬을 하였다.

삼동三冬 임수壬水

時	日	月	年
庚	壬	庚	丙
子	子	子	午

- 丙火는 투(透)하고 戊土 대신 己土가 암장(暗藏)되었다.
- 충(沖)은 살아가는 현실의 급격한 변화를 암시한다.
- 힘들기는 해도 경쟁력을 기를 수 있다.
- 도지사에 올랐다.

丑월 壬水

丑월 壬水는 쇠지(衰地)로 다시 약해진다. 丑월은 겨울에서 봄으로 가는 시기이므로 상반월에는 아직 추우므로 丙火를 전용한다. 하반월에는 丙火를 용(用)하고 甲木으로 보좌한다. 丑월 壬水에 丙火가 없으면 가난한 선비이다.

丑월 壬水에 丙火가 있어서 해동(解凍)하면 명리쌍전(名利雙全)이다. 丙火가 투(透)하고 甲木이 출(出)하면 과갑(科甲)이지만 이때는 壬水가 없으면 좋다. 壬水는 丙火를 극하기 때문이다. 丙火가 힘이 있을 때는 壬水와의 관계가 좋지만 丑월에는 丙火가 힘이 없으니 壬水가 부담스럽다.

丑월 壬水의 사주에 壬水가 많을 때는 戊土가 투(透)하여 제(制)해 주면 의금(衣衿)은 있다. 丁火가 시간(時干)에 출(出)하여 丁壬합이 되면 목기(木氣)가 발생되니 부귀(富貴)하다. 또는 월간(月干)에 丁火가 있고 癸水가 없어도 부귀(富貴)하다.

丑월 壬水의 지지에 금국(金局)이 있고 丙丁火를 보지 않으면 금한수동(金寒水凍)이 되어 고빈(孤貧)하니 이때는 火를 보아야 귀해진다. 丙火가 투(透)하면 좋지만 辛金을 만나면 합(合)이 되어 수기(水氣)가 발생하니 좋지 않게 된다. 辛金이 투(透)할 때는 丙火 대신 丁火를 보면 길(吉)하다.

丑월 壬水는 먼저 丙火를 취하고 丁火와 甲木으로 보좌한다. 火를 쓰는 경우에는 木이 처가 되고, 火가 자식이 된다.

丑월 壬水의 사주에 水가 왕(旺)할 때 戊土 제방(堤防)이 있으면 지혜가 있지만, 水土가 혼잡되면 어리석고 완고하다. 서(書)에, "壬癸水는 운로(運路)가 남쪽으로 가면 건강하고 부귀(富貴)를 도모할 수 있지만, 수목상관(水木傷官)은 火土인 재관(財官)을 모두 만나야 기쁘다."라고 하는 말이 있다.

時	日	月	年
戊	壬	辛	丙
申	午	丑	戌

- 丙火가 투(透)하고 丁火는 지장간(支藏干)에 있다.
- 丙辛합과 丑戌형, 丑午원진과 귀문도 있다.
- 왕효뢰(王曉籟)의 사주로 자식이 삼십여 명이었다고 한다.
- 자식성인 관(官)이 많다고 무조건 자식이 많은 것은 아니다.
- 특이한 현상이니 예로 들었을 뿐이다.
- 『자평진전평주』에 나오는 사주이다.

삼동三冬 임수壬水

삼춘(三春) 癸水

寅월 癸水

寅월 癸水는 그 성질이 유(柔)하여 辛金으로 돕고, 그 다음으로 丙火를 차용하여 따뜻하게 하면 음양화합이 되어 만물이 발생한다. 그래서 寅월 癸水에 辛金과 丙火가 양투(兩透)하면 과거급제의 명단인 금방(金榜)에 이름을 올린다. 만일 지지에 화국(火局)이 있어 辛金을 상(傷)하게 할 때는 壬水가 출간(出干)하여 구제하면 부귀(富貴)하지만 壬水가 없으면 빈궁(貧窮)하다.

寅월 癸水에 丙火가 천간에 출간(出干)하고 辛金이 酉丑의 지장간(支藏干)에 있으면 의금(衣衿)은 있고, 辛金이 투(透)하고 丙火가 암장(暗藏)되면 은영(恩榮)이 있다. 그러나 丙火와 辛金이 모두 없으면 빈한(貧寒)하다.

寅월 癸水에 戊土가 월간(月干)에 투(透)하고 辰시일 때 비겁은 없고 丙丁火가 출간(出干)하면 화격(化格)이 되어 부귀(富貴)하지만 형충(刑沖)이 있으면 평범하다.

寅월 癸水의 지지가 수국(水局)이 되고 丙火가 투(透)했을 때는 丙火를 훼손하는 癸水가 없어야 의록(衣祿)이 있다. 지지에 수국(水局)이 있을 때 丙火가 중중(重重)해도 귀(貴)를 이룬다.

寅월 癸水는 辛金이 우선이고 庚金은 차선이며 丙火가 적어서도 안된다. 만일 庚辛金이 없으면 丙火가 있어도 쓸모없는 사람이다. 寅월 癸水에 火土가 많으면 잔질(殘疾)을 면치 못한다.

時	日	月	年
丁	癸	壬	壬
巳	卯	寅	寅

- 辛金은 없고 丙火는 지장간(支藏干)에 있다.
- 년월주의 壬寅에서 壬水가 木을 억누른다.
- 壬水가 먹구름처럼 너무 어둡고 곧 폭우로 변하기 때문이다.
- 壬水는 고인물이고, 癸水는 빗물이나 계곡물처럼 흐르는 물이다.
- 저수지, 호수, 바가지 물은 壬水이다.
- 壬水는 土로 더럽혀지는 것을 꺼린다.
- 癸水는 경쾌하고 壬水와는 다르게 상큼한 맛이 있다.

437

時	日	月	年
乙	癸	甲	癸
卯	巳	寅	卯

- 辛金은 없고 丙火는 지장간(支藏干)에 있다.
- 뿌리없이 떠 있는 천간은 힘이 없다.
- 힘이 약할 때는 강한 세력에 복종하는 것이 좋다.
- 종격(從格)에서는 강한 세력에 대드는 운(運)이 나쁘다.
- 癸丑대운 17세 己未년에 요사(夭死)하였다.

卯월 癸水

卯월 癸水는 乙木이 원신(元神)인 癸水를 설기(洩氣)하니 오직 庚金을 용신으로 삼고 辛金을 차용한다. 만일 庚辛金이 함께 투(透)하고 이를 훼손하는 丁火가 출간(出干)하지 않으면 과거에 급제하고, 庚辛金이 없으면 평범하다.

卯월 癸水에 庚金이 투(透)하고 辛金이 암장(暗藏)되면 벼슬에 봉해지고, 庚金이 암장(暗藏)되고 辛金이 투(透)해도 의금(衣衿)은 있다. 庚辛金이 모두 암장(暗藏)되면 부중취귀(富中取貴)하거나 혹은 도필(刀筆)로 이름을 날린다. 卯월 癸水에 庚辛金이 중(重)하고 丁火와 己土가 출간(出干)할 때도 역시 귀(貴)하다.

卯월 癸水가 지지에 목국(木局)을 이룰 때 월시(月時)에 또 木이 투간(透干)하면 癸水의 설기(洩氣)가 심해 빈곤하고 재난이 많다. 이때는 운(運)이 서쪽으로 가도 역시 쓸모가 없다. 지지 목국(木局)에 木이 투(透)하면 종아격(從兒格)인지 살핀다. 종아격이 아니고 단순히 木이 많을 때는 庚이 투(透)하여 木을 제(制)하면 부귀(富貴)하다.

時	日	月	年
癸	癸	癸	丁
丑	亥	卯	未

● 亥卯未 삼합이 있다.

● 식상의 기운이 강하니 관인(官印)이 약해진다.

● 관인(官印)이 약하면 벼슬길로 나가는 데 장애를 받는다고 생각했다.

● 그래서 고서(古書)에는 팔자에 관(官)이 없으면 허자(虛字)로라도 찾으려는 시도를 했다.

● 그러나 공직과 같은 큰 조직에는 비식재관인(比食財官印)이 모두 필요하다.

● 어느 조직에 있더라도 팔자에 맞는 역할을 맡으면 좋은 결과를 가져올 수 있다.

● 방백(方伯)의 벼슬을 하였다.

時	日	月	年
癸	癸	癸	丁
丑	卯	卯	亥

● 辛金은 丑에 암장(暗藏)되었다.

● 丁火가 출간(出干)하였다.

- 亥卯반합이 있어 식상이 강하다.
- 기획 등 새로운 일을 추진할 때 능력을 발휘할 것이다.
- 시랑(侍郞)의 벼슬을 하였다.

時	日	月	年
庚	癸	己	庚
申	酉	卯	子

- 庚金이 투(透)하였다.
- 子卯형과 卯酉충이 있다.
- 팔자에 형충(刑沖)이 있으면 삶의 굴곡이 크다.
- 잘 견뎌내면 큰 경쟁력을 가질 수 있다.
- 프로들의 삶에는 형충(刑沖)이 많다.
- 지위가 재상에 해당하는 각로(閣老)에 이르렀다.

時	日	月	年
甲	癸	癸	丁
寅	卯	卯	亥

- 亥卯반합에 甲木이 투출(透出)하여 종아격(從兒格)이다.
- 종아격(從兒格)은 식상에 종(從)하는 팔자이다.
- 강한 자에게는 복종하는 것이 좋다.
- 심로분(沈路分)의 사주이다.

時	日	月	年
甲	癸	癸	乙
寅	卯	卯	未

- 卯未반합에 甲乙木이 투출(透出)하여 종아격(從兒格)이다.
- 월간에 비견이 있지만 뿌리없이 떠 있는 천간은 약하다.
- 십이절도사(十二節度使)의 사주이다.

時	日	月	年
丙	癸	丁	甲
辰	丑	卯	午

- 卯월의 癸水 일간(日干)이니 식신격(食神格)이다.
- 상관(傷官) 甲木이 월지에 뿌리를 두고 천간에 투출(透出)해 상관격(傷官格)으로 변했다.
- 丙丁火 재성도 년지에 뿌리를 두고 강하다.
- 식상과 재(財)를 이용하면 좋은 팔자이다.
- 식상생재(食傷生財)는 일을 하여 그 결과를 얻는다는 의미이다.
- 재성이 돈만을 의미하는 것은 아니다.
- 공지현(孔知縣)의 사주이다.

時	日	月	年
己	癸	辛	辛
未	酉	卯	卯

- 庚金은 암장되고 辛金은 투(透)하였다.

삼춘三春 계수癸水

- 년월주의 辛卯는 辛金이 卯木을 누르고 있는 모습이다.
- 천간은 지지를 통제할 수 있으나 지지는 천간을 통제하기 힘들다.
- 하늘과 땅의 이치를 나타낸 것이 천간과 지지이다.
- 상국공(常國公)의 사주이다.

辰월 癸水

辰월은 봄에서 여름으로 넘어가는 때로 전반과 후반이 다르니 청명과 곡우로 나눈다. 辰월 초반에는 火기운이 치열하지 않으니 辰월 癸水는 丙火를 써서 음양(陰陽)의 조화를 이루게 한다. 곡우 후에는 丙火를 용(用)해도 辛金과 甲木으로 보좌해야 한다. 丙火를 쓰면 木이 처가 되고, 火가 자식이 된다.

時	日	月	年
丙	癸	壬	辛
辰	未	辰	卯

- 辰월 전반부에 태어났다면 丙火를 쓰니 현달(顯達)한다.
- 곡우 이후에 태어났다면 반드시 辛金과 癸水가 손상되지 않아야 좋다.
- 물론 丙火도 적어서는 안 된다.

辰월 癸水는 辰이 있어 종화(從化)가 되는 경우가 많다. 화격(化格)이 되면 봉록(俸祿)이 있지만, 화격(化格)이 안 되면 평범하다.

辰월 癸水의 지지에 수국(水局)이 있을 때 己土와 丙火가 출간(出干)하고 甲木이 없으면 가살위권(假殺僞權)으로 귀격(貴格)이다. 가살위권이 되려면 丙火가 있고 甲木이 없어야 한다. 癸水는 戊土를 보면 쉽게 합(合)이 되니 己土가 좋다.

辰월 癸水의 지지에 사고(四庫)가 있고 甲木이 투(透)하면 현달(顯達)하고 이름을 날리지만, 甲木이 없으면 승도(僧徒)의 명(命)이다.

辰월 癸水의 지지에 목국(木局)이 있을 때 金이 없으면 총명박학(聰明博學)하고 의록(衣祿)이 넉넉하다.

辰월 癸水는 辛金과 甲木을 모두 참작한다. 물론 丙火도 없어서는 안 된다. 하반월에는 辛金을 쓰니 土가 처가 되고, 金이 자식이 된다.

時	日	月	年
辛	癸	甲	丁
酉	亥	辰	酉

● 辛金이 득소하고 丙火는 없다.

● 천간은 마음의 흐름이고 지지는 살아가는 환경의 변화이다.

● 팔자의 분석은 년월일시 순서로 풀어간다.

● 즉, 시간의 흐름에 따라 년주, 월주, 일주, 시주를 기준으로 격국과 강약을 정한다.

● 변하지 않는 것은 없으니 격국도, 강약도 항상 변한다.

● 임금의 총애를 받는 행인(倖人)이 되었다.

時	日	月	年
甲	癸	壬	丙
寅	巳	辰	寅

● 같은 사주라도 상반월에 태어난 사람은 벼슬이 총병(總兵)에 이르렀다.

● 같은 사주를 가진 하반월에 태어난 사람은 무과(武科)에 급제하였다.

● 辰戌丑未에 태어난 팔자는 전반부와 후반부의 팔자가 다를 수 있다.

● 팔자는 유전적 요소이지만 환경에 의해서도 영향을 받는다.

● 유전적 속성은 팔자로 알 수 있지만 환경의 변화는 팔자에 드러나지 않는다.

● 그래서 동일 사주라고 같은 삶을 사는 것이 아니다.

時	日	月	年
辛	癸	丙	戊
酉	丑	辰	午

● 辰월의 후반부에 태어났다.

● 천간의 변화로 어릴 때의 생각과 성인이 되었을 때의 생각이 다를 수 있다.

● 지지의 변화에 따라 살아가는 환경이 변할 수 있다.

● 더 강한 힘의 작용으로 팔자와 다른 삶을 살기도 한다.

● 주변의 환경 때문에 하고 싶은 일을 못하는 경우도 많다.

● 위 사주는 문무(文武)를 겸한 출장입상(出將入相)한 사주이다.

時	日	月	年
丙	癸	壬	丙
辰	丑	辰	寅

- 재(財)가 살(殺)을 돕고 있지만 가살위권(假殺僞權)이 되었다.
- 칠살이 정관으로 변해 좋은 작용을 했다는 의미이다.
- 임금의 사위인 부마(駙馬)가 되었다.

삼춘三春 계수癸水

巳(三夏) 癸水

巳월 癸水

巳월 癸水는 미약하니 辛金을 용신으로 하고, 辛金이 없으면 차선으로 庚金을 쓴다. 巳월 癸水는 약하므로 인비(印比)가 도우면 좋다. 辛金을 해치는 丁火가 없고 壬水가 투(透)하면 과거에 급제하여 영화롭고 귀한 존재가 되어 명성(名聲)이 사해(四海)에 뻗친다. 丁火가 있어 辛金을 파(破)하면 송곳 하나 꽂을 땅이 없을 정도로 몹시 가난하지만, 壬水가 있으면 丁火를 합(合)하니 그렇지 않다.

巳월 癸水에 辛金이 암장(暗藏)되고 丁火가 없으면 공감(貢監)을 하고 의금(衣衿)은 있다.

巳월 癸水에 많은 火土가 있고 辛金이 결핍되면 己土와 庚金이 있어도 水를 생(生)하는 것이 불가하다. 火가 강할 때 庚金은 무용(無用)

하기 때문이다. 또 비겁인 水가 없으면 癸水가 타고 메마르니 눈[眼]에 손상이 올 수 있다. 이때 庚金과 壬水가 양투(兩透)하면 火土를 설(洩)하고 제(制)하니 겁인화진(劫印化晉)이 되어 극귀한 명조(命造)가 된다.

천간에 丁火가 있으면 庚金을 파(破)하고 壬水를 합하니 丁火는 없어야 한다. 겁인화진(劫印化晉)의 진(晉)은 주역의 화지진(火地晉)이라는 괘명(卦名)에서 나온 말인데, 겁인(劫印)으로 火土를 교화(敎化)한다는 의미를 담고 있다.

巳월 癸水에 庚金은 있고 壬水가 없더라도 丁火가 庚金을 파(破)하지 않으면 유림(儒林)에 들어간다. 辛金 대신에 庚金이 있으면 이로(異路)로 공명(功名)을 이룬다.

巳월 癸水는 결론적으로 辛金을 전용하는 것이 좋다.

時	日	月	年
辛	癸	辛	庚
酉	酉	巳	子

- 辛金과 庚金이 투(透)하였다.
- 巳酉반합 등 金의 기운이 강하다.
- 팔자가 온통 金水이니 종강격으로 볼 수 있다.
- 명나라 성조 영락제의 사주이다.

時	日	月	年
壬	癸	癸	丙
戌	未	巳	寅

447

- 辛金은 암장되고 壬水가 투(透)하였다.
- 寅巳형과 戌未형이 있다.
- 월지 巳에서 丙火가 투(透)하여 재격(財格)이다.
- 임상서(林尙書)의 사주이다.

時	日	月	年
辛	癸	乙	壬
酉	巳	巳	辰

- 辛金과 壬水가 투(透)하였다.
- 월지 巳에서 辛金이 투(透)하여 편인격이다.
- 巳酉반합도 있어 편인의 기운이 강하다.
- 평강백(平江伯)의 팔자이다.

時	日	月	年
辛	癸	己	甲
酉	酉	巳	辰

- 辛金이 투(透)하였다.
- 일간 기준 좌우에 편관과 편인이 투(透)하였다.
- 巳酉반합도 있어 편인이 강하니 편인격이다.
- 지방장관인 방백(方伯)이 되었다.

時	日	月	年
癸	癸	己	甲
亥	酉	巳	辰

- 辛金과 壬水가 암장(暗藏)되었다.
- 월지에서 己土가 투(透)하여 편관격이다.
- 甲己합이 있어 己土는 힘이 약해졌다.
- 巳酉반합이 강하니 인수격이라고 한다.
- 『자평진전』식 격국 분석이다.
- 격국은 팔자에서 가장 강한 세력을 말한다.
- 상서(尙書)의 벼슬을 하였다.

午월 癸水

午월의 水는 지극히 약하고 근원이 없으니 午월 癸水는 庚辛金이 도우면 좋겠지만, 午월 癸水가 강하여 金이 火를 대적하기 힘드니 庚辛金이 癸水를 자양할 수 없다. 그래서 비겁인 壬水가 있어야 비로소 辛金을 용(用)할 수 있으니, 午월 癸水는 庚辛壬을 참작하여 병용(竝用)함이 마땅하다.

午월 癸水에 庚辛金이 투간(透干)하고 또 壬癸水를 보면 명가(名家)를 이룬다. 金이 투(透)하고 지지에 申子辰을 보면 역시 과거급제 명단인 금방(金榜)에 이름을 올린다. 또 두 개의 壬水와 하나의 庚金이 동시에 투(透)하면 비단옷을 입고 금띠를 두른다.

삼하三夏 계수癸水

午월 癸水에 水가 출간(出干)하지 않고 지지에만 하나의 水가 있으면 비록 庚辛金이 있더라도 부(富)한 명조일 뿐이고 귀(貴)하지는 않다. 서(書)에, "水의 원천인 金이 하월(夏月)에 모이면 부(富)는 중(重)하지만 귀(貴)는 경(輕)하다."는 말이 있다. 또 이르기를, "金水가 여름 천간에 모이면 부귀(富貴)가 무궁하고 이때 운(運)이 火土의 지지로 가면 신선(神仙)과 같은 쾌락이 있다."라고 하였다.

午월 癸水의 지지가 화국(火局)을 이루고 壬水가 출간(出干)하지 않으면 승도(僧徒)가 된다.

午월 癸水에 많은 己土가 있을 때 甲木이 출(出)하지 않으면 종살(從殺)이 되어 대부귀(大富貴)하다. 종살격(從殺格)은 형충(刑沖) 등으로 훼손되지 않아야 길(吉)하다.

時	日	月	年
戊	癸	丙	壬
午	亥	午	申

● 壬水는 투(透)하고 庚金은 암장(暗藏)되었다.
● 월주에 재성이 강하다.
● 재기통문호(財氣通門戶)라고 한다.
● 『적천수』에 나오는 중국의 재벌 사주이다.

時	日	月	年
壬	癸	丙	壬
戌	亥	午	子

- 壬水가 투(透)하고 辛金은 암장(暗藏)되었다.
- 월주에 재(財)가 강한 재기통문호(財氣通門戶)의 사주이다.
- 은행원으로 시작하여 말년 은행장으로 승진하였다.

未월 癸水

未월은 여름에서 가을로 가는 때이니 상반월은 庚辛金이 휴수(休囚)하고, 하반기에는 庚辛金이 유기(有氣)하다.

未월 癸水도 약하니 庚辛金을 전용한다. 상반월에는 午월처럼 화기(火氣)가 염열(炎熱)하니 비겁으로 일간을 도와야 부귀(富貴)를 말할 수 있다. 하반월에는 庚辛金이 유기(有氣)하니 비겁이 없어도 인성에 의지할 수 있는데 이때는 丁火가 투(透)하는 것을 꺼린다. 지지에 있는 丁火도 불길(不吉)하게 여기는데 午월의 쓰임과 비슷하다.

時	日	月	年
庚	癸	癸	乙
申	未	未	酉

- 未월 후반부에 태어나고 庚金이 득지(得地)하였다.
- 未월의 癸水는 칠살격이다.
- 월지 未에서 乙木이 투(透)하여 식신격으로 변했다.
- 칠살격이 식신격으로 변하니 격(格)이 변해 좋아졌다고 말한다.
- 재보(宰輔, 재상)의 팔자이다.

時	日	月	年
庚	癸	癸	己
申	未	未	酉

● 庚金과 癸水가 투(透)하였다.

● 未월에 己土가 투(透)하여 칠살격이다.

● 앞의 사주와 년주만 다르다.

● 甲木 상관이 오면 월일지의 未土가 모두 묘지로 불러들일 것이다.

● 조승상의 사주이다.

時	日	月	年
丙	癸	辛	己
辰	未	未	未

● 辛金이 투(透)하고 癸水는 지장간(支藏干)에 있다.

● 역시 未월에 己土가 투(透)하여 칠살격이다.

● 甲木 상관은 운(運)에서 오더라도 未에 입묘된다.

● 지주(知州)가 되었다.

時	日	月	年
甲	癸	癸	乙
寅	亥	未	未

● 亥未가 있으니 卯운이 올 때 많은 변화가 생길 것이다.

● 삼합이나 방합은 천간에 투(透)한 글자를 능가하는 힘이 있기 때문이다.

●절도사의 명(命)이다.

時	日	月	年
己	癸	己	戊
未	巳	未	申

●庚金과 壬水가 지장간(支藏干)에 있다.

●관살(官殺)인 土의 글자가 많다.

●팔자에 관살(官殺)이 많으면 관살(官殺)의 환경에 놓여 있다는 의미
 이다.

●상대방도 긴장하고 나도 긴장한다.

●1천 500억대의 부자가 되었다.

삼하三夏 계수癸水

심추(三秋) 癸水

申월 癸水

申월 癸水는 모왕자상(母旺子相)하는 때이다. 申월에는 庚金이 사령(司令)하여 강예(剛銳)함이 극(極)에 이르니 丁火를 용신으로 삼는다. 丁火가 투(透)하고 丁火를 돕는 甲木이 있으면 불꽃이 있는 불이 되니 과거에 급제한다. 丁火는 투(透)했는데 甲木이 없고 壬癸水도 없을 때는 한두 개의 庚金만 있어도 생감(生監)은 한다. 두 개의 丁火가 있으면 더욱 묘(妙)하게 되고, 金이 많을 때 丁火의 제(制)함이 결핍되면 빈곤한 사람이다.

申월 癸水에 하나의 丁火가 지지 午火에 통근하고 있으면 독재격(獨財格)이라고 하여 금은보석이 집안에 가득하여 부(富)한 가운데 귀(貴)를 취한다. 독재격(獨財格)은 甲木없이 丁火만 午火 속에 홀로 있는 것을 말한다. 만일 午가 아닌 未나 戌 중에 丁火가 있을 때는 평상인이다.

　사주에 두 개의 戌이나 두 개의 未를 보고, 또 丙丁火가 암장(暗藏)되었을 때 甲木이 천간에 투출(透出)하고 水가 없으면 역시 부귀(富貴)하다.

時	日	月	年
甲	癸	戊	丁
寅	卯	申	酉

- 丁火와 甲木이 모두 투출(透出)하였다.
- 상서(尙書)의 지위에 올랐다.
- 높은 관직에 있다고 무조건 재관(財官)이 있는 것은 아니다.
- 또 같은 관직이라도 하는 일은 다를 수 있다.
- 癸水가 식상으로 흘러 자기의 능력을 마음껏 발휘하였다.
- 申 중의 壬水와 寅 중의 丙火는 장생으로 강하니 꼭 통변에 활용한다.

時	日	月	年
乙	癸	庚	戊
卯	未	申	午

- 卯未 목국(木局)이 있고 丁火는 암장(暗藏)되었다.
- 부귀(富貴)했으며 수복(壽福)을 누렸다.
- 그러나 자식은 귀했다.
- 자식성인 일지 未土는 卯未합으로 木으로 변했다.
- 자식궁인 시지에는 식신이 위치하여 관(官)을 극하고 있다.

時	日	月	年
辛	癸	丙	辛
酉	酉	申	酉

- 丁火와 甲木이 모두 없다.
- 丙辛합이 있고 金의 글자가 여섯 개이다.
- 인성이 강하면 식재(食財)가 약해지니 답답한 면이 있다.
- 가난한 승려가 되었다.

時	日	月	年
乙	癸	庚	戊
卯	亥	申	午

- 丁火와 甲木이 모두 암장(暗藏)되었다.
- 수복(壽福)이 두터웠으나 귀(貴)는 없었다.
- 천간과 지지가 모두 오행 순서대로 변한다.
- 특히 일주의 癸亥가 시주의 乙卯 식신으로 흘러 순조롭다.
- 만금(萬金)을 모았다.

<坤命>

時	日	月	年
乙	癸	戊	丁
卯	丑	申	巳

- 丁火는 투(透)하고 甲木은 암장(暗藏)되었다.
- 월간 戊土 정관의 뿌리가 강하다.

- 『자평진전』에서는 월지 申金에서 戊土가 투(透)해 정관격이라고 한다.
- 일간은 정관과 戊癸합이 되어 유정(有情)하다.
- 재상의 부인이고, 자식도 대귀(大貴)했다.

酉월 癸水

酉월은 辛金이 맑고 예리하여 酉월 癸水는 금백수청(金白水淸)하다. 酉월 癸水는 辛金을 용신으로 삼고 丙火로 보좌하면 금온수난(金溫水暖)하게 된다. 辛金과 丙火가 붙어 있으면 합(合)이 되니 떨어져 투(透)하면 과거에 합격하여 공명(功名)을 이룬다.

酉월 癸水에 丙火가 투(透)하고 辛金이 암장(暗藏)되면 과거에 급제할 수 있고, 만일 土가 많아 水를 극(剋)하면 상업(商業)에 종사하는 중인(中人)이다.

酉월 癸水는 丙火와 辛金을 모두 용(用)한다.

時	日	月	年
丙	癸	乙	庚
辰	亥	酉	寅

- 丙火는 투(透)하고 辛金은 암장(暗藏)되었다.
- 명리 고전들은 명리의 체(體)의 영역을 다루고 있다.
- 용(用)의 영역인 형충파해나 신살 등은 거의 다루지 않는다.
- 酉월의 癸水에 庚金이 투(透)하여 인수격이다.

- 그러나 乙庚합이 되니 다시 편인격으로 본다.
- 우감부(牛監簿)의 사주이다.

時	日	月	年
庚	癸	癸	己
申	未	酉	巳

- 丙火와 辛金이 모두 암장(暗藏)되었다.
- 庚金은 뿌리를 두고 강하게 투(透)하였다.
- 酉월의 癸水에 庚金이 투(透)하여 인수격이다.
- 『자평진전』에서는 사흉신이 사길신으로 변하면 격(格)이 좋아졌다고 말한다.
- 모장원(茅狀元)의 사주이다.

時	日	月	年
庚	癸	乙	庚
申	卯	酉	辰

- 辛金은 암장되고 丙火는 운(運)에서 기다려야 한다.
- 辰酉합과 卯酉충이 있다.
- 체(體)의 영역인 팔자원국에서는 합(合)은 충(沖)을 푼다.
- 그러나 용(用)의 영역인 세운 등에서는 합(合)과 충(沖) 모두 일어난다.
- 행정원장 공상희의 사주이다.

時	日	月	年
癸	癸	丁	辛
亥	巳	酉	酉

- 辛金이 투(透)하고 丙火는 암장(暗藏)되었다.
- 巳酉반합 등 金의 기운이 강하다.
- 강한 金은 丁火로 제련되면 좋다.
- 수복(壽福)을 누렸다.

戌월 癸水

戌월 癸亥는 戊土가 사권(司權)하여 극제(剋制)가 태과(太過)하니 辛金을 발수(發水)의 근원으로 삼아야 한다. 또 癸水로 자양된 甲木으로 戊土를 제(制)하면 좋다. 癸水는 戊土로 제(制)하면 안 된다. 戊土가 있으면 甲木으로 극제(剋制)해야 하지만 戌월에는 甲木도 약하니 癸水로 甲木을 자윤(滋潤)하면 戊土를 제(制)할 수 있다.

戌월 癸亥는 辛金과 甲木이 양투(兩透)하고 지지에 子 중 癸水를 보면 평보(平步)로 입신출세하고, 혹 癸水와 甲木이 양투(兩透)하면 부귀(富貴)하고 이름을 날린다.

戌월 癸亥에 甲木과 辛金이 있으면 癸水가 없어도 벼슬에 나가는 은봉(恩封)은 있다. 甲木과 癸水가 있고 辛金이 없으면 부(富)는 크나 귀(貴)는 작다. 또 甲木이 있고 癸水와 辛金이 없으면 평상인이다. 戌월 癸水에 甲木과 辛金이 모두 없으면 빈천하고, 甲木과 壬水가 동시에 있으면 의금(衣衿)은 있다.

戌월 癸亥는 辛金과 甲木을 병용한다.

時	日	月	年
丙	癸	丙	乙
辰	酉	戌	卯

● 癸水와 甲木이 지장간(支藏干)에 있다.

● 卯戌합과 辰酉합이 있다.

● 합(合)이 많은 사람은 정(情)이 많다.

● 문신(文臣)으로 이름을 날린 서동해(徐東海)의 사주이다.

時	日	月	年
甲	癸	丙	癸
寅	卯	戌	亥

● 癸水와 甲木이 투(透)하였다.

● 월주는 일주를 준비하는 청년기이므로 잘 살펴야 한다.

● 월간 丙火 기준으로 일간 癸水는 정관이다.

● 정관을 지향한다는 의미이다.

● 총독(總督)을 하였다.

時	日	月	年
癸	癸	庚	壬
亥	丑	戌	辰

●甲木과 辛金이 지장간(支藏干)에 있다.

●辰戌충과 丑戌형이 있다.

●형충(刑沖)으로 개고(開庫)된 지장간은 천간의 글자를 모두 합거(合去)한다.

●노복(奴僕)이 되었다.

時	日	月	年
甲	癸	甲	甲
寅	卯	戌	戌

●甲木이 투(透)하고 辛金은 지장간(支藏干)에 있다.

●卯戌합이 있다.

●천간이든 지지든 합이 되면 고유의 속성이 약화된다.

●합이 되면 자기 일보다 주변 사람의 일에 관심이 많다.

●시랑(侍郎)이 되었다.

461

산동(三冬) 癸水

亥월 癸水

亥월 癸水는 亥 중 甲木이 水의 기운을 설기(洩氣)하기 때문에 약해 지니 庚辛金을 용(用)하면 좋다. 그래서 亥월 癸水는 庚辛金이 양투(兩透)하고 이를 해치는 丁火가 없으면 공명(功名)이 있다.

亥월 癸水의 지지에 목국(木局)이 있을 때 丁火가 출간(出干)하면 왕(旺)해진 火가 庚辛金을 제압하여 金이 일간을 생(生)하지 못하니 청(淸)하지만 빈한(貧寒)하다. 지지에 목국(木局)이 있을 때 천간에 丙丁火가 모두 있으면 이로(異路)로 영화(榮華)가 있다.

亥월 癸水에 많은 壬水가 있고 戊土가 제(制)하지 못하면 늙도록 애쓰고 고생한다. 이때 만일 戊土가 투(透)하여 많은 壬水를 제(制)하면 청귀(淸貴)하다. 戊土를 용신으로 쓸 때는 丙火로 보좌해야 한다. 己土

로는 왕(旺)한 水를 막기 어렵다.

亥월 癸水에 많은 庚辛金이 있을 때 丁火가 출현하여 제(制)하면 명리(名利)가 모두 온전하지만 만일 丁火가 없으면 매우 가난하다.

亥월 癸水에 火가 많다면 재다신약(財多身弱)으로 부옥빈인(富屋貧人)이다. 그러나 火가 많을 때 원국에 인비(印比)가 있어 일간을 도우면 부격(富格)을 이룰 수 있다.

時	日	月	年
癸	癸	癸	癸
亥	丑	亥	亥

- 천원일기격(天元一氣格)이다.
- 음(陰)의 글자로만 가득찬 사주이다.
- 음양(陰陽)의 조화를 잃었다.

時	日	月	年
壬	癸	辛	壬
子	亥	亥	申

- 庚金은 암장되고 辛金은 투(透)하였다.
- 종강격(從强格)의 사주이다.
- 진사(進士)가 되었다.

463

時	日	月	年
癸	癸	丁	庚
亥	卯	亥	子

- 庚金이 투(透)하였다.
- 강한 水기운이 식상으로 설기(洩氣)되고 있다.
- 대학사의 명(命)이다.

時	日	月	年
癸	癸	辛	丁
亥	亥	亥	丑

- 水가 강한 사주이다.
- 亥 중 甲木이 설기처이다.
- 丁火가 힘을 얻는 丁未, 丙午, 乙巳대운에 좋았다.
- 청나라 모 관찰사(觀察使)의 사주이다.

子월 癸水

子월 癸水는 빙동(氷凍)의 시기이니 丙火를 전용(專用)하여 해동(解凍)한다. 그리고 辛金으로 자양(滋養)하면 좋다. 丙火가 없고 辛金만 있으면 좋지 않다.

겨울철 癸水는 丙火가 투출(透出)하여 해동(解凍)해야 금온수난(金溫水暖)하여 金水가 서로 상생(相生)이 되니 자연스럽게 등과급제(登科

及第)하여 높은 관리가 된다.

子월 癸水에 많은 壬水가 있고 丙火가 없으면 빈곤한 선비가 되고, 많은 癸水가 있어도 丙火가 없으면 마찬가지로 고독하고 천하다.

子월 癸水의 지지에 수국(水局)이 있을 때 중(重)한 丙火가 출간(出干)하면 곤룡포를 입는 영화(榮華)가 있다.

子월 癸水의 지지에 금국(金局)이 있고 丙火가 없으면 짚신을 고쳐서 신어야 할 정도로 가난한 부류이다. 가령 辛년 丙월 癸일생인 경우에 또 火가 있으면 은영(恩榮)이 있고 지란(芝蘭)과 같은 자식을 두지만, 火가 없으면 재물을 헌납(獻納)하고 명예를 얻어 높은 지위까지 올라간다.

子월 癸水에 많은 戊己土가 있으면 살중신경(殺重身輕)이 되어 가난하지 않으면 요절(夭折)한다.

時	日	月	年
乙	癸	丙	甲
卯	亥	子	子

- 丙火가 투(透)하였다.
- 신왕(身旺)한 기운이 식상으로 흐른다.
- 팔자원국은 체(體)이고, 운(運)이 용(用)이다.
- 운(運)의 흐름을 보며 삶의 변화를 판단한다.
- 명리쌍전(名利雙全)했다는 사주이다.

삼동三冬 계수癸水

時	日	月	年
壬	癸	丙	甲
戌	卯	子	戌

- 丙火는 투(透)하고 辛金은 암장(暗藏)되었다.
- 해군총장 두석규의 사주이다.

時	日	月	年
壬	癸	丙	甲
辰	丑	子	子

- 丙火는 투(透)하고 辛金은 암장(暗藏)되었다.
- 장도통(張都統)의 사주이다.

丑월 癸水

丑월 癸水는 한기(寒氣)가 극(極)에 달하여 丙火로 해동(解凍)해야 한다. 丙火가 년(年)과 시(時)에 투(透)하고 壬水도 투(透)했을 때 지지에 戊土가 많으면 수보양광(水輔陽光)으로 이름을 세상에 날린다. 戊土가 없으면 이도(異途)로 직위가 있다.

丑월 癸水에 丙火가 있고 壬水가 없으면 책만 읽는 글방의 객(客)이다. 또한 壬水가 있고 丙火가 없을 때 戊土가 출간(出干)하면 남의 하인이 된다. 丑월에는 丙火가 힘이 있어야 유용하므로 득지(得地)하면 길(吉)하다.

丑월 癸水가 지지에 子丑을 보고 비견인 癸水가 출간(出干)하면 비록 丙火가 투(透)해도 해동(解凍)이 불가하니 평상인이다. 丙火를 쓸 때는 癸水는 없어야 한다. 만일 癸水는 없더라도 辛金이 있어 丙辛합이 되면 아름답지 못하다. 이때 丁火가 있어 辛金을 제(制)하면 길(吉)하다.

丑월 癸水에 癸水와 己土가 무리를 이루고 년간(年干)에 丁火가 투(透)하면 겨울철 어두운 밤에 찬란히 빛나는 등불인 설후등광(雪後燈光)이 된다. 이때는 밤에 태어나면 귀하지만 낮에 태어나면 귀하지 않다. 만일 丁火가 없다면 외롭고 가난하다.

丑월 癸水가 지지에 수국(水局)을 이루고 丙火가 없으면 사해(四海)를 집으로 삼고 떠돌아다니게 되니 일생 동안 노고(勞苦)가 따른다.

丑월 癸水가 지지에 화국(火局)을 이루고 庚辛金이 투(透)하면 의식(衣食)이 충족되지만 金이 출(出)하지 않으면 고달프고 의지할 곳 없다.

丑월 癸水가 지지에 금국(金局)을 이루고 丙火가 투(透)하여 득지(得地)하면 금온수난(金溫水暖)하여 金水가 상생하니 영화(榮華)가 크고 명성(名聲)을 날린다. 그러나 丙火가 결핍되면 문장은 뛰어나도 빛을 보지는 못한다.

丑월 癸水가 지지에서 목국(木局)을 보면 水의 설기(洩氣)가 심해 명주(命主)는 잔병(殘病)으로 신음한다. 이때 金이 출간(出干)해서 癸水를 돕고 木을 제(制)하면 기예(技藝)의 계층으로, 학업은 어려우나 자수성가(自手成家)하게 된다.

동월(冬月) 癸水는 丙火를 용(用)하니 丙火가 득지(得地)해야 좋고 그렇지 않으면 많은 丙火가 출간(出干)하더라도 부귀(富貴)하지 못하다. 丙火의 득지(得地)란 寅巳午에 통근(通根)한 것을 말한다.

時	日	月	年
乙	癸	丁	己
卯	丑	丑	卯

- 丙火 대신 丁火가 투(透)하였다.
- 壬水 대신 癸水가 지장간(支藏干)에 있다.
- 丑월에 己土가 투(透)하여 칠살격이다.
- 행정원장 담연개(譚延闓)의 사주이다.

時	日	月	年
丙	癸	己	庚
辰	酉	丑	午

- 丙火가 투(透)하였다.
- 壬水 대신 癸水가 지장간(支藏干)에 있다.
- 월주에 칠살의 기운이 강하다.
- 전두환(全斗煥) 전 대통령의 사주라고 한다.

窮通寶鑑

五行總論
오행 총론

五行者, 本乎天地之間而不窮者也, 故謂之行.

北方陰極而生寒, 寒生水. 南方陽極而生熱, 熱生火.

東方陽散以泄而生風, 風生木.

西方陰止以收而生燥, 燥生金. 中央陰陽交而生溫, 溫生土.

其相生也所以相維, 其相剋也所以相制, 此之謂有倫.

火爲太陽, 性炎上. 水爲太陰, 性潤下. 木爲少陽, 性騰上而無所止.

金爲少陰, 性沈下而有所止.

土無常性, 視四時所乘, 欲使相濟得所, 勿令太過弗及.

夫五行之性, 各致其用.

水者其性智, 火者其性禮, 木其性仁, 金其性義, 惟土主信, 重寬厚博,

無所不容 ; 以之水, 卽水附之而行 ; 以之木, 則木托之而生 ; 金不得土,

則無自出 ; 火不得土, 則無自歸.

必損實以爲通, 致虛以爲明, 故五行皆賴土也.

推其形色, 則水黑 · 火赤 · 木青 · 土黃, 此正色也. 及其變易, 則不然.

常以生旺從正色, 死絶從母色, 成形冠帶從妻色, 病敗從鬼色, 旺墓從子色.

其數則水一 · 火二 · 木三 · 金四 · 土五. 生旺加倍, 死絶減半.

以義推之, 夫萬物負陰而抱陽, 沖氣以和. 過與不及, 皆爲乖道.

故高者抑之使平, 下者擧之使崇, 或益其不及, 或損其太過.

所以貴在折衷, 歸於中道, 使無有餘不足之累,

卽才官印食貴人驛馬之微意也.

行運亦如之, 識其微意, 則於命理之說, 思過半矣.

論木
논목

木性騰上而無所止, 氣重則欲金任使. 木有金則有爲高爲斂之德.

仍愛土重, 則根蟠深固, 土少則有枝茂根危之患. 木賴水生, 少則滋潤, 多則漂流.

甲戌·乙亥·木之源. 甲寅·乙卯, 木之鄉. 甲辰·乙巳, 木之生. 皆活木也.

甲申·乙酉, 木受克. 甲午·乙未, 木自死. 甲子·乙丑, 金克木. 皆死木也.

生木得火而秀, 丙丁相同 ; 死木得金而造, 庚辛必利.

生木見金自傷, 死木得火自焚. 無風自止, 其勢亂也. 遇水返化其源, 其勢盡也.

金木相等, 格謂斷輪. 若向秋生, 反爲傷斧, 是秋生忌金重也. 陰木重火, 舌辯能言.

生於春月, 餘寒猶有. 喜火溫煖, 別無盤屈之拘. 藉水資扶, 而有舒暢之美.

春初爲宜水盛, 陰濃則根損枝枯. 春末陽氣煩燥, 無水則葉蔫根幹, 是以水火二物旣濟方佳.

土多而損力, 土薄則財豐. 忌逢金重, 傷殘克伐, 一生不閑.

設使木旺, 得金爲良, 終身獲福.

夏月之木, 根幹葉燥, 盤而且直, 曲而已伸. 欲其水盛, 而成滋潤之力, 誠不可少.

忌其火旺, 而招焚化之憂, 故獨爲凶. 喜土在薄, 不宜重厚, 厚則反爲災咎.

惡金在多, 不可欠缺, 缺則不能琢削. 重重見木, 徒以成林. 疊疊逢華, 終無結果.

秋月之木, 氣漸凄涼, 形漸凋敗. 初秋之時, 火氣未除, 猶喜水土以相滋.

中秋之令, 果已成實, 欲得剛金而修削. 霜降後不宜水盛, 水盛則木漂.

寒露節又喜火炎, 火炎則木實. 木多有多材之美, 土厚無己任之才.

冬月之木, 盤曲在地. 欲土金而培養, 惡水盛而亡形.

金縱多不能克伐, 火重見溫燠成功. 歸根複命之時, 木病安能輔助. 惟忌死絶, 只宜生旺.

【甲木喜用提要】

寅月 : 調合氣候爲要, 丙火爲主, 癸水爲佐.

卯月 : 陽刃駕殺, 專用庚金, 以戊己滋殺爲佐. 無庚, 用丙丁泄秀, 不取制殺.

辰月 : 用金必須丁火制之, 爲傷官制殺. 無庚用壬.

巳月 : 調合氣候, 癸水爲主. 原局氣潤, 庚丁爲用.

午月 : 木性虛焦, 癸爲主要. 無癸用丁, 亦宜運行北地.

未月 : 上半月同五月用癸, 下半月用庚丁.

申月 : 先用庚, 再取丁, 爲傷官制殺, 無丁用壬, 富而不貴.

酉月 : 用丁制殺, 用丙調候, 丁丙竝用爲佐.

戌月 : 土旺者用甲木, 木旺者用庚金, 丁壬癸爲佐.

亥月 : 用庚金, 取丁火制之, 丙火調候. 水旺用戊.

子月 : 木性生寒, 丁先庚後, 丙火爲佐, 必須支見巳寅, 方爲貴格.

丑月 : 丁火必不可少, 通根巳寅, 甲木爲助, 用庚劈甲引丁.

春月之木, 漸有生長之象. 初春猶有餘寒, 當以火溫暖, 則有舒暢之美.

水多變克, 有損精神. 重見生旺, 必用庚金砍伐, 可成棟梁.

春末陽壯水渴, 藉水資扶, 則花繁葉茂.

初春無火, 增之以水, 則陰濃氣弱, 根損枝枯, 不能華秀.

春末失水, 增之以火, 則陽氣太盛, 燥渴相加, 枝葉乾枯, 亦不華秀.

是以水火二物, 要得時相濟爲美.

正月甲木

初春尚有餘寒, 得丙癸透, 富貴雙全.

癸藏丙透, 名"寒木向陽", 主大富貴. 倘風水不及, 亦不失儒林俊秀.

如無丙癸, 平常人也.

或無庚金, 有丁透, 亦屬文星, 爲木火通明之象, 又名"傷官生財格", 主聰明雅秀.

一見癸水傷丁, 但作厚道迂腐.

或柱中多癸, 滋助木神, 傷滅丁火, 其人奸雄梟險, 曹操之徒, 言清行濁, 笑裏藏刀.

若庚申·戊寅·甲寅·丙寅, 一行金水, 發進士 ; 或甲午日·庚午時, 其人必貴.

但要運相催, 不宜制了庚丁, 此又不吉, 號曰"木被金傷". 若無丙丁破金, 必主殘疾.

或支成火局, 泄露太過, 定主愚儒. 有啾唧災病纏身, 終有暗疾.

支成木局, 得庚爲貴, 無庚必凶. 若非僧道, 男主鰥孤, 女主寡獨.

支成水局, 戊透成貴, 如無戊制, 不但貧賤, 且死無棺木.

故書曰：甲木若無根, 全賴申子辰. 幹得財殺透, 平步上青雲.

凡三春甲木, 用庚者, 土爲妻, 金爲子. 用丁者, 爲妻, 火爲子.

總之正二月甲木, 有庚戊者上命, 如有丁透, 大富大貴之命也.

二月甲木

庚金得所, 名"羊刃架殺", 可雲小貴. 異途顯達, 亦主武職, 但要財資之.

柱中逢財, 英雄獨壓萬人. 若見癸水, 困了財殺, 主爲光棍.

重刃必定遭凶, 性情兇暴. 書曰：木旺宜火之光輝, 秋闈可試.

木向春生, 處世安然有壽. 日主無依, 欲喜運行財地.

三月甲木

木氣相竭, 先取庚金, 次用壬水. 庚壬兩透, 一榜堪圖.

但要運用相生, 風水陰德, 方許富貴.

或見一二庚金, 獨取壬水, 壬透清秀之人, 才學必富.

或天干透出二丙, 庚藏之下, 此"鈍斧無鋼", 富貴難求. 若有壬癸破火, 堪作秀才.

或柱中全無一水, 戊己透幹, 支成土局, 又作棄命從財, 因妻而致富, 妻子有能.

或見戊己, 比劫多者, 名爲雜氣奪財, 此人勞碌到老, 無馭内之權, 女命合此, 女掌男權, 賢能内助. 若比劫重見, 淫惡不堪.

475

或支成金局, 方可用丁, 不然, 三月無用丁之法, 惟有先庚後壬取用,

書曰：甲乙生寅卯, 庚辛幹上逢. 離南推富貴, 坎地卻爲凶.

 三夏甲木

四月甲木

四月甲木退氣, 丙火司權, 先癸後丁, 庚金太多, 甲反受病.

若得壬水, 方配得中和, 此人性好淸高, 假裝富貴.

卽蔭襲顯達, 終日好作禍亂, 善辨巧談, 喜作詩文, 此理最驗.

如一庚二丙, 稍有富貴. 金多火多, 又是下格.

或癸丁與庚齊透天干, 此命可言科甲. 卽風水淺薄, 亦有選拔之才.

癸水不出, 雖有庚金丁火, 不過富中取貴, 異途官職而已. 壬透可雲一富.

若全無點水, 又無庚金丁火, 一派丙戊, 此無用之人也.

五六月甲木

木性虛焦, 一理共推. 五月先癸後丁, 庚金次之.

六月三伏生寒, 丁火退氣, 先丁後甲. 無癸亦可.

或五月乏癸, 用丁亦可. 要運行北地爲佳.

總之五六月用丁火, 雖運行北地, 不至於死, 卻不利運行火地, 號曰 "木化火灰必死".

行西程又不吉, 號曰 "傷官遇殺", 不測災來.

惟東方則吉, 北方次之, 此五六月用丁火之說也.

凡用神太多, 不宜克制, 須泄之爲妙. 五六月甲木, 木盛先庚, 庚盛先丁.

五月癸庚兩透, 爲上上之格. 六月庚丁兩透, 亦爲上上之格.

用神旣透, 木火通明, 大富大貴. 或丁火太多, 癸水亦多, 反作平人.

若柱中多金, 名爲 "殺重身輕", 先富後貧. 運不相扶, 非貧則夭.

或庚多有一二丙丁制伏, 又有壬癸透幹, 泄金之氣, 此又爲先貧後富.

或滿柱丙火, 又加丁火, 不見官殺, 謂之 "傷官傷盡最爲奇", 反主淸貴, 定主才學過人, 科甲有望.

但歲運不宜見水, 若柱中有壬水, 運又逢水, 必貧夭死.

但凡木火傷官者, 聰明智巧, 卻是人同心異, 多見多疑, 雖不生事害人, 每抱忌妒之想, 女命一理同推.

若在六月, 見辰支, 名爲 "逢時化合格", 以癸水爲妻, 丁火爲子.

若二己一甲爭合, 取支中比劫爲用, 以甲爲用者, 壬癸爲妻, 甲乙爲子.

其餘用庚者, 土妻金子. 用丁者木妻火子. 女命以喜作夫, 用作子.

或是己土, 不見戊土, 乃爲假從, 其人一生縮首反項, 畏妻子.

若無印綬, 一生貧苦. 六月尤可, 五月決不可.

三秋甲木

七月甲木

木性枯槁, 金土乘旺, 先丁後庚, 丁庚兩全, 將甲造成畫戟.

七月甲堪爲戟, 非丁不能造庚, 非庚不能造甲. 丁庚兩透, 科甲定然.

庚祿居申, 殺印相生, 運行金水, 身伴明君.

或庚透無丁, 一富而已, 主爲人操心太重, 不能坐享.

或丁透庚藏, 亦主靑衿小富.

或庚多無丁, 殘疾病人. 若爲僧道, 災厄可免.

或四柱庚旺, 支內水多, 不作棄命從殺, 見土多可作從財而看.

庚多無癸, 而壬水多, 戊己亦多, 此則專用一點丁火, 方可制金以養群土.

此命大富, 丁藏富小不顯. 丁露定作富豪.

得二丁, 不坐死靑, 必然富貴雙全. 卽風水不及, 亦可富中取貴, 納粟奏名.

或癸疊疊制伏丁火, 雖滿腹文章, 終難顯達.

得運行火土, 破癸, 略可假就功名. 歲運皆背, 刀筆之徒.

支成水局, 戊己透幹, 制去癸水, 存其丁火, 又可雲科甲.

但此等命, 主爲人心奸巧詐, 好訟爭非, 因貪致禍, 奸險之徒, 決非安分之人.

七月甲木, 丁火爲尊, 庚金次之.

庚金不可少, 火隔水不能熔金, 故丁火熔金, 必賴甲木引助, 方成洪爐.

若有癸水阻隔, 便減丁火, 壬水無礙, 且能合丁. 但須見戊土, 方可制水存火.

八月甲木

木囚金旺, 丁火爲先, 次用丙火, 庚金再次.

一丁一庚, 科甲定顯. 癸水一透, 科甲不全.

丙庚兩透, 富大貴小. 丙丁全無, 僧道之命.

丙透無癸, 富貴雙全. 有癸制丙, 平常之人.

支成火局, 可許假貴. 戊己一透, 可作富翁.

或支成金局, 必主殘疾. 得丙丁破金, 亦主老來暗疾.

或支成木局, 幹透比劫, 反取庚金爲先, 次用丁火.

九月甲木

木性凋零, 獨愛丁火. 壬癸滋扶, 丁壬癸透, 戊己亦透, 此命配得中和, 可許一榜.

庚金得所, 科甲定然.

或見一二比肩, 無庚金制之, 平常人也. 倘運不得用, 貧無立錐.

一命 : 甲辰 · 甲戌 · 甲辰 · 甲戌, 身伴君主, 富貴壽考, 此爲天元一氣, 又名一財一用.

遇比用財, 專取季土. 或見庚丙甲, 可許入泮, 白手成家.

用火者木妻火子, 子肖妻賢.

或四柱木多, 用丙用丁, 皆不足異, 用庚金爲妙.

凡四季甲木, 總不外乎庚金, 譬如木爲犁, 能疏季土.

非庚爲犁嘴, 安能疏土. 雖用丙丁癸, 庚決不可少也.

九月卻不取土妻金子, 當取水妻木子.

凡甲木, 多見戊己, 定作棄命從財而看, 從財格, 取火妻土子.

或見一派丙丁傷金, 不過假道斯文. 有癸破了丙丁, 技藝之流.

無壬癸破火, 支又成火局, 乃爲枯朽之木, 有庚亦何能爲力, 定作孤貧下賤之輩, 男女一理.

或有假傷官, 得地逢生, 此正合"甲乙秋生貴玄武"之說.

用水制傷官者, 以金爲妻水爲子.

或丁戊俱多, 總不見水, 又爲"傷官生財格", 亦可雲富貴, 此格取火爲妻, 土爲子.

凡甲多庚透, 大貴. 庚藏小貴. 若柱中多庚, 則又以丁爲奇.

479

如庚申・丙戌・甲申・壬申, 主功名顯達, 有文學. 若無庚丙年月, 又無火星出幹, 雖曰好學, 終困名揚.

九月甲木, 雖用丁癸, 見戊透必貴.

如戊戌・壬戌・甲子・甲申, 支成水局, 幹有壬水, 正合貴玄武之說, 配得中和, 一榜之命, 家計豐足. 但庚丁未透出幹, 不能館選.

三冬甲木

十月甲木

庚丁爲要, 丙火次之. 忌壬水泛身, 需戊土制之.

若庚丁兩透, 又加戊出干, 名曰"去濁留清", 富貴之極. 卽乏丁火, 稍有富貴.

或甲多制戊, 庚金無根, 平常人也.

庚戊若透, 雖出比劫, 必定富而壽.

或多比劫, 只一庚出干, 坐祿逢生, 乃爲捨丁從庚, 略富貴.

或支見申亥, 戊己得所, 以救庚丁, 可許科甲.

若單己透, 其力弱小, 不過貢監而已.

十一月甲木

木性生寒, 丁先庚後, 丙火佐癸. 癸水司權, 爲火金之病.

庚丁兩透, 支見巳寅, 科甲有准. 風水不及, 選拔有之.

若癸傷丁, 無戊己補救, 殘疾之人.

或壬水重出, 丁火全無者, 庸人也, 得丙方妙.

或支成水局, 加以壬透, 名爲"水泛木浮", 死無棺木.

總之十一月甲木爲寒枝, 不比春木淸茂, 取庚丁, 透壬無丙, 不過刀筆異途,

武職有驗.

用庚, 土妻金子.

用火, 妻火子.

十二月甲木

天氣寒凍, 木性極寒, 無發生之象, 先用庚劈甲, 方引丁火, 始得木火有通

明之象.

故丁次之. 庚丁兩透, 科甲封恩.

庚透丁藏, 小貴. 丁透庚藏, 小富貴.

無庚者貧賤, 無丁者寒儒.

火有丁透重重, 亦是富貴中人, 但須比肩, 能發丁之焰, 自有德業才能.

如無比肩, 亦屬平常.

總之, 臘月甲木, 雖有庚金, 丁不可少, 乏庚略可, 乏丁無用.

經云：甲木無庚, 男女天壽.

【回到上一頁：論甲木】

【乙木喜用提要】

寅月：取丙火解寒, 略取癸水爲滋潤, 不宜困丙.

卯月：以癸滋木, 用丙泄秀, 不宜見金.

辰月：若支成水局, 取戊爲佐.

巳月：月令丙火得祿, 專用癸水, 調候爲急.

午月：上半月專用癸水, 下半月丙癸並用.

未月：潤土滋木, 喜用癸水, 柱多金水, 先用丙火. 夏月壬癸, 切忌戊己雜亂.

申月：月垣庚金司令, 取丙火制之, 或癸水化之. 不論用丙用癸, 皆己土爲佐.

酉月：上半月癸先丙後, 下半月用丙先癸後, 無癸用壬.

戌月：以金發水之源. 見甲, 名藤蘿系甲.

亥月：乙木向陽, 專用丙火, 水多以戊爲佐.

子月：寒木向陽, 專用丙火, 忌見癸水.

丑月：寒谷回春, 專用丙火.

三春乙木

三春乙木, 爲芝蘭篙草之物, 丙癸不可離也.

春乙見丙, 卉木向陽, 萬象回春, 須癸滋養根基.

丙癸齊透天干, 無化合克制, 自然登科及第.

故書曰：乙木根若種得深, 只須陽地不宜陰. 漂浮只怕多逢水, 克制何須苦用金.

正月乙木

必須用丙. 因爲天氣尤有寒, 非丙不暖.

雖有癸水, 恐凝寒氣, 故以丙火爲先, 癸水次之.

丙癸兩透, 科甲定然. 或有丙無癸, 門户闡揚.

或有丙多乏癸, 名曰"旱春", 獨陽不長, 濁富之人.

或丙少癸多, 又爲困丙, 終爲寒士.

或癸己多見, 爲濕土之木, 皆下格.

用丙火者, 木妻火子.

用癸水多火者, 金妻水子.

二月乙木

陽氣漸升, 木不寒矣, 以丙爲君, 癸爲臣. 丙癸兩透, 不透庚金, 大富大貴.

或天干透庚, 支下無辰, 不能化金. 得癸透養木亦貴.

若見水庫, 則爲假化, 平常人也.

二月乙木, 用丙癸, 或支成木局, 有癸透乃作貴命.

更得丙泄木氣, 上上之命. 但須透癸, 或水多困丙, 多戊化癸, 皆下格.

用丙者, 木妻火子. 用水者, 金妻水子.

亥卯未逢於甲乙, 富貴無疑.

木全寅卯辰方, 功名有准.

活木忌埋根之鐵, 支下有庚辛, 伐賊其根, 木則朽矣.

三月乙木

陽氣愈熾, 先癸後丙, 癸丙雙透, 不見己庚, 玉堂之容.

見己庚者, 平常之人

或一乙逢庚, 不見己者, 亦主小富貴, 但不顯達.

或多見水見己, 只恐高才不第. 見戊堪發異途.

或庚己混雜, 丙癸全, 則爲下格.

或見水局, 丙戊高透, 亦主科甲.

或柱中全無丙戊, 支合水局, 此離鄉之命.

或見一派癸水, 又有辛金, 則作旺看, 得一戊己制癸, 亦可雲小富貴.

483

若一派壬癸不特貧賤, 而且夭折. 有一戊己, 方雲有壽, 但終爲技術之人.

又或庚辰時月, 名"二庚爭合", 乃貧賤之輩. 如年見丁破庚, 可雲從化, 亦不失武職之權.

用癸者, 金妻水子. 癸多用丙者, 木妻火子.

三夏乙木

木性枯焦, 四月專尚癸水, 五六月先丙後癸.

夏至前仍用癸水, 先得丙透, 支下又有丙火, 名曰"木秀火明", 得一癸透, 科甲中人.

或透二丙一癸, 可許采芹. 或一派癸水, 有丁無丙, 平常之人.

或癸透幹, 異途顯宦, 難由科甲. 癸居子辰, 異途小職.

或丙藏支下, 癸透年幹, 己出月上, 雖非科甲, 異路功名.

又或重重癸水, 或支藏癸水, 由行伍得功名.

四月乙木

自有丙火, 取癸水爲尊, 四月乙木專癸水, 丙火酌用.

雖以庚辛佐癸, 須以辛透爲清. 癸透, 庚辛又透, 科甲定然.

獨一點癸水, 無金, 是水無根, 雖出天干, 不過秀才小富. 要大運相扶.

或土多困癸, 貧賤之人. 丙戊太多, 支成火局, 瞽目之流. 用癸者, 金妻水子.

乙逢雙女木傷殘, 若見辛金壽必難. 不得丙丁來制伏, 豈知安樂不久長.

五月乙木

丁火司權, 禾稼俱旱. 上半月屬陽, 仍用癸水, 下半月屬陰, 三伏生寒, 丙癸齊用. 柱多金水, 丙火爲先, 餘皆用癸水爲先.

乙木重逢火位, 名爲"氣散之木", 支成火局, 泄乙精神, 須用癸滋, 癸透有根, 富貴雙全.

或庚辛年上, 癸透時幹, 定許科甲. 無癸者常人.

若見丙透, 支成火局, 陽焦木性, 此人殘疾. 無癸必夭, 見壬可解.

或火土太多, 此人愚賤, 或爲僧道門下閒人.

六月乙木

木性且寒, 柱多金水, 丙火爲尊.

支成水局, 乙得無傷, 癸水透幹, 大富大貴.

無癸定作常人, 運不行北, 困苦一生.

凡五六月乙木, 氣退枯焦, 用癸水切忌戊己雜亂, 則爲下格.

或甲木高透, 制伏土神, 名爲"去濁留清", 可許俊秀.

土多乏甲, 秀氣脫空, 庸人而已.

或丙癸兩透, 加以甲透出制戊, 選拔定然.

若不見丙癸, 只有丁火, 亦屬常人. 有壬, 可充衣食.

或柱中無水, 又無比劫出幹, 乃爲棄命從財, 富大貴小, 能招賢德之妻.

從財格, 以火爲妻, 土爲子.

或一派戊上出幹, 亦見比肩, 名爲"財多身弱", 終爲富屋貧人.

或丙辛化水, 嫖賭破家, 終非承受之兒.

485

或一派乙木, 不見丙癸, 名爲 "亂臣無主", 勞碌奔波. 又加支多辛金, 僧道之輩.

或一派甲木, 無丙無癸, 又無庚金, 此人一生虛浮, 總不誠實. 有庚制甲, 乃有謀之人, 但嗜酒貪花, 多愁敗德, 不修品行, 男女一理.

總之夏月乙木, 用癸水, 丙火酌用, 庚金次之.

三秋乙木

金神司令, 先丙後癸, 惟九月用癸水, 恐丙暖戊土爲病也.

七月乙木

庚金秉令, 庚雖輸情于乙妹, 怎奈幹乙難合支金. 柱見庚多, 乙難受載.

或丙透幹, 又加己出埋金, 此格可雲科甲.

有己透, 加丙, 亦是上命.

七月喜己土爲用, 或不見丙癸, 己土決不可少, 此則火爲妻 · 土爲子.

或癸透 · 丙藏 · 庚少, 此不用己, 可許拔貢.

無丙 · 有癸透者, 不失刀筆門户.

有支下庚多, 癸又藏者, 無丙己二神, 平常人物.

或生辰時, 此爲從化, 反主富貴. 凡化合格, 皆以所生之神爲用.

化金者, 戊土爲用神, 特忌丙丁鍛煉破格.

從化者以火爲妻 · 土爲子.

其餘以金爲妻, 妻必賢美 ; 以水爲子, 子必克肖. 但忌刑沖, 凡命皆然, 不特此也.

秋木逢金, 非貧則夭. 秋生乙木忌根枯, 根旣枯槁, 貧苦到老.

八月乙木

芝蘭禾稼均退, 以丹桂爲乙木. 在白露之後, 桂蕊未開, 用癸水, 以滋桂萼.

若秋分後, 桂花已開, 卻喜向陽, 又宜用丙, 癸水次之, 丙癸兩透, 科甲名臣.

或支成金局, 宜暗藏丁, 無丁制金, 恐木被金傷.

若無水火, 此人勞碌.

或得癸水, 爲子得母, 其人一生豐盈.

或丙癸兩透, 戊土雜出, 亦主異路功名.

生秋分後, 有丙無癸, 亦略富貴.

若有癸無丙, 名利虛花. 若四柱不見丙癸, 下格.

或癸在年(月)幹, 丙透時幹, 名爲 "木火文星", 定主上達. 生於秋分後方佳.

或生上半月無癸, 姑用壬水, 不然, 枯木無用, 必作貧人

又四柱多見戊己, 下格.

用癸者, 金妻水子. 用丙者, 木妻火子. 用壬者, 金妻水子.

甲乙逢强金, 魂歸西土. 青龍逢兒旺, 且賤且貧.

乙木生居酉, 莫逢巳酉丑, 富貴坎離宮, 貧窮申酉守.

木逢金旺巳傷, 再遇金鄉, 豈不損壽.

九月乙木

根枯葉落, 必須癸水滋養. 如是甲申時, 名爲 "藤蘿系甲", 可秋可冬.

若見癸水, 又遇辛金髮水源, 定主科甲.

或有癸無辛, 常人. 有辛無癸, 貧賤.

或四柱壬多, 水難生乙, 亦是尋常之輩.

或支多戊土, 又透天干, 作從財看, 無比劫方妙. 一逢比劫, 富屋貧人.

用癸者, 金妻水子, 但子女艱難, 季土克制故也.

三冬乙木

十月乙木

木不受氣, 而壬水司令, 取丙爲用, 戊土爲次. 丙戊兩透, 科甲定然.

有丙無戊, 雖不科甲, 亦入儒林. 支多丙火, 運入火鄉, 亦主顯達.

或水多無戊, 乙性漂浮, 流蕩之徒. 若不見丙巳, 妻子難全.

或一點壬水, 卽多見戊土, 亦爲不妙, 得甲制戊, 可許能幹.

但爲人好生禍亂, 詁訟爭非, 男女一理.

支成木局, 時值小陽, 此又如春木同旺, 若有癸出, 須取戊爲尊, 加以丙透, 科甲之人.

若無丙戊二字, 自成自敗, 終非承受之輩.

十一月乙木

花木寒凍, 一陽來復. 喜用丙火解凍, 則花木有向陽之意.

不宜用癸, 謚花木, 故用丙火, 有一二點丙火出干, 無癸制者, 可喜科甲.

卽丙藏支內, 亦有選拔封恩. 得此不貴, 必因風水薄.

或壬癸出干, 有戊制, 可作能人.

卽丙在支內, 亦是俊秀.

若壬透無戊, 貧賤之人.

支成水局, 干透壬癸, 丙丁全無, 雖有戊制, 貧乏到老. 運至南方稍有衣食.

丁火有亦如無, 丁乃燈燭之火, 豈能解嚴寒之凍. 設無丙丁, 戊己多見, 金水奔流, 下賤.

或有戊己無火, 亦屬常人, 但不至下賤.

或一派丁火, 大奸大詐之徒, 如無甲引丁, 孤鰥到老. 丁火見甲, 必主麟趾振振, 芝蘭繞膝.

或成水局, 壬癸兩逢, 則木浮矣. 不特貧賤, 而且夭折. 得一戊救方可.

冬月乙木, 雖取戊制水, 不可作用, 取丙火則可.

用火者, 木妻火子.

用土者, 火妻土子.

☯ 十二月乙木

寒宜丙, 有寒谷回春之象. 得一丙透, 無癸出破格, 不特科甲, 定主名臣顯宦.

丙火藏支, 食氣而已. 干支無丙, 一介寒儒.

或四柱多己, 不逢比劫, 乃作從財, 富比王侯. 若有比劫, 貧無立錐.

或一派戊己, 見甲頗有衣祿, 以丙火爲用方妙.

【論木篇完】

【回到上一頁：論乙木】

論火
논화

炎炎眞火, 位鎭南方, 故火無不明之理. 輝光不久, 全要伏藏, 故明無不滅之象.

火以木爲體, 無木則火不長焰. 火以水爲用, 無水則火太酷烈.

故火多則不實, 太烈則傷物. 木能藏火, 到寅卯而方生.

火不利西, 遇申酉而必死. 生居離位, 果斷有爲, 若居坎宮, 謹畏守禮.

金得火和, 則能熔鑄, 水得火和, 則成旣濟. 遇土不明, 多主寒塞, 逢水旺處, 決定爲榮.

木死火虛, 難得永久, 縱早功名, 必不久長.

春忌見木, 惡其焚也. 夏忌見土, 惡其暗也.

秋忌見金, 金旺難克制. 冬忌見水, 水旺則滅形.

故春火欲明不欲炎, 炎則不實. 秋火欲藏不欲明, 明則燥. 冬火欲生不欲殺, 殺則暗.

生於春月, 母旺子相, 勢力竝行. 喜木生扶, 不宜過旺, 旺則火炎.

欲水旣濟, 不愁興盛, 盛則沾恩. 土多則蹇塞埋光, 火盛則傷多爆燥.

金見多可以施功, 縱重疊妻財猶遂.

夏月之火, 勢力行權. 逢水制, 則免自焚之咎. 見木助, 必招夭折之患.

遇金必作良工, 得土遂成稼穡. 金土雖爲美麗, 無水則金燥土焦. 再加火助,太過傾危.

秋月之火, 性息體休. 得木生, 則有複明之慶. 遇水克, 難逃隕滅之災.

土重而掩息其光, 金多而損傷其勢. 火見火以光輝, 縱疊見而轉利.

冬月之火, 體絕形亡. 喜木生而有救, 遇水克以爲殃, 欲土制爲榮, 愛火比爲利.

見金而難任爲財, 無金而不遭妻害. 天地雖傾, 水火難滅.

【丙火喜用提要】

寅月 : 壬水爲用, 庚金發水之源爲佐.

卯月 : 專用壬水, 水多用戊制之, 身弱用印化之.

辰月 : 專用壬水, 土重以甲爲佐.

巳月 : 以庚爲佐, 忌戊制壬.

午月 : 壬庚以通根申宮爲妙.

未月 : 以庚爲佐.

申月 : 壬水通根申宮, 壬多必取戊制.

酉月 : 四柱多丙, 一壬高透爲奇. 無壬爲癸.

戌月 : 忌土晦光, 先取甲疏土, 次用壬水.

亥月 : 月垣壬水秉令, 水旺用甲木化之. 身殺兩旺, 用戊制之. 火旺用壬, 木旺宜庚.

子月 : 氣近二陽, 丙火弱中複强, 故用壬水, 取戊制之, 無戊用己.

丑月 : 喜壬爲用, 土多不可少甲.

궁통보감 원문

三春丙火

三春丙火, 秉象至威, 陽回大地, 侮雪欺霜,

喜用壬水, 爲扶陽, 名曰天和地潤, 旣濟功成,

正月用壬, 庚辛爲佐, 二月喜用壬水, 三月土重晦光, 取甲佐之爲妙.

癸丙春生, 不晴不雨之天, 丙日春生, 時月出癸,

雲霧迷濛, 不顯不達, 非若水輔丙也.

正月丙火

正月丙火, 三陽開泰, 火氣漸炎, 取壬爲尊, 庚金佐之, 壬庚兩透, 科甲定然,
卽壬透庚藏, 亦有異途顯達.

若一庚高透, 支藏一二丙火, 納粟奏名, 主爲人慷慨英雄, 有才邁眾.

或一派庚辛混雜, 常人, 得時月兩透庚金 · 無辛者, 定主清貴, 或辛年辛時,
名爲貪合, 酒也之徒, 女命一理.

或丙少壬多, 而無戊制, 名殺重身輕, 斯人篋裡藏刀, 尋非瘒棍, 或見一戊
制壬, 反成富貴, 宜見一二比肩方妙.

或一片戊土, 甲不出干, 終非大器, 且恐孤貧, 正月之丙, 戊晦光, 或支成火
局, 喜取壬水爲貴, 無壬 · 癸亦姑用, 若壬癸俱無, 取戊以洩火氣, 但屬平人
或支成火局, 弔作炎上而推, 但不逢時耳, 若不見東南歲運, 反致孤貧.

或四柱有甲木, 得庚金暗制, 可作秀才.

無壬用癸者, 略富貴, 且官殺亦要旺有限, 丙火無壬, 多主貧賤, 屢徵屢驗.

或火多無水, 一至水鄉必死, 不然, 定有災咎. 惟五月丙火, 合炎上格, 則不

喜水破格·用癸無根, 定主目疾.

用壬者, 金妻水子. 用庚者, 土妻金子.

二月丙火

二月丙火, 陽氣舒升, 耑用壬水, 壬透天干, 不見丁化, 加以庚辛已亦透, 壬水有根, 定主科甲.

或無壬水, 己土姑用, 主有才學, 雖不能成名, 必衣食充足.

或一派壬水, 見一戊制, 雖不科甲, 亦有恩庇. 或無戊透, 則有辰戍丑未之戊, 但辰宮癸水, 貪合成火, 不能制壬, 此平常衣祿.

若支下全無一戊, 此係奔流之人, 加以金多生水, 下賤之命.

或一派戊土, 亦用壬水, 運喜行木, 見土不祥, 行火亦不利.

或丙子日辛卯時, 乃從化格, 但不逢時貪才壞印, 難招祖業.

若得一二重丁火破辛, 壬水得位, 亦主富貴, 雖不科甲, 亦有異途, 名傳郡邑.

合此格, 主妻妾多子. 或月時見二辛卯, 日乃丙子, 名爲爭合, 年不透丁制辛, 此人昏酒色, 年透丁火, 反吉.

或支成木局, 反因奸得才, 因酒得名. 凡用壬者, 金妻水子.

三月丙火

三月丙火, 氣漸炎升, 用壬水, 或成土局, 取甲木爲輔, 壬不可離, 壬甲兩透, 科甲定宜, 惟忌庚出制甲, 則秀才而已.

無甲用庚, 助壬水洩土氣.

壬透甲藏, 富大貴小, 有甲無壬, 勞碌濁富, 壬藏無甲, 一介寒儒.

壬甲兩無, 愚賤之輩, 乙丁雜亂, 定必屬凡夫.

用壬者, 金妻水子, 用甲者, 水妻木子.

三夏丙火, 陽威性烈, 專用壬水.

若亥宮壬水無力, 回剋洩氣故也, 仍用申宮長生之水, 方云富貴.

四月崑用壬水, 金爲佐, 五月亦崑用壬. 四五月壬透者富貴.

丁多 · 兼看癸水, 六月用壬, 但借庚金爲佐.

陽刃合殺, 威權萬里, 丁火羊刃太旺, 正謂羊刃倒戈, 無頭之鬼, 丙火用壬,
生旺坐實方好, 忌壬水太多, 名殺重身輕.

四月丙火

四月丙火, 建祿於巳, 火勢炎炎, 宜專用壬水, 解炎威之力, 成旣濟之功.

如無壬水, 孤陽失輔, 難透清光, 得庚發水源, 方爲有根之水.

壬庚兩透, 不見戊土, 號曰湖水汪洋, 廣映太陽, 光輝顯著, 文明之象,
人合此格, 不但科甲崢嶸, 必有恩謚封榮. 若不驗, 必暗損陰德.

或無壬水, 癸亦姑用, 見庚透癸, 不富必貴. 但心性乖僻, 巧謀善辯.

或壬癸俱無, 愚頑之輩, 火炎無制, 僧道之流.

或一派庚金, 不見比劫, 有富無貴.

或丙什日干, 四柱多壬, 不見戊制, 名曰陰刑殺重, 光棍之流.

或支成水局, 加之重重壬透, 一無制伏, 盜賊之命, 如見己土, 下賤鄙夫.

用壬者金妻水子.

五月丙火

五月丙火愈炎, 得壬庚高透, 方爲上命. 或一壬無庚, 亦主頁監, 猶防戊己
出干, 丁壬化合, 則爲平人, 卽不透庚壬.

或有申宮長生之水, 濟之坐祿之金, 至妙, 必入詞林, 又怕戊己雜亂, 則爲異路.

或成火局, 不見滴水者, 乃僧道鰥獨之命, 卽有一二癸水, 多遇火土, 用之
無力, 瞽目之人, 得戊己透火氣, 亦主刑剋孤寡, 行北運多凶, 何也, 所謂燥
烈水激反凶.

或成炎上格, 柱運不見庚辛, 多見甲乙者, 反主大富貴, 然亦不可見水運.

或有庚癸透者, 衣祿充足, 支火輕, 無目疾, 支見水者, 異途.

或成土局, 又爲洩太過, 得壬滋甲出干, 土被制而火得生扶, 此必富貴壽考
之格也.

六月丙火

六月丙火退氣, 三代生寒, 壬水爲用, 取庚輔佐.

庚壬兩透, 貼身相生, 可云科甲名宦, 若無庚有壬, 不見戊出, 小富小貴,
見戊制壬, 則爲鄉賢而已 或己土出干混雜, 此必庸夫俗子.

或壬水淺, 己土出干, 其人貧困, 無壬下格, 賤而且頑, 男女一理.

或天干一派丙火, 陽極生陰, 干支兩見庚壬.

總之六月丙火用壬, 不同餘月用壬 · 喜運行西北, 六月用壬, 喜運行西南.

三秋丙火

七月丙火

七月丙火, 太陽轉西, 陽氣衰矣, 日近西山, 見土皆晦, 惟日照湖海, 暮夜光天, 故仍用壬水輔映光輝. 如壬多, 取戊制方妙, 有壬透干, 又見戊土出干, 可云科甲, 如戊藏支內, 不過生員, 多壬無戊, 平常人也.

或戊多壬少, 亦屬常人, 或多壬, 一戊出制, 所謂眾殺猖狂, 一仁可化, 必主顯達, 有權職.

一派辛金, 又爲棄命從才, 奇特之造, 亦得恩榮, 但多依親戚而爲進身之階, 從才者以水妻木子.

八月丙火

八月丙火, 日近黃昏, 丙之餘光, 存於湖海, 仍用壬水輔映.

四柱多丙, 一壬高透爲奇, 定主登科及第, 富貴雙全, 一壬藏支, 亦主秀才.

或戊多困水, 則假作斯文, 若無壬水, 癸亦可用, 但功名不久.

或見辛透, 不能從化, 貧苦到老, 或見一丁制辛, 爲人奸詐, 識高低, 女命合此, 長舌淫賤.

或成金局, 無辛出干, 此非從才, 乃朱門餓莩, 如辛出干, 不見比劫, 此從才格, 反主富貴, 親戚提拔, 妻賢內助, 用水者, 金妻水子, 從才者, 水妻木子.

九月丙火

九月丙火, 火氣愈退, 所忌土晦光, 必須先用甲木, 次取壬水.

甲壬兩透, 富貴非凡, 苦無壬水, 得癸透干, 亦可, 雖不科甲, 異路功名, 壬癸藏支, 頁監而已, 甲藏壬透, 無庚破甲, 可許秀才.

或庚戊困了水木, 定是庸才, 無甲壬癸者, 下格.

或一派火土, 雖不太旺, 亦自燥矣, 如不離鄉過繼, 亦主奔流, 加以無庚辛壬癸出干, 必爲天命.

或支成火局, 炎上失時, 若運入南方, 一貧徹骨.

用甲者, 水妻木子, 用壬者, 金妻水子.

十月丙火

十月丙火, 太陽失令, 得見甲戊庚出干, 可云科甲, 主爲人性好清高, 斯文領袖.

如辛透見辰, 名化合逢時, 主大貴.

或壬多無甲, 乃作棄命從殺, 卽不科甲, 亦是宦僚.

或壬多有甲無戊, 郤非從殺, 宜用己土混壬.

總之十月丙火, 木旺宜庚, 水旺宜戊, 火旺用壬, 隨宜酌用可也.

十一月丙火

十一月丙火, 冬至一陽生, 弱中復强, 壬水爲最, 戊土佐之.

壬戊兩透, 科甲可許, 無戊見己, 異路功名.

或無壬水, 有癸出干, 得金滋無傷, 又有丙透以解凍, 可許衣衿.

或一派壬, 則崇用戊土, 此人雖不成名, 文章邁眾, 但名利虛浮,

何也, 因戊晦光, 又須甲木爲藥也, 或無壬水, 癸亦可用, 但不甚顯.

或四柱多壬無甲, 乃作棄命從殺, 亦有雲路.

497

或水多·有甲·無戊, 郤非從殺, 宜用己土濁壬, 十一月丙火, 與十月頗同.

十二月丙火

十二月丙火, 氣進二陽, 每雪欺霜, 喜壬爲用, 己土司令, 土多又不可少甲,

壬甲兩透, 科甲堪宜, 甲藏則秀才而已, 或無甲得一壬透, 富中取貴.

如見一派己土, 不見甲乙, 名假傷官, 聰明性傲, 名利虛浮.

或一派癸水, 得己出干, 必主自創基業, 若制伏太過, 又取辛金作用, 得見

癸透, 此人卽不成名, 必淸雅文墨之士.

【回到上一頁：論丙火】

【丁火喜用提要】

寅月：用庚金劈甲引丁.

卯月：以庚去乙, 以甲引丁.

辰月：以甲木引丁制土, 次看庚金. 木盛用庚, 水盛用戊.

巳月：取甲引丁, 甲多又取庚爲先.

午月：火多以庚壬兩透爲貴. 無壬用癸, 爲獨殺當權.

未月：以甲木化壬引丁爲用, 用甲不能無庚, 取庚爲佐.

申月：庚取劈甲, 無甲用乙.

　　　用丙暖金曬甲, 無庚甲而用乙者, 見丙爲枯草引燈. 水旺用戊.

酉月：庚取劈甲, 無甲用乙.

　　　用丙暖金曬甲, 無庚甲而用乙者, 見丙爲枯草引燈. 水旺用戊.

戌月：一派戊土無甲, 爲傷官盡.

亥月：庚金劈甲引丁, 甲木爲尊, 庚金爲佐. 戊癸權宜取用.

子月 : 庚金劈甲引丁, 甲木爲尊, 庚金爲佐. 戊癸權宜取用.

丑月 : 庚金劈甲引丁, 甲木爲尊, 庚金爲佐. 戊癸權宜取用.

正月丁火

正月丁火, 甲木當權, 乃爲母旺, 非庚不能劈甲, 何以引丁, 姑用庚金.

或一派甲木, 無庚制之, 非貧卽夭. 或只一甲木·多見乙木者, 必離鄉之客,

焉問妻兒. 或見甲乙, 生庚子時, 又主妻甲子早, 宜可採芹.

得壬化木, 弱極復生, 合此必主大貴, 但此化合, 反以不見庚破格爲妙.

或有庚金壬癸, 得己出干制之, 此命不由科甲, 亦有異途.

或一派壬癸, 不得寅時, 又無庚金, 必主窮困.

或丁年·壬月·丁日·壬時, 男主大貴, 女則不宜, 此格以土爲妻·金爲子,

但子女艱難, 女命合此, 淫賤, 刑夫剋子.

或支火局, 無滴水解炎, 僧道之命, 見甲出略可, 總不可無水, 水多亦不宜.

二月丁火

二月丁火, 濕乙傷丁, 先庚後甲, 非不能去乙, 非甲不能引丁.

庚甲兩透, 科甲定然, 庚透甲藏, 亦有生貢, 甲透庚藏, 異路功名.

或庚乙俱透, 庚必輸情於乙, 未免貪合, 運行金水, 一貧徹骨.

或庚透乙藏, 則不能貪合, 乙反引丁, 卽用乙亦無害.

運入木火之鄉, 自然富貴, 用乙者水妻木子.

若盡是乙木, 不見一甲, 此人富貴不久, 因貪致禍, 弄巧反拙, 且不能承先

궁통보감 원문

人之業.

或支成木局, 有庚透·主清貴, 不見庚者·常人, 二月乙木司權, 必須有庚,

有乙無庚, 主貧苦無依, 用庚者·土妻金子.

得印旺殺高, 大富大貴. 或一派水, 無一戊制, 主貧苦無依.

或乙少癸多, 有戊去制, 反吉. 用土者·火妻土子.

三月丁火

三月丁火, 戊土司令, 洩弱丁氣, 先用甲木引丁制土, 次看庚金, 庚甲兩透,

定主科甲, 或一藏一透, 終非白丁.

或支成木局, 取庚爲先, 得庚透, 丁癸不透, 亦有異路功名.

或支成水局, 加以壬透, 名殺重身輕, 必夭折天年.

或遭凶死, 或戊己兩透, 廊廟之客, 若一甲破土, 定是常人

用甲者·水妻木子, 用金者·土妻金子.

四月丁火

四月丁火乘旺, 雖取甲引丁, 必用庚劈甲, 伐甲·方云木火通明, 甲多·又取

庚爲先. 但四柱忌見癸水, 癸水一見, 洩庚·濕甲·傷丁, 故以癸爲病.

或癸水藏支, 壬水出干制丙, 不奪丁光, 自是鴈塔題名, 玉堂清貴.

或有庚無甲, 戊透天干, 此爲傷官生才, 又取戊爲用, 必主富貴,

戊土出干, 不見甲乙, 又不見水, 是傷官傷盡, 八字清高,

但不大貴, 亦不大富, 見水多木多, 定是常人

或四柱多丙, 不見壬癸, 奪了丁光, 此人貧苦,

或丁年·巳月·丁巳日·丙午時, 一丙不奪二丁, 卽不顯達, 亦名播四鄉.

故書曰, 丁火陰柔一燭燈, 太陽相見奪光明, 柱中若見甲木透, 定許身安福自臨.

五月丁火

五月丁火, 時歸建祿, 不宜亂用甲木.

遇年透隔位之壬, 不貪丁合者, 忠而且厚,

或支成火局, 干見火出, 得庚壬兩透者, 科甲定然, 土透制壬, 常人.

卽壬藏支中, 亦非白丁, 但要運行西北, 方可發達,

得一癸透, 名獨殺當權, 出人頭地.

若見寅辰亥卯字, 化木生火, 平常人物, 豐衣足食, 中年富, 但刑剋子息, 勞而無功, 或丙午月·丁未日·辛亥時, 亥中有壬制丙, 不致貧苦, 若丙午時, 則滴水難救炎火, 必主僧道, 若年支見子, 雖不科甲, 亦有衣衿.

若干支無火局, 有水透干, 須用甲木, 又要庚劈甲方明, 木火通明, 主大富貴,

或木少火多, 焚其木性, 不能光透九霄, 榮華不久.

或生月是祿, 支皆生旺合局, 右以火出, 無滴水解炎, 乃身旺無依, 孤貧之格, 女必爲尼, 卽運北地, 反主凶危. 用壬者·金妻水子, 用甲者·水妻木子.

六月丁火

六月丁火, 陰柔退氣, 但值三伏生寒, 丁弱極矣, 專取甲木, 壬水次之.

若得甲出天干, 支成木局, 見亥中之壬, 爲木神有根, 接引丁火, 必然科甲,

卽不見木局, 支見壬水, 雖不大貴, 亦有凌雲之氣, 無庚不妙.

或支成水局, 見水透干, 則濕木性, 不能引丁, 必爲平常人, 有甲透·有才幹.
有庚透, 無刑傷, 若無甲木, 假名假利.

或年月日時, 皆一派丁未之類, 此爲純陰, 終無大用. 用甲者·水妻木子.

三秋丁火

七月丁火

七月丁火, 退氣柔弱, 峕用甲木, 金雖乘旺司權, 無傷丁之理, 仍取庚劈甲,
爲引火之物, 或借丙暖金晒甲, 不慮丙奪丁光, 凡兩丙夾丁者, 夏月忌之,
餘月不忌, 但此格少年困苦刑剋中年富貴, 必要地支見水制丙, 方妙.

三秋甲庚丙竝用, 仍分優劣, 何也, 七月甲丙, 申中有庚, 八月甲丙庚皆用,
七八月或無甲木, 乙亦可用, 爲枯草引燈, 邵不離丙晒也,

九月峕用甲庚, 大抵甲一庚, 乙不離丙, 其理極明,

或見甲庚丙皆透, 必主科甲, 無甲用乙者, 富貴皆小, 且富而不貴者多.

或一重壬水, 又多見癸水, 必以戊土爲制, 自然富貴光輝.

或一派庚金, 名才多身弱, 主富屋貧人, 妻多主事, 或壬多洩庚, 丁壬化殺,
反成富貴, 若庚多無壬, 奔流下賤.

八九月丁火

或八月一派辛金, 不見庚金, 又無比劫, 比棄命從才, 富而且貴, 雖不科甲,
亦有異途, 從才者水爲妻, 不剋, 有正偏, 木爲子, 不刑.

或九月一派戊土, 洩丁火之氣, 不見甲木, 爲傷官傷盡, 非尋常可比, 或甲
木透出, 爲文書清貴, 秋闈可奪, 用甲者, 庚不可少, 水妻木子.

三冬丁火

十月丁火

三冬丁火微寒, 耑用庚甲, 甲乃庚之良友, 凡用甲木, 庚不可少, 無庚無甲,

何能引丁, 難云木火通明, 冬丁有甲, 不怕水多金多, 可稱上格, 甲庚兩透,

科甲分明, 見己則否, 己多合甲, 則爲常人.

或一丙奪丁, 必賴支內水救, 若有支金發水之源, 官拜烏台有准, 金無癸水

制丙, 無用之徒, 或有金無水, 貧寒之士, 有火無金, 又主清高.

或時月二壬爭合, 取戊破之, 有戊稍有富貴, 無戊常人, 設戊藏得所, 不失衣衿.

或二丙奪丁, 得年干有癸, 支下帶合, 金水得所, 亦必顯達, 納粟奏名, 必驗.

十一二月丁火

或仲冬水多癸旺, 金無比印, 此作棄命從殺, 亦有異途功名, 見丁比出干,

難合格局, 常人, 且主骨肉浮雲, 六親流水, 戊出破癸, 頗有兄弟妻兒, 此格

用戊, 火妻土子, 用甲, 水妻木子.

或四柱多丙丁, 又用癸制火, 用癸者金妻水子.

三冬丁火, 甲木爲尊, 庚金佐之, 戊癸權宜酌用可也.

三冬丁火, 以庚金劈甲引丁爲正用. 水旺用戊. 火旺用水. 皆爲去病之藥.

有病則用之. 隨宜酌用. 無一定之法也.

【論火篇完】

【回到上一頁：論丁火】

궁통보감 원문

論土
논토

五行之土, 散在四維, 故金木水火, 依而成象, 是四時皆有用有忌者,

火, 死酉也, 水, 旺子也, 蓋土賴火運, 火死則土囚,

土喜水才, 水旺則土虛, 土得金火, 方成大器,

土高無貴, 空惹灰塵, 土聚則滯, 土散則輕.

辰戌丑未, 土之正也, 分陰分陽, 主則不同, 辰有伏水, 未有匿木, 滋養萬

物, 春夏爲功, 戌有藏火, 丑有隱金, 秋火冬金, 肅殺萬物, 土聚辰未爲貴,

聚丑戌不爲貴, 是土愛辰未, 而不愛丑戌也明矣,

若更五行有氣, 人命逢之, 田産無比, 晚年富貴悠悠,

若土太實無水, 燥則不和, 無木則不疏通, 土見火則焦, 女命多不生長,

土旺四季, 惟土困弱, 戌多爲人好鬥, 多瞌睡,

辰未人好食, 丑人清省, 丑爲艮土, 有癸水能潤而膏, 人命遇此, 主能卓立.

【戊土喜用提要】

寅月 : 無丙照暖, 戊土不生, 無甲疏劈, 戊土不靈, 無癸兹潤, 戊土不長.
　　　　先丙·次甲·次癸.

卯月 : 無丙照暖, 戊土不生, 無甲疏劈, 戊土不靈, 無癸兹潤, 戊土不長.
　　　　先丙·次甲·次癸.

辰月：戊土司令, 先用甲疏, 次丙·次癸.

巳月：戊土建祿, 先用甲疏劈, 次取丙癸.

午月：調候爲急, 先用壬水, 次取甲木, 丙火酌用.

未月：調候爲急, 癸不可缺, 次用丙火, 土重不能無甲.

申月：寒氣漸增, 先用丙火, 後用癸水. 水多, 用甲泄之.

酉月：賴丙照暖, 喜水滋潤.

戌月：戊土當權, 先用甲木, 次取丙火. 見金, 先用癸水, 後取丙火.

亥月：非甲不靈, 非丙不暖.

子月：丙火爲尚, 甲木爲佐.

丑月：丙火爲尚, 甲木爲佐.

春月之土　生於春月, 其勢虛浮, 喜火生扶, 惡木太過, 忌水泛濫, 喜土比助, 得金而制木爲祥, 金太多仔土氣.

夏月之土　夏月之土, 其勢燥烈, 得盛水滋潤成功, 忌旺火煆煉焦坼, 木助火炎, 水剋無礙, 金生水泛, 妻才有益, 見比肩塞滯不通, 如太過又宜木剋.

秋月之土　秋月之土, 子旺母衰, 金多而耗盜其氣, 木盛須制伏純良, 火重重而不厭, 水泛泛而不祥, 得比肩則能助力, 至霜降不比無妨.

冬月之土　冬月之土, 外寒內溫, 水旺才豐, 金多子秀, 火盛有榮, 木無咎, 再加比肩扶助爲佳, 更喜身主康強足壽.

辰戌丑未, 四土之神, 惟未土爲極旺, 何也, 辰土帶木氣剋之,
戊土之土, 帶金氣泄之, 此三土雖旺而不旺, 故土臨此三位,
金多作稼穡格, 不失中和, 若未月土, 則帶火氣也,

帶火以生之, 所以爲極旺也, 若土臨此旺未月, 見四柱土重, 多作火炎土
燥, 不可作稼穡看, 但臨此月之土, 見金結局者, 不貴卽富也, 書曰, 土逢季
月見金多, 終爲貴論, 而在未月尤甚.

三春戊土

三春戊土, 無丙照暖, 戊土不生, 無甲疏劈, 戊土不靈, 無癸滋潤, 萬物不長,
正二月先丙後, 癸又次之, 三月先甲後丙, 癸又次之, 因戊土司權故也, 有
甲 · 丙 · 癸 · 三者齊透, 必主一品當朝, 或二透一藏, 亦登金榜, 二藏一透,
也可異途.

正二月戊土

正二月卽有甲癸, 若無丙除寒, 如萬物生而不長, 故無丙者, 富貴艱辛, 或
有丙無甲癸者, 名曰春旱, 如萬物生而厄, 無甲癸者, 一生勤苦, 勞而無功,
或一派丙火, 有甲久癸, 先泰後否, 或支成火局, 不見壬癸, 僧道孤貧, 癸透
者貴, 壬透者富.

用水者要審水之多少, 或一派, 甲木無丙常人, 得一庚透方妙, 或支成水
局, 甲又出干, 又有庚透, 富貴雙全.

或無庚金, 又無比印, 難作從殺, 定主遭凶, 不然, 必爲盜賊, 若日下坐午,
不得善終.

或一派乙木, 爲官殺會黨, 卽有庚從, 邻難制乙, 此人內奸外直, 口是心非,
加一甲在內, 無庚, 必懶惰自甘, 好食無厭, 或丙多甲多, 宜以癸庚參用.

三月戊土

三月戊土司令, 不見丙甲癸者, 愚而且賤, 毋癸透者·科甲, 兩癸透者·生員, 甲癸俱藏者, 只可云富, 有癸異途.

若丙多無癸, 旱田無水, 不能種苗, 舊穀已沒, 新穀未登, 此先富後貴之造, 或火多有壬透者, 先貧後富, 癸透先賤後榮, 壬藏不過食足, 癸藏不過名傳, 卽此亦須運美, 或支成火局, 得癸透者, 富貴天然, 壬透富貴辛苦, 何也, 癸乃天上甘霖, 壬乃江河波浪, 所以有勞逸之殊.

支成木局, 又甲乙出干, 此名官殺會黨, 官殺無去留之義, 得一庚透, 掃除官殺, 亦主富貴, 無庚乃淺薄之人, 宜用火洩木氣, 有一命·丁未·癸卯·戊寅·乙卯·癸丁透干, 加以戊癸化火, 將甲木暗, 反得武科探花.

或木多無比印透, 作從殺而論, 亦富貴.

或有比印, 峇看癸透, 取癸而成貴格, 無癸·無火·無金, 名爲土木自戰, 主腹主疾病, 憂愁艱苦.

用甲者, 水妻·木子, 用丙者, 木妻·火子. 丙寅, 庚寅, 戊辰, 庚申, 丙癸.

三夏戊土

四月戊土

四月戊土, 陽氣發升, 寒氣內藏, 外實內虛, 不畏火炎, 無陽氣相催, 萬物不長, 故先用甲疏劈, 次取丙癸爲佐.

丙透甲出, 廊廟之材, 丙癸俱透, 科甲之士, 卽透一位, 支藏得所, 終非白丁.

若一派丙火, 爲火炎土燥, 僧道之流, 得一癸透壬藏, 功名有准, 或支藏癸,衣食充足, 但骨肉多刑.

化合成局無破, 富貴非輕.

或支成金局, 干出癸水, 此爲奇格, 正是土潤金生, 卽不爲桃浪之客, 定有異路恩榮.

此用癸水, 金妻水子.

五月戊土

五月戊土, 仲夏火炎, 先看壬水, 次取甲木, 丙火酌用, 用癸力微.

壬甲兩透, 名君臣慶會, 自然桃浪先聲, 權高位顯, 又得辛透年干, 官居一品, 一命·辛未·甲午·戊寅·壬子, 壬甲兩透, 印旺殺高, 出將入相, 名播四夷.

若支成火局, 卽透癸水, 不能大濟, 是一杯水濟車薪火也, 人命合此, 卽好學不倦, 亦能成名, 且主目疾, 若得壬水出干, 則此非比.

又或土木重重, 全無滴水, 僧道孤貧之輩.

用壬者, 金妻水子.

六月戊土

六月戊土, 遇夏乾枯, 先看癸水, 次用丙火甲木.

癸丙兩透, 科甲中人, 或有癸無丙, 見甲可許秀才, 無甲略富, 或有丙無癸, 假道斯文, 衣食頗足, 或癸透辛出, 以刀筆之才, 可謀異路, 無癸丙者, 常人, 若又無甲, 下賤之輩.

或土多得一甲出, 不見庚辛, 爲人作事軒昂, 性情謹慎, 卽不顯揚, 亦文章驚世.

用癸者, 金妻, 水子, 用丙者, 木妻, 火子, 用甲者, 水妻, 木子.

七月戊土

七月戊土, 陽氣漸入, 寒氣漸出, 先丙後癸, 甲木次之.

丙癸甲透者, 富貴極品, 癸藏丙透, 不僅秀才, 丙申兩透, 癸水會局藏辰, 亦不失富貴, 無丙得癸甲透, 此人清雅, 家富千金, 無癸甲者, 常人, 有丙火, 妻賢子肖, 若丙甲癸三者俱無, 下流之命.

或支成水局, 休作棄命從才, 宜取甲洩之, 甲透者, 稍有富貴, 用神妻子同前.

八月戊土

八月戊土, 金洩身寒, 賴丙照暖, 喜水滋潤, 先丙後癸, 不必木疏.

丙癸兩透, 科甲中人, 丙透癸藏, 可許入泮, 癸透丙藏, 納資得官, 若丙藏又無癸, 即多不透, 此皆常人, 癸丙全無, 奔流之客.

或四柱皆辛, 無丙丁, 此名傷官格爲人清秀, 即不能拾芥, 亦可武庠, 一見癸水, 富而且貴.

或支成水局, 壬癸出干, 此名才多身弱, 愚懦無能, 若天干有比劫分散才神, 頗言衣食.

用神妻子同前, 秋土生金極弱, 須丙火丁火出干方妙.

九月戊土

九月戊土當權, 不可專用丙, 先看甲木, 次取癸水, 邾忌化合, 見金先用癸水, 後取丙火, 配合支干, 方成有生之土, 定發雲程.

或無丙有癸, 不見甲透者, 衣衿小富, 無癸丙, 有甲者, 衣食而已, 若癸甲全無, 雖有丙火, 亦屬平常, 或爲僧道.

或支成水局, 壬癸透干, 用戊止流, 有比透反主富.

支成火局, 名土燥, 不發.

得金水兩透, 此人清高, 略可富貴, 無水, 一生困苦, 妻子全前.

十月戊土

十月戊土, 時値小陽, 陽氣略出, 先用甲木, 次取丙火, 非甲, 土不靈, 非丙, 土不暖, 安能發生萬物, 甲丙兩出, 富貴中人.

或甲得長生, 遇支藏得地之水, 一丙高透, 亦主身貴揚名, 支見庚金, 入泮而已.

若不見庚金, 甲木藏支, 丙火高透, 科甲有之,

若有庚, 丁出制, 必異路功名, 或爲典吏.

卽庚丁不透, 甲丙藏支, 亦云富貴.

壬透得戊救丙, 主富中取貴, 丙甲俱無, 必爲僧道.

十一二月戊土

十一二月嚴寒冰凍, 丙火爲尊, 甲木爲佐, 丙甲兩透, 桃浪之人, 丙出甲藏, 採芹食, 丙藏甲出, 佐雜前程, 有丙無甲者, 豪富, 有甲無丙者, 清貧, 丙甲全無, 下流之造.

或一派丙火, 加以丙透, 運値火土, 弱中復强, 又一壬透干, 主清高榮祿, 乏

壬, 僧道孤寒.

或一派水土寒滯, 不見一丙, 得一癸透月時, 亦不失儒雅風流.

或一派壬水, 不見比劫, 可作從才而論, 卽有比劫, 得甲出干, 又主富貴, 若寒土無丙, 雖有甲木, 亦是內虛外實之人.

或二癸透月時, 名爲爭合, 終屬勞碌之人, 得一己出干制癸, 反爲忠義之士, 合己從人而論.

年月透辛金者, 又屬土金傷官, 異路功名可許, 以金爲妻, 水爲子.

【回到上一頁：論戊土】

【己土喜用提要】

寅月：取丙解寒, 忌見壬水, 如水多, 須以土爲佐. 土多用甲, 甲多用庚.

卯月：用甲忌與己土合化, 次用癸水潤之.

辰月：先丙後癸, 土暖而潤, 隨用甲疏.

巳月：調候不能無癸, 土潤不能無丙.

午月：調候不能無癸, 土潤不能無丙.

未月：調候不能無癸, 土潤不能無丙.

申月：丙火溫土, 癸水潤土. 七月庚金司令, 丙能制金, 癸能泄金.

酉月：取辛輔癸.

戌月：九月土盛, 宜甲木疏之, 次用丙癸.

亥月：三冬己土, 非丙暖不生. 初冬壬旺, 取戊土制之, 土多, 取甲木疏之.

子月：三冬己土, 非丙暖不生. 壬水太旺, 取戊土制之, 土多, 取甲木疏之.

丑月：三冬己土, 非丙暖不生. 壬水太旺, 取戊土制之, 土多, 取甲木疏之.

三春己土

正月己土

正月己土, 田園猶凍, 蓋因臘氣未除, 餘寒未退, 故丙爲尊, 得丙照暖, 萬物自生, 忌見壬水, 反爲己病, 何也, 壬乃江湖之水, 湖水一發, 則田園洗蕩, 變爲沙土, 而根苗盡沒矣, 須戊作堤, 以保園圃, 壬多要見戊制, 有戊出干者, 定主玉堂金馬, 若乏制戊, 必屬平常.

或一派甲木, 有庚出干, 加以癸丙齊透, 配得中和, 亦名利雙全.

卽丙生寅月, 庚透天干, 亦有俊秀.

若甲多無庚, 殘疾廢人, 宜用丁洩.

或一派火, 卽不見水無礙, 何也, 正月己土溼, 必丙燥暖, 反主厚祿,

加一癸透, 科甲自然, 戊透, 反作常人.

或一派戊土, 有甲出制, 又主榮顯, 如見乙出, 雖多不能疏土, 且乙多者奸詐小人.

用丙者, 木妻, 火子.

二月己土

二月己土, 陽氣漸升, 雖禾稼未成, 萬物出土, 田園未展, 先取甲木疏之, 忌合, 次取癸水潤之, 甲癸出干, 定主科甲, 加以一丙出透, 勢壓百僚,

一見壬水, 微末官職.

或見庚制甲, 壬水出干, 比劫重重, 此必俗子, 丙透猶有小富, 丙藏衣祿無虧.

或支成木局, 庚透富貴, 若柱多乙木, 乙又屈庚, 庚必輸情於乙, 不能掃邪

於正, 此必狡詐之徒, 運入東南, 恐有不測, 當用丁洩之, 有丁者, 小人而已, 不致無良.

無比印, 從殺者貴.

若柱中無甲丙癸者, 皆下格, 妻子用神仝前.

三月己土

三月己土, 正栽培禾稼之時, 先丙後癸, 土暖而潤, 隨用甲疏, 三者俱透天干, 必官居黃閣, 或三者透一, 科甲定然, 但要得地, 郤以庚金爲病.

或有丙甲無癸, 亦可致富, 但不貴顯, 或有癸而無甲丙, 亦有衣衿, 或有丙癸無甲, 亦係才人, 丙癸全無, 流俗之輩.

或一片乙木, 無金制伏, 貧而且夭也, 妻子仝前.

三夏己土

三夏己土, 雜氣才官, 禾稼在田, 最喜甘沛, 取癸爲要, 次用丙火, 夏無太陽, 禾稼不長, 故無癸曰旱田, 無丙曰孤陰.

或丙癸兩透, 又加辛金生癸, 此富貴之格, 名水火旣濟, 鼎甲之人, 郤忌戊癸化合.

或有丙無癸, 有壬亦可, 但不大發.

或一派丙火烈土, 加以丁火制辛, 癸水無根, 如七八月之間旱, 則苗槁矣, 此命孤苦零丁, 或有甲木, 又見丙火重重, 無濟水解炎, 亦孤貧到老.

如有壬水, 又見庚辛, 此又不作孤看, 但恐目疾, 心腎肝臟之災, 若壬水有根, 辛金得地, 又非此而論, 或壬癸竝出, 破火潤土, 此人聰穎特達, 富中取貴, 又轉禍爲福也.

用癸者, 金妻, 水子, 用丙者, 木妻, 火子.

三秋己土, 萬物收藏之際, 外虛內實, 寒氣漸升, 須丙火溫之, 癸水潤之, 不特此也, 且癸能洩金, 丙能制金, 補土精神, 則秋生之物咸茂矣, 癸先丙後.

丙癸兩透, 雁塔題名, 或無癸, 有兩丙透者, 異途顯達, 或武職權高, 或有丙火, 不見壬癸, 爲假道斯文, 終無誠實, 或有壬癸無丙者, 衣食充足, 才能而已.

或支成金局, 癸透有根, 此人家畜萬緡, 富中取貴.

或支四庫, 甲透者富, 乏甲者孤貧, 或甲出無癸乏金, 積德可全科甲, 或會火局, 無水救, 乃大奸大惡之徒.

或丙透癸藏, 遇金頗有選援, 加一壬輔, 富貴慷慨, 有賢聲, 見戊透者, 主遭凶厄且貧.

八月支成金局, 無丙丁出救, 此人零丁孤苦, 如得丙透丁藏, 生己元神, 此人名魁天下, 五福完人.

總之三秋己土, 先癸後丙, 取辛輔癸, 九月土盛, 宜甲木疏之, 餘皆酌用.

三冬己土, 濕泥寒凍, 非丙暖不生, 取丙爲尊, 甲木參酌, 戊土癸水不用, 惟初冬壬旺, 取戊制之, 餘皆用丙丁, 但丁不能解凍除寒, 不能大濟.

或干透一丙, 支藏一丙, 如以甲透, 科甲有准, 卽藏丙無制, 亦主衣衿.

或多壬水, 得戊透制之, 此命安然富中取貴, 不見戊土, 富屋貧人, 凡三冬己土, 見壬水出干, 爲水浸湖田, 此人孤苦, 若見火不孤, 見土不貧.

或一派癸, 不見比劫, 此爲從才, 反主富貴, 雖不科甲, 恩誥有之, 若見比爭, 平常人物, 妻子主事, 從才者, 木妻, 火子.

或一派戊己, 取甲制之, 甲透者富貴.

或一片辛庚, 須用丙火, 還須丁火爲助, 丙藏, 富貴奇特之命.

【論土篇完】

【回到上一頁：論己土】

515

論金
논금

金以至陰爲體, 中含至陽之精, 乃能堅剛, 獨異衆物,

若獨陰而不堅, 冰雪是也, 遇火則消矣, 故金無火鍊, 不能成器,

金重火輕, 執事繁難, 金輕火重, 煆煉消亡, 金極火盛, 格最精,

金火全, 名曰鑄印, 犯丑字, 卽爲損模, 金火多名爲乘軒, 遇死衰, 反爲不利,

木火煉金, 成名銳而退速, 純金遇水, 逢富顯以贏餘, 金能生水, 火旺則金沈,

土能生金, 金多則土賤, 金無水乾枯, 水重, 則沈淪無用,

金無土死絶, 土重, 則埋沒不顯, 兩金兩火, 最上,

兩金兩木, 才足, 一金生三, 汐弱難勝, 一金得三木, 頑鈍自損,

金成則火滅, 故金未成器, 欲得見火, 金已成器, 不欲見火,

金到申酉巳丑, 亦可謂之成也, 運喜西北, 不利南方.

【庚金喜用提要】

寅月: 用丙暖庚性, 患土厚埋金, 須甲疏泄. 火多用土, 支成火局用壬.

卯月: 庚金暗强, 專用丁火, 借甲引丁, 用庚劈甲. 無丁用丙.

辰月: 頑金宜丁, 旺土用甲, 不用庚劈. 支火宜癸, 幹火宜壬.

巳月: 丙不熔金, 惟喜壬制. 次取戊土, 丙火爲佐. 支成金局, 變弱爲强, 須
用丁火.

午月：專用壬水,癸次之,須支見庚辛爲助.無壬癸,用戊己泄火之氣.

未月：若支成土局,甲先丁後.

申月：專用丁火,以甲引丁.

酉月：用丁火煆金,兼用丙火調候.

戌月：土厚先用甲疏,次用壬洗.

亥月：水冷金寒愛丙丁,甲木輔丁.

子月：仍取丁甲,次取丙火照暖,丙丁須臨寅巳午未戌支,方爲有力.一派
金水,不入和暖之鄉,孤貧.

丑月：仍須丁甲,次取丙火照暖,丙丁須臨寅巳午未戌支,方爲有力.一派
金水,不入和暖之鄉,孤貧.

春月之金　生於春月,餘寒未盡,貴乎火氣爲榮,性柔體弱,欲得厚土輔助,
水盛增寒,難施鋒銳之勢,木旺損力,有剉鈍之厄,金來比助,扶持最妙,比
而無火,失類非良.

夏月之金　夏月之金,尤爲柔弱,形質未具,尤嫌死絕,火多而鄰爲不厭,水
盛而滋潤呈祥,見木而助么傷身,遇金而扶持精壯,土薄而最爲有用,土厚
而埋沒無光.

秋月之金　秋月之金,當權得令,火來煆煉,遂成鐘鼎之材,土多培養,反惹
頑濁之氣,見水則精神越秀,逢木則琢削施威,金助愈剛,剛過則決,氣重
愈旺,旺極則衰.

冬月之金　冬月之金,形寒性冷,木多則難施琢削之功,水盛而未免沈潛之
患,土能制水,金體不寒,火來助土,子母成功,喜比肩聚氣相扶,欲官印溫
養爲利.

正月庚金

正月庚金, 木旺之際, 有土皆死, 不能生金, 且金之寒氣未除, 先用丙暖庚性,

又慮土厚埋金, 須甲疏洩, 丙甲兩透, 科甲顯榮, 二者透一, 亦有生監,

丙藏甲透, 異路功名.

或柱中土多, 甲透者貴, 甲藏者富, 庚出則否.

或丁火出干, 加以戊己而無水者, 又主富貴, 何也, 寅中甲木, 引丁有根, 無

水爲病, 名官星有氣, 才旺生扶, 故以富貴推之, 如火多則用土, 用土者火

妻土子.

或支成炎局, 壬透, 有根者, 大富貴, 無根者, 小富貴, 乏水者, 殘疾之人

或木被金傷, 無丙丁出制, 支無丁火, 此係平人, 或丙遭癸困, 無戊制者亦然.

總之正月庚金, 丙甲爲上, 丁火次之, 春金多火, 不夭則貧,

陽金最喜火煉, 煆煉太過, 反主奔流.

二月庚金

二月庚金, 柱中自然有乙, 當令之乙, 見庚必留情於乙, 此金有暗強之勢,

如秋金一理, 故二月庚金, 專用丁火, 借甲引丁, 借庚劈甲,

無丁用丙者, 富貴多出於勉强.

或丁在干, 甲透引丁, 支下再見一庚制甲, 配得中和, 必然大貴,

如不見庚合者, 雖丁甲兩透, 亦屬平人, 春丁不旺不衰, 故用甲爲佐丁之物,

甲若無庚劈, 則不能引丁, 乙木雖多, 又忌溼乙傷丁, 難爲丁母,

故有丁甲無庚者, 常人, 有丁庚, 甲不出干者, 常人,

或丁透無庚甲者, 可許貢監, 無丁有丙者, 異路功名.

或一片甲乙, 忌庚出幫破才, 乃從才格, 反主富貴, 若見一比, 又主孤貧.

從才者, 火妻土子, 用丁者, 取甲爲妻, 若有庚制, 難許同偕.

死金嫌蓋頂之泥, 重見戊己, 如人壓伏之象, 須甲透爲妙.

● 三月庚金

三月庚金, 戊土司令, 無生金之理, 有埋金之憂, 故先甲後丁, 不用庚劈甲,

三月之庚, 土旺金頑, 頑金宜丁, 旺土須甲, 乏甲不能立業, 乏丁焉能成名,

二者少一, 富貴不真, 庚金無火, 非夭則貧, 身弱才多, 富貴不久.

得丁甲丙透, 不見比肩, 科甲之命, 但要好運相催, 甲透丁藏, 採芹拾芥,

甲藏丁透, 異路功名, 丁甲俱藏, 不受庚制, 富中取富, 刀筆起家, 有甲無丁,

平常之輩, 有丁無甲, 迂儒腐儒, 丁甲兩無, 下賤之流.

或一甲, 無丁, 有丙, 由行伍而得官職, 須不見壬, 癸, 爲妙.

或支成土局, 無木, 貧賤僧道, 見乙, 奸詐小人.

或支成火局, 癸水透, 富貴, 有丙丁出干, 見壬制之, 方吉, 無制, 殘疾之人.

● 四月庚金

四月庚金, 長生於巳, 巳內有戊, 丙不鎔金, 故不畏火炎,

丙亦可作用, 但先壬水, 方得中和, 故曰群金生夏, 喜用勾陳,

次取戊土, 丙火佐之, 三者皆全, 登科及第, 卽透一二, 亦非白丁.

或一派丙火, 名曰假殺爲權, 須不見壬制者, 此人假作清, 高竝無仁義, 刑
妻剋子, 有壬制者, 又主榮華, 壬藏支者, 有富貴之名, 而無其實.

或支成金局, 變弱爲强, 用丙無力, 用丁方妙, 故丁透者吉, 無丁, 無用之人,
或丁出三四, 煆制太過, 其人奔波.

四月庚金, 須用壬丙戊, 但非拘執先後, 宜分病用藥, 妻子全前.

偸戟成功, 入火鄕而反害, 金逢火已損, 再見火必傷,

庚辛火旺怕南方, 逢辰巳之鄕, 又爲榮斷.

五月庚金

五月庚金, 丁火旺烈, 庚金敗地, 專用壬水, 癸又次之.

壬透癸藏, 支見庚辛, 必然科甲, 切忌戊己透干制水, 則否, 戊藏支內, 不失儒
林, 或壬在支, 有金生助, 又得金神出干, 明經之貴, 或癸出帶辛, 異路之榮.

或支成炎局, 乏水者, 奔波之客, 有壬癸制者, 捐納之人, 又見戊己透者則否,
無壬癸制火者, 又宜戊己出干補金洩火, 庶不夭折孤貧.

總之仲夏無水, 非上格, 或一派木火, 無傷, 印, 比劫, 又作從殺而論.

六月庚金

六月庚金, 三伏生寒, 頑鈍極矣, 先用丁火, 次取甲木.

丁甲兩透名顯身榮, 忌癸傷丁, 有甲無丁, 庸俗, 有丁無甲, 生員, 丁甲全無,
下賤之人, 木雖有, 丁不透, 支又見水, 執鞭之士, 丁火無傷, 貿易之流.

支會土局, 甲先丁後, 甲透者, 文章顯達, 丁透者, 刀筆揚名.

或柱多金, 有二丁出制, 異路功名.

七月庚金

七月庚金,剛銳極矣,專用丁火煆煉,次取木引丁,

故曰,秋金銳銳最爲奇,壬癸相逢總不宜,如逢木火來成局,試看福壽與天齊,

如得丁甲兩透,定步青雲,若有丁無甲爲俊秀,

有甲無丁是平人,丁甲兩無無用物,只堪門下作閒人.

或支成水局,乏丁用丙,柱中卽有丙火,不見甲木者,必主愚懦,

何也,當時金水兩旺,金生水以制火,何能發達,或見甲出引丁,可云生監,

甲弱者,衣食充盈.

或支成土局,先甲後丁.

支成火局,富貴中人,金剛木明,行商坐賈之人,金備申酉戌之地,富貴疑,

金神入火鄉,逢羊刃富貴榮華.

八月庚金

八月庚金,剛銳支退,用丁甲,丙不可少,若丁甲透,又見一丙,功名顯赫,

且見羊刃無刑沖,丙殺藏支,名爲羊刃架殺,主出將入相,直介忠臣.

或丙火重重,一丁高透,亦主科甲,丙出丁藏,異路之仕.

或甲藏支,火透而水不透者,亦主清高,衣衿可望.

或丁藏支內,重見丙火者,此名假殺重重,雖羊刃帖身,邻難從殺也.

卽一丙透,秀而不富,或支見重重甲乙,無用人也,

總之旺金木衰,非火莫制,不見丙丁,藝術之輩.

九月庚金

九月庚金, 戊土司令, 最怕土厚埋金,

宜先用甲疏, 後用壬洗, 則金自出矣, 忌見己土濁壬.

壬甲兩透, 科甲相宜, 或甲透壬藏, 鄉魁可望, 甲藏壬透, 廩貢堪謀,

有甲無壬, 猶有學問, 有壬無甲, 莫問衣衿, 壬甲兩無, 則爲下格.

或支成水局, 丙透救之, 此人才高邁眾, 名重鄉閭, 不見癸水, 一榜可許.

或四柱戊多金旺, 全無甲壬者, 卽有衣祿, 亦不能久, 或庚戊多無壬甲者,

愚頑之輩.

三冬庚金

十月庚金

十月庚金, 水冷性寒, 非丁莫造, 非丙不暖.

丁甲兩透, 支無水局, 一榜有之, 支藏丙火, 桃浪之仙,

支見亥子, 得己出制, 亦有功名.

若見丙透無丁者, 決無顯達. 丁藏甲透, 武職之人. 以上不合者, 庸俗 如金

水混雜, 全無丙丁者, 鄙夫, 支成金局,

無火者, 僧道之命也, 書曰, 水冷金寒愛丙丁.

十一月庚金

十一月庚金, 天氣嚴寒, 仍取丁甲, 次取丙火照暖, 或丁甲兩透, 丙在支中,

必主科甲, 卽無丙火, 亦有衣衿, 有丁無甲, 亦可富中取貴, 有甲無丁, 只作

常人, 或丙透丁藏, 異途名望, 丁藏有甲, 武學可許.

或重重丙火, 可許一富, 但不清高,

丙戌生寅, 或丙底坐寅, 有一二者, 富真貴假, 若見癸透, 一介寒儒.

或支成水局, 不見丙丁者, 此乃傷官格, 爲人清雅, 衣祿常盈, 但子息艱難耳.

或丙丁太多, 名官煞混雜最無良, 又怕身輕有損傷,

如遇東南二運地, 焉能挨得過時光, 過於清冷, 似有凄凉,

柱中一派金水, 不入火土之鄉, 主一生孤貧浪蕩, 難望有成也.

十二月庚金

十二月庚金, 寒氣太重, 且多溼泥, 愈寒愈凍, 先取丙火解凍,

次取丁火煉金, 甲亦不可少.

丙丁甲透者, 卽不科甲, 亦有恩榮, 有丙無丁甲者, 富中取貴,

有丁甲無丙者, 特達才人, 有丙丁無甲者, 白手成家,

刀筆亨通, 乏金更美, 或支成金局無水, 僧道之流.

【回到上一頁：論更庚金】

【辛金喜用提要】

寅月：辛金失令, 取己土爲生身之本, 欲得辛金髮用, 全賴壬水之功.
　　　壬己竝用, 以庚爲助.

卯月：壬水爲尊, 見戊己爲病, 須甲制伏.

辰月：若見丙火合辛, 須有癸制丙. 支見亥子申, 爲貴.

巳月：壬水淘洗, 兼有調候之用, 更有甲木制戊, 一清徹底.

午月：己無壬不濕, 辛無己不生, 故壬己竝用, 無壬用癸.

未月：先用壬水, 取庚爲佐, 忌戊出, 得甲制之, 方吉.

궁통보감 원문

申月: 壬水爲尊, 甲戊酌用. 不可用癸水.

酉月: 壬水淘洗, 如見戊己, 須甲制土. 支成金局, 無壬, 須用丁火.

戌月: 九月辛金, 火土爲病, 水木爲用.

亥月: 先壬後丙, 名金白水清, 餘皆酌用.

子月: 冬月辛金, 不能缺丙火溫暖, 餘皆酌用.

丑月: 同上. 丙先壬後, 戊己次之, 總之丙火不可少也.

正月辛金

正月辛金, 陽氣舒而寒未除, 不知正月建寅, 中有長生之丙, 解去寒氣,

忌甲木司權, 辛金失令, 取己土爲身之本, 欲得辛金發現, 全賴壬水之功,

己壬兩透, 支見庚制甲, 科甲定然, 或己土透干, 支中有甲, 異路恩榮,

或己土不全, 號曰君臣失勢, 富貴難全, 或有丙火出干, 亦主武學,

或見壬, 無己庚者, 貧賤之徒. 或支成火局, 卽壬水出干, 不剋己土, 亦尋常

之人, 或庚壬兩透, 破局制火, 必爲顯達之人.

或支成水局, 不見丙火, 名爲金弱沈寒, 平常之士,

書曰金水性寒寒到底, 淒涼難免少年憂, 得丙透照暖, 反主富貴.

故正月辛金, 先己後壬, 己爲君, 庚爲佐, 如用丙火須參看,

用己, 火妻土子, 用壬, 金妻水子.

辛金珠玉, 最怕紅爐, 辛逢卯日, 子時, 名曰朝陽.

二月辛金

二月辛金, 陽和之際, 壬水爲尊, 見戊己爲病, 得甲制伏, 則辛金不致埋沒,

壬水不致混濁, 合此者必身入玉堂, 故二月庚金, 有壬甲透者貴顯,

不則, 鄕紳, 或壬坐亥支, 不見土出, 可能入芹, 家亦小康,

得申中之壬者, 異途名望, 無壬者常人, 其生剋之理, 與正月辛金皆同.

或壬戊透, 甲不出干, 此爲病不遇藥, 平常之人,

得乙破戊, 頗有衣衿, 但假名假利, 刻薄乖張.

或一派壬水汪洋, 名金水淘洗太過, 不得中和, 略有衣食, 全無作爲,

如壬水重重, 得戊反吉. 或支成木局, 洩盡壬水, 有庚富貴, 無庚平人.

或支成火局, 名官印相爭, 金水兩傷, 下流之格, 得二壬出制, 富貴反奇.

辛金生於春季, 一派壬水, 而無丙水, 卽能顯達,

家無宿舂, 得壬丙齊透, 方許大富大貴.

三月辛金

三月辛金, 戊土司令, 辛承正氣, 母旺子相, 先壬後甲, 壬甲兩透, 富貴必然,

壬透甲藏, 廩貢不失, 甲透壬藏, 富貴可云, 壬甲皆無, 平常之格.

所忌者丙貪合也, 如月時皆丙, 名爲爭合, 主慷慨風流, 交遊四海,

若癸出干制丙, 可許採芹, 或支坐亥子之鄕, 支又見申, 卽非玉堂,

亦必高增祿位, 若戊出干制水, 不見甲乙, 清閑之人.

又或支見四庫, 名土厚埋金, 不見甲制, 愚頑之輩.

或四柱火多, 無水制伏, 名火土雜亂, 主作緇衣, 見癸可解.

或比劫重重, 壬癸淺弱, 主夭, 有甲出干, 則貴, 然無庚制方妙.

四月辛金

四月辛金, 時道首夏, 忌丙火之燥烈, 喜壬水之洗淘,

支成金局, 水透出干, 有木制戊, 名一清澈底, 科甲功名,

癸透壬藏, 富真貴假, 若壬癸皆藏, 戊己亦藏, 略富,

若壬癸俱無, 反見火出, 必主鰥獨.

或支成火局, 有制者吉, 無制者凶, 凡火旺無水, 取土洩之.

若壬水藏亥, 戊不出干, 亦主上達, 有戊常人, 有一甲透, 衣祿可求,

若有甲無壬癸者, 富貴虛浮, 所謂羊質虎皮是也.

壬, 癸, 甲, 三者全無, 又不合格, 斯爲下品.

五月辛金

五月辛金, 丁火司權, 辛金失令, 陰柔之極, 不宜煆煉, 須己壬兼用,

何也, 己爲泥沙, 壬爲湖海, 己無壬不濕, 辛無己不生, 故壬己丙用,

無壬, 癸亦可用, 但癸力小, 或支成火局, 卽重見癸出, 亦不濟,

得壬透破火方可, 必主生員, 若無壬, 癸見戊, 雖有午宮己土, 燥泥成灰, 金

必煆鎔, 反遭埋沒, 必爲僧道, 有一二重比肩, 不致孤獨.

五月辛金, 壬, 癸, 己, 三者皆用.

或壬己兩透, 支見癸水, 不沖, 定主顯達, 卽己藏支, 亦有廩貢,

或無壬有己, 須得異途, 或癸出有庚, 必主衣錦, 叨受恩榮, 若水土多者, 見

甲方妙.

庚辛生於夏月, 要壬恐地, 若木多火多, 不見金水, 逢金水運必敗.

六月辛金

六月辛金, 己土當權, 輔助太多, 恐掩金光, 先用壬水, 取庚佐之,

壬庚兩透, 科甲功名, 卽不出干, 藏支得所, 亦有榮華, 但忌戊出, 得甲制
之, 方吉, 甲須隔位, 恐貪己合, 反掩金光, 又寒壬水之流, 下賤之格,

又忌庚出制甲, 或只有未中一己, 見子壬水, 又爲溼泥, 不可見甲, 甲出, 反
作平人, 總以一壬一己, 見庚無甲, 方妙, 與五月用己壬同.

或丁乙出干, 又有庚壬者, 顯貴, 無壬者, 否,

或支成木局, 得壬透, 又有庚金發水之源, 可云富貴.

七月辛金

七月辛金, 值庚司令, 不旺自旺, 且壬水居申, 四柱不見戊土, 胎元戊藏申内,
爲壬岸, 人繆此, 爲官清正, 但不富耳.

或有土無甲, 爲有病無藥, 常人, 有甲者, 衣衿可望.

或四柱金多, 宜水洩之, 若一派金水, 得一戊土, 反爲辛用, 又宜甲制, 自然
富貴.

或干支水多, 重見戊土, 逢生得位, 福壽之造.

七月辛金, 壬不在多, 故書曰, 水淺金多, 號曰體全之象,

壬水爲尊, 甲戊酌用可也, 癸水不可爲用.

527

八月辛金

八月辛金, 當權得令, 旺之極矣, 專用壬水淘洗, 故云金見水以流通,

如見戊己, 則生扶太過, 故以土爲病, 見甲制土, 方妙, 無戊, 不宜用甲.

或四柱一點壬水, 甲多洩水, 此爲用神無力, 奸詐之徒,

得庚制者, 反主仁義, 或三點辛金, 一重壬水, 多見甲木, 有庚透者, 主大富貴,

不見丁爲美, 若見一丁, 此人風雅清高, 衣食饒裕而已.

或一二比肩, 壬甲皆一, 無庚出干, 亦有恩榮.

若二三比肩, 一點壬水, 戊土多見, 此爲土厚埋金, 此人愚懦,

見一甲出, 必爲創立之人.

或一派辛金, 一位壬水, 無庚雜亂, 又主富中取貴.

或一派壬水洩金, 無戊出制, 爲沙水同流, 主奔波貧苦,

若得支見一戊止流, 其人頗有才略, 藝術過人.

或支成金局, 干見比肩, 無壬淘洗, 此宜用丁, 無丁必主凶頑無賴,

若得一壬高透, 以洩群金, 又名一清到底, 定有治國之材.

或支成金局, 戊己透干, 壬透無火, 名白虎格, 運行西北, 富貴大顯, 子息艱難,

或透丙火, 雖有壬出, 亦屬平庸.

或一二辛金, 一派己土, 定爲僧道, 或干透己土, 支見庚甲, 一生安閑.

或一派乙木, 不見庚壬, 爲才多身弱, 一見庚制, 富貴可期.

金生秋月土重, 貧無寸鐵, 六辛日透戊子時, 運喜西方,

陰若朝陽, 切忌丙丁離位, 庚辛局全巳酉丑, 位重權高.

九月辛金

九月辛金, 戌土司令, 母旺子相, 須甲疏土, 壬洩旺金, 先壬後甲, 壬甲兩透,

桃洞之仙, 或壬透甲藏, 又見者, 平人, 甲透, 壬藏, 戊在支内, 異途之仕.

或辛日甲月, 壬水在支, 有庚自能去濁留清, 秋聞一榜, 若戊戌月, 卽有甲在支亦否.

總之土太多, 甲不出干, 莫問功名, 一壬出, 洗土助甲, 雖不發達, 富而可求.

或土多無壬甲, 時月多透丙辛者, 略貴, 加以辰字在支, 則榮顯莫及.

或木多土厚, 無水者常人, 或干上重見癸水, 雖無淘洗之功, 頗有清金之用, 此命主富, 辛苦. 或己透無壬有癸, 亦能滋生金力, 衣衿之貴,

但恐己多, 不免濁富.

九月辛金, 火土爲病, 水木爲藥.

十月辛金

十月辛金, 時值小陽, 陽漸升, 寒氣將降, 先用壬水, 次取丙火,

壬丙兩透, 金榜題名, 何也, 蓋辛金有壬水丙火, 名金白水清, 又在亥月故發.

丙透壬藏, 採芹之造, 丙藏壬透, 富有千金, 壬丙在支, 聰明之士.

戊壬存柱, 積蓄之人, 或壬多無戊, 名辛水汪洋, 反成貧賤, 戊多壬少, 又主成名.

或甲多戊少, 因藝術而蓄金.

若己多有戊, 壬水被困, 金被埋, 不過誠實之人,

或壬癸多無戊丙者, 勞碌辛苦, 十月辛金, 先壬後丙, 餘皆參用.

十一月辛金

十一月辛金, 癸水司令, 爲寒冬雨露, 切忌癸出凍金, 而困丙火,

壬丙兩透, 不見戊癸, 衣錦腰金, 卽壬藏丙透, 一榜堪圖.

或壬多有戊, 丙甲出干者, 青雲之客, 若壬多無戊丙者, 洩金太過, 定主寒儒,

或壬多, 甲乙重重, 無丙火者, 貧寒.

或支成水局, 癸水出干, 有二戊制者, 富貴恩榮, 無戊者常人,

或支見亥子丑, 干出比劫, 無丙, 名潤下格, 富貴雙全,

運喜西北, 若無庚辛, 又出甲乙, 無戊丙者, 必主僧道.

或支成木局, 有丁出干, 又見戊者, 功名特達, 冬月辛金, 須丙溫暖, 方妙.

十二月辛金

十二月辛金, 寒凍之極, 先丙後壬, 炳不能解凍, 無壬不能洗淘, 丙壬兩透,

金馬玉堂之客, 壬丙俱藏, 游庠食, 之人, 有丙無壬, 富真貴假,

有壬乏丙, 賤而且貧, 或丙多, 無壬, 有癸, 市中貿易之流.

或水多, 有戊己出干, 又有丙丁, 必主衣食充盈, 一生安樂,

十二月辛金, 丙先壬後, 戊己次之.

【論金篇完】

【回到上一頁：論辛木】

論水
논수

天傾西北, 亥爲出水之方, 地陷東南, 辰爲納水之府, 逆流到申而作聲, 故水不西流, 水性潤下, 順則有容, 順行十二神, 順也, 主有度量, 有吉神扶助, 乃貴格, 逆則有聲, 逆行十二神, 逆也, 入格者, 主清貴, 有聲譽, 忌刑沖, 則橫流, 愛自死自絶, 則吉.

水不絶源, 仗金生而流遠, 水流泛濫, 賴土剋以堤防, 水火均, 則合旣濟之美, 水土混, 則有濁源之凶, 四時皆忌火多, 則水受渴, 忌見土重, 則水不流, 忌見金死, 金死則水困, 忌見木旺, 木旺則水死, 沈芝云, 水歿搖, 多主濁濫, 女人尤忌之, 口訣云, 陽水身弱, 窮, 陰水身弱, 主貴.

【壬水喜用提要】

寅月 : 無比劫, 不必用戊, 專用庚金, 丙火爲佐.

卯月 : 三春壬水絶地, 取庚辛發水之源, 水多用戊.

辰月 : 甲疏季土, 次取庚金以發水源, 金多須丙制之爲妙.

巳月 : 壬水弱極, 取庚辛爲源, 壬癸比助.

午月 : 取庚爲源, 取癸爲佐, 無庚用辛.

未月 : 以辛金髮水源, 甲木疏土.

申月 : 取丁火佐戊制庚, 戊土通根辰戌, 丁火通根午戌, 方可爲用.

酉月：無甲,用金發水之源,名獨水犯庚辛,體全之義.

戌月：以甲制戌中戊土,丙火爲佐.

亥月：若甲出制戌,須以庚金爲救.

子月：水旺宜戊,調候宜丙,丙戊必須兼用.

丑月：上半月專用丙火,下半月用丙,甲木爲佐.

春月之水　生於春月,性濫滔淫,再逢水助,必有崩堤之勢,若加土盛,則無泛漲之憂,喜金生扶,不宜金盛,欲火既濟,不要火多,見木而可施功,無土仍愁散漫.

夏月之水　夏月之水,執性歸源,時當涸際,欲得比肩,喜金生而助體,忌火旺而福乾,木盛則盜其氣,土旺則制其流.

秋月之水　秋月之水,母旺子相,表裏晶瑩,得金助則清澄,逢土旺而混濁,火多而財盛,木重而子榮,重重見水,增其泛濫之憂,疊疊逢土,始得清平之意.

冬月之水　冬月之水,司令當權,遇火,則增暖除寒,見土,則形藏歸化,金多,反曰無義,木盛,是謂有情,土太過,勢成涸轍,水泛濫,喜土堤防.

三春壬水

正月壬水

正月壬水,汪洋之象,能幷百川之流,然水性柔弱,宜用庚金之源,庶不致汪洋無度,有庚丙戊三者齊透,科甲功名,或庚戊藏支,丙坐寅支者,亦有恩誥,卽一庚透,貢監有之.

凡壬日無比肩羊刃者, 不必用戊, 專用庚金, 以丙爲佐.

或見比劫, 又有庚辛, 此弱極復旺, 又宜制伏, 成透, 可云科甲, 戊藏, 則是秀才, 然必丙透不合, 爲妙.

或支見多戊, 又有甲出干, 名一將當關, 群邪自伏, 主光明磊落, 名重百寮.

或支成火局, 借不逢時, 主名利皆虛, 文章駭俗.

用庚者, 土妻金子, 用丙者, 木妻火子, 用戊者, 火妻土子.

二月壬水

二月壬水, 寒氣初除, 有幷流之象, 不用丙暖, 專取戊土辛金, 二月壬水, 先戊後辛, 庚金次之.

戊辛兩透, 雁塔題名, 戊透辛藏, 亦有恩誥, 或戊辛不透, 有庚出干者, 主富.

或支成木局, 有庚透者, 金榜題名, 在水, 者異途之任.

或木出火多, 名木盛火炎, 須比肩羊刃, 尤宜水透, 富貴恩榮, 乏水者則否.

或比肩重重, 又須戊土, 書曰, 土止流水福壽全, 若戊不見, 名水泛木浮, 一生辛苦, 再行水運, 落水身亡.

或甲乙重重無比肩者, 此依人度日, 全無作爲, 若見庚辛, 飢寒可免.

三月壬水

三月壬水, 戊土司權, 死有推山塞海之患, 先用甲疏季土, 次取庚金.

甲庚俱透, 科甲定然, 甲透庚藏, 修齊品格, 甲藏有根, 可云俊秀,

有癸滋甲, 必主干城, 獨甲藏支, 必富, 獨庚在柱, 常人,

無甲, 剛暴之徒, 乏庚, 愚頑之輩.

或時干透丁者, 此爲化合, 助火而不助水, 見丁未一理.

或支成四庫, 之甲者, 名殺重身輕, 終身有損.

凡水旺多見庚金者, 乃無用之人, 須丙制之方妙.

三夏壬水

四月壬水

四月壬水, 丙火司權, 水弱極矣, 專取壬水比肩爲助, 次取辛金發源,

且暗合丙火, 庚金爲佐.

壬辛兩透, 金榜有名, 或癸辛兩出, 加以甲透, 亦主異路之榮,

無甲者, 富貴門下之客.

如無壬, 木少火多者, 又作棄命從才格, 因妻致富, 癸透者殘疾.

或四柱多金得地, 則弱極復强, 須用巳中戊土, 亦主名利雙全, 或異途之貴,

若見一甲藏寅, 與己相刑, 主有暗疾, 名利皆虛, 不能創立.

或多甲乙, 有庚出干者, 貴, 無庚者否.

或支成水局, 大貴.

五月壬水

五月壬水, 丁旺壬弱, 取癸爲用, 取庚爲佐, 無庚不能發水, 無癸不能傷丁,

五月壬水, 辛癸亦可參用, 其理與四月皆同.

庚癸兩透, 科甲必然, 庚壬兩透, 官居極品, 有庚無壬癸者, 常人.

或支成火局, 全無金水, 名才多身弱, 富屋貧人, 若又甲乙多者, 僧道之命.

六月壬水

六月壬水, 己土當權, 丁火退氣, 先用辛金癸水, 次用甲木劈土,

六月壬水, 先辛後甲, 次取癸水.

辛甲兩透, 富貴清高, 甲藏辛透, 貢監生員, 辛藏甲透, 異途武職,

甲壬兩透, 無傷, 有治國之貴, 卽甲藏壬出無破, 是拾芥之才,

或支多土火, 又只清貧.

或一派己土, 此假從殺格, 爲人奸詐, 且主孤貧,

得甲乙出制可救, 凡土居生旺之地, 須用木制方妙.

或支成木局, 洩水太過, 當用金水爲貴, 以金爲妻, 水爲子.

七月壬水

七月壬水, 庚金司令, 壬得申之長生, 源流自遠, 轉弱爲强, 專用戊土,

次取丁火佐戊制庚, 但用辰戌之戊, 不用申中受病之戊, 戊丁俱透, 科甲生員,

戊透天干, 丁藏午戌, 恩封可待, 特忌戊癸化合, 卽支見寅戌, 年出丁火, 可許

衣衿, 或丁戊兩藏, 富中取貴.

或四柱多壬戊又透干, 名假殺化權, 閫苑之仙,

支中見甲, 亦不忌也, 但太多者, 常人, 有庚居申, 頗有衣祿.

或戊多而透, 得一甲制, 略貴, 無甲常人,

或一派甲木, 又見火多, 無庚出者, 別祖離鄉, 隨緣度日, 蓋申中之庚, 不能

救也.

七月壬水, 栽用戊土, 丁火爲佐.

八月壬水

八月壬水, 辛金司權, 正金白水清, 忌戊土爲病, 專用甲木, 甲木一透制戊,

壬水澈底澄淸, 名高翰苑, 若甲出時干, 功名顯達,

設見庚破, 又屬常人, 卽甲藏支, 無庚, 秀才可許.

或天干有壬, 支見申亥, 此非用甲, 戊土作用, 亥雖有甲, 又有申中之金制甲,

秀才一定, 且富足多才.

或無戊, 多金水者, 主人淸才濁, 困苦寒儒.

無甲用金, 發水之源, 名獨水三犯庚辛, 號曰體全之象.

八月壬水, 栽用甲木, 庚金次之, 用甲者, 水妻木子.

九月壬水

九月壬水進氣, 其性將厚, 若一派壬水, 見一甲, 制戌中之戊, 戊又出干, 斯

用丙火, 此格淸貴極矣, 正合一將當關, 群邪自伏, 或不見丙戊, 亦不爲妙.

或一派戊土, 無一己庚雜亂, 得一甲透時干, 玉堂淸貴, 卽甲透月上, 亦主科甲,

若支藏己土, 一榜可圖, 或庚乏丁, 貧賤之人.

或丁透見甲, 略貴. 或水多乏丙者, 又用戊土, 常人.

九月壬水, 栽用甲木, 次用丙火, 用土者, 火妻土子.

三冬壬水

十月壬水

十月壬水司權, 至旺之極, 取戊爲用, 若生辰日干, 又見辰時, 必須戊透,

又須庚制甲, 不傷戊土, 戊庚兩全, 定主登科及第, 位顯權高,

或甲出制戊, 不見庚救者, 斷之困窮, 戊藏無制, 可許生員,

或戊庚兩透無甲者, 亦主榮顯.

或支木局, 有甲乙出干, 得庚透者, 富貴, 無庚者, 平常.

或支成水局, 不見戊己, 名潤下格, 運行西北, 大富貴, 行東南者, 必危.

或丙戊兩透, 行火土運, 名利雙全, 或有丙無戊, 可云衣祿,

有戊無丙, 難許推盈, 十月壬水, 專用戊丙, 次取庚金.

十一月壬水

十一月壬水, 陽刃幫身, 較前更旺, 先取戊土, 次用丙火, 丙戊兩透, 富貴榮華,

有戊無丙, 略可言富, 有丙無戊, 好謀無成.

或支成水局, 丙不出干, 卽有戊土, 亦係庸人,

或丙透得所, 卽戊藏支, 亦可顯達, 須運得用方妙.

或支成火局, 一富而已. 或比見月時, 年見丁火, 平常之輩,

支成四庫, 富貴中人, 或丁出時干, 名爲爭合, 主名利難成.

或壬子日, 丁未時, 雖不能科甲, 亦有恩榮, 何也, 蓋用子中癸水爲宮,

號曰用神得地, 亦主榮華. 十一月壬水, 丙戊並用.

十二月壬水

十二月壬水, 旺極復衰, 何也, 上半月癸辛主事, 故旺, 專用丙火,

下半月己土主事, 故衰, 亦用丙火, 甲木佐之.

有丙解凍, 名利雙全, 丙透甲出, 科甲之貴, 然四柱無壬, 方妙, 無丙, 單寒
之士.

或四柱多壬, 戊透制之, 衣衿可望.

537

或丁出時干, 化合成木, 月干又見丁火, 無癸破格, 亦主富貴.

或支成金局, 不見丙丁, 名金寒水冷, 一世孤貧, 見火略可,

卽丙透遇辛, 亦不爲妙, 見丁頗吉.

臘月壬水, 先取丙火, 丁甲爲佐, 故水冷金寒愛丙丁, 用火者, 木妻火子.

水旺居垣須有智, 水土混雜必愚頑, 壬癸路經南域, 主健, 富貴堪圖,

又云, 惟有水木傷官格, 才官相見始爲歡.

【回到上一頁：論壬水】

【癸水喜用提要】

寅月：用辛生癸水爲源, 無辛用庚. 丙不可少.

卯月：乙木司令, 專用庚金, 辛金爲次.

辰月：上半月專用丙火, 下半月雖用丙火, 辛甲爲佐.

巳月：無辛用庚. 忌丁破格, 有壬可免.

午月：庚辛爲生身之本, 但丁火司權, 金難敵火, 宜兼有比劫, 方得庚辛之用.

未月：上半月金神衰弱, 火氣炎熱, 宜比劫幫身, 同五月. 下半月無比劫亦可.

申月：庚金得祿, 必丁火制金爲用, 丁火以通根午戌未爲妙.

酉月：辛金爲用, 丙火佐之, 名水暖金溫, 須隔位同透爲妙.

戌月：專用辛金, 忌戊土, 要比劫玆甲制戊方妙.

亥月：亥中甲木長生, 泄散元神, 宜用庚辛. 水多用戊, 金多用丁.

子月：丙火解凍, 辛金滋扶.

丑月：丙火解凍, 通根寅巳午未戌方妙. 支成金局, 要丙透得地. 支成火局,
又宜用庚辛.

三春癸水

正月癸水

正月癸水, 值三陽之後, 雨露之精, 其性至柔, 先用辛金, 生癸水之源,

次用丙火照暖, 名陰陽和合, 萬物發生, 辛丙兩透, 金榜有名.

或支成火局, 辛金受傷, 有壬出救者, 富貴, 無壬者, 貧窮,

或丙出天干, 辛在酉丑, 亦有衣衿, 若辛丙皆無, 貧寒下格,

或辛透丙藏, 恩榮之造, 丙辛在柱, 以富得官.

或戊透月上, 坐辰時, 不見比劫, 丙丁出干, 此爲化合, 定主腰金, 見刑沖,

則否.

或支成水局, 宜有丙透, 無壬者, 衣祿不少, 若見丙火重重, 又作貴推.

正月癸水, 辛金爲主, 庚金次之, 丙亦可少, 若無庚辛, 雖有丙火, 無用之人,

或火多土多, 殘疾不免. 用辛者, 土妻金子.

二月癸水

二月癸水, 不剛不柔, 乙木司令, 洩弱元神, 專用庚金爲用, 辛金次之,

庚辛俱透, 無丁出干者, 貴由科甲, 無庚辛者常人.

或庚透辛藏, 榮封有准, 庚藏辛透, 亦有衣衿, 庚辛兩藏, 富中取貴,

或刀筆揚名, 或庚辛重見, 有己丁出干者亦貴.

或支成木局, 月時又見木者, 爲洩水太過, 定主貧困多災, 卽運入西方, 亦屬

無用.

三月癸水

三月癸水, 要分淸明穀雨, 淸明後, 火氣未熾, 專用丙火, 爲陰陽合諧,

穀雨後, 雖用丙火, 尙宜辛甲佐之, 如辛卯, 壬辰, 癸未, 丙辰, 生上半月, 用丙

火, 顯達, 生下半月, 必無傷辛金癸水, 方妙, 然丙亦不可少, 用丙, 木妻水子.

三月癸水, 從化者多, 得化者榮祿, 不化者平常.

或支成水局, 又見己土, 無木, 乃假殺格, 有甲出者, 常人.

或支坐四庫, 又得甲透, 可謂顯達名揚, 無甲者僧道孤苦.

或支成木局, 無金, 名傷官生才格, 主聰明博學, 衣祿充饒.

三月癸水, 辛甲皆酌用, 下半月, 土妻金子.

三夏癸水

四月癸水

四月癸水, 喜辛金爲用, 無辛用庚, 若辛高透, 不見丁火, 加以壬透, 主科名

榮貴, 聲播四夷, 若有丁破格, 貧無立錐, 有壬可免, 辛藏無丁, 貢監衣衿.

或一派火土乏辛, 卽有巳庚, 亦不能生水, 又無比肩羊刃, 必至熬乾癸水, 損

日無疑, 艾壬兩透, 洩制火土, 名劫印化晉, 極貴之造, 有丁見干者, 則否,

如有庚無壬, 亦無丁破金者, 堪入儒林, 有庚無辛者, 異路功名,

總之四月癸水, 專用辛金方妙.

五月癸水

五月癸水, 至弱無根, 必須庚辛爲生身之本, 但丁火司權, 金難敵火, 安能滋

養癸水, 宜見比劫, 方得辛金之用, 五月癸水, 庚辛壬參酌运用可也.

如庚辛透干, 又見壬癸者, 定主鍾鼎名家, 或有金透, 支見申子辰者, 亦主金榜掛名, 或無水出干, 支只一水, 雖有庚辛, 一富之造, 故曰, 水源會, 富重貴輕, 又曰, 金水會夏天, 富貴永無邊, 運行火土地, 快樂似神仙.

或支成炎局, 無壬出干, 定主僧道, 或二壬一庚同透, 衣錦腰金.

或一派己土, 無甲出制, 此作從殺而論, 又主大貴, 凡從殺者, 切不可破格方吉.

🔵 六月癸水

六月癸水, 有上下月之分, 下半月庚辛有氣, 上半月庚辛休囚, 凡六癸日, 多不驗者, 何也, 俗士不知此理, 因未中有乙巳同宮, 破而不破, 故癸水不能從殺, 所以專用庚辛, 如上半月金神衰弱, 火氣炎烈, 宜比劫助身, 可云富貴, 與五月一理, 下半月庚辛有氣, 卽無比劫亦可, 又忌丁透, 卽丁在支亦不吉, 其生剋制化, 與五月略同.

三秋癸水

🔵 七月癸水

七月癸水, 正母旺子相之時, 癸雖死申, 殊不知申中有庚生之, 名死處逢生, 弱中復強, 卽運行西北, 亦不死也, 但庚司令, 剛銳極矣, 必取丁火爲用, 或丁透有甲, 名有燄之火, 必主科甲, 或丁透無甲, 又無壬癸, 卽有一二庚金, 亦有生監, 有二丁更妙, 或金多乏丁制者, 貧困之人, 或一丁坐午, 名獨才格, 主金玉滿堂, 富中取貴, 若在未戌, 則是常人, 或柱見二戌二未, 又得丙丁藏支, 干見甲出, 無水, 亦作富貴而推.

八月癸水

八月癸水, 辛金虛靈, 非頑金可比, 正金白水清, 故取辛金爲用,

丙火佐之, 名水暖金溫, 如丙與辛隔位同透, 主科甲功名,

或丙透辛藏, 一榜之士, 或土多剋水, 生意中心, 八月癸水, 丙辛怕用.

九月癸水

九月癸水, 失令無根, 戊土司權, 剋制太過,

專用辛金發水之源, 要比肩滋甲制戊方妙.

或辛甲兩透, 支見子癸, 定主平步青雲, 或癸甲兩透, 富貴成名,

或有甲辛無癸者, 亦有恩封, 或有甲癸無辛者, 富大貴小,

有甲無癸辛者, 常人, 二者俱無, 貧賤之格.

或有甲見壬者, 頗許衣衿. 九月癸水, 辛甲竝用.

三冬癸水

十月癸水

十月癸水, 旺中有弱, 何也, 因亥搖木, 洩散元神, 宜用庚辛爲妙,

得庚辛兩透, 不見丁傷者, 功名有准.

或支成木局, 有丁出干, 爲木旺火相, 制住庚辛不生水, 必主清寒,

或成木局, 干見丙丁, 異路之榮.

或一派壬水, 不見戊制, 名冬水汪洋, 奔波到老, 若得戊透, 清貴堪誇.

或一派庚辛, 得丁出制, 主名利雙全, 若不見丁, 又主貧薄.

或四柱火多, 名才多身弱, 富屋貧人.

十一月癸水

十一月癸水, 值冰凍之時, 金水無交歡之象, 專用丙火解凍, 庶不致成冰,

又要辛金滋扶, 無丙有辛, 不妙, 凡冬季癸水, 有丙透解凍, 則金溫水暖,

兩兩相生, 要不見壬透, 自然登科及第, 紫誥金章.

或一派壬水, 無丙出干, 寒困之士, 一派癸水, 孤賤之流,

或支成水局, 得丙火重出干者, 又主蟒袍玉帶之榮.

或支成金局, 丙火無蹤者, 芒鞋革履之流. 如辛年, 丙月, 癸日, 有火者,

主恩榮寵錫, 繞膝芝蘭, 無火者, 損資得貴, 位重當朝. 或一派戊己, 名殺重

身輕, 非貧卽夭. 用火者, 木妻火子, 用辛者, 土妻金子.

十二月癸水

十二月癸水, 寒極成冰, 萬物不能舒泰, 宜丙火解凍, 或丙透年時, 加以壬透,

支中多戊, 名水輔陽光, 主顯達名臣, 無戊者, 異途之職,

若有丙無壬, 鬢門之客, 有壬無丙, 戊又出干者, 皂隸之流.

或支見子丑, 比肩出干, 卽有丙透, 不能解凍, 此屬平常,

或無癸水, 有辛與合, 亦不爲美, 有丁出, 頗吉.

或一片癸己會黨, 年透丁火, 名雪後燈光, 夜生者貴, 日生者否,

若無丁火, 又主孤貧. 或支成水局, 無丙者, 四海爲家, 一生勞苦.

或支成火局, 有庚辛透者, 衣食充足, 無金出, 孤苦零丁.

或支成金局, 丙透得地, 名金溫水暖, 彼此相生, 定許光大門閭, 聲馳翰苑,

乏丙者, 卽文章駭世, 總爲孫山.

或支成木局, 洩水太過, 主殘病呻吟, 得金出干輔救, 技藝之流.

凡冬月用丙, 須丙火得地方妙, 不然, 卽重重丙火出干, 安能輕許富貴哉.

12운성의 새로운 해석
나이스 **난강망** 해설서

1판 1쇄 인쇄 | 2017년 01월 13일
1판 2쇄 발행 | 2021년 04월 21일

저자미상
해　설 | 맹기옥
펴낸이 | 문해성
펴낸곳 | 상원문화사
주소 | 서울시 은평구 증산로 15길 36(신사동) (03448)
전화 | 02)354-8646 · **팩시밀리** | 02)384-8644
이메일 | mjs1044@naver.com
출판등록 | 1996년 7월 2일 제8-190호

책임편집 | 김영철
표지 및 본문디자인 | 개미집

ISBN 979-11-85179-22-3 (03180)

이 도서의 국립중앙도서관 출판예정도서목록(CIP)은 서지정보유통지원시스템 홈페이지
(http://seoji.nl.go.kr)와 국가자료공동목록시스템(http://www.nl.go.kr/kolisnet)에서 이
용하실 수 있습니다. (CIP제어번호 : CIP2017000793)